STUDIES ON
MODAL ADVERBS IN
MODERN CHINESE

现代汉语
情态副词研究

赵春利◎著

商务印书馆
创于1897　The Commercial Press

序一

创新永远是一切科研的原动力

邵敬敏

春利是20世纪70年代初出生的，他的成长赶上了一个好时代，再加上自己的天分和毅力，一步一个脚印，不仅走出了自己的学术创新之路，也开创了自己的一片艳阳天。

宋代吕蒙正曾经感慨自己的一生，归之为"时也，运也，命也"。对此，各人可能有不同的解释，按照我的理解，"命"指"命理"，是先天的、客观的，所以说"命中注定"，比如"基因""天分""原生家庭"等，任何人主观上是无法选择和改变的。"运"则是后天的，是通过自己后天的奋斗和选择来改变的。至于"时"，可以解释为"时势""时机"，就是时代变化、趋势转换、机会降临、贵人相助等，因此只要"审时度势"，就可能"时来运转"。

春利本科是中文系，打下了扎实而深厚的语言文学基础，硕士转读了哲学专业，潜心研究康德哲学美学，从而培养了扎实的探讨能力以及清晰的逻辑思路。第一份工作却是对外汉语教学，这就促使他在语感的培养以及教学实践方面进行了探索和积累。不断的连续的学科转换，激发了他对现代汉语语法的关注，并最终滋生了浓厚的兴趣，从而在工作多年后，毅然决然地报考了汉语言文字学专业语法学方向的博士生，继而去韩国从事外教，转而又去香港做了博士后……春利以他日趋成熟的专业思考为自己的人生做出了一次又一次明智的选择，为每一个拐点付出了辛勤汗水和不懈努力，这对一个山东农村贫苦家庭出身的年轻人来讲，他应该是参透了"时"和"运"的作用，以此改变自己的命运，塑造自己的精彩！

迄今为止，包括这最新的一本，春利已经出版了三本研究性学术专著，前两本我都欣然写了序言，还真诚地表达了自己的殷切期待。第一本是《现代汉语形名组合研究》（暨南大学出版社2012年版），对该书，我在充分肯定的基础上，诚恳地指出："时不我待，珍惜眼前的一切，不断突破，超越自己。"第二本是《现代汉语句末助词研究》（商务印书馆2019年版），因为我们研究团队在2012年拿到了国家社科项目"汉语虚词词典编撰的方法论创新及其实践研究"，春利也凭借自己出色的前期成果拿到了国家社科项目"基于语义地图的句末助词多功能研究"，两个国家社科项目的双重驱动，春利自然成为我们汉语虚词研究团队中的佼佼者。他扎实而富有新意的研究证实他正思考如何突破自己、超越自己。应该说这本书在他的语法研究中是一个重大的飞跃。为此，我在序言"学无止境，问在途中"又一次提出新的企盼："看看在'情态'方面是否还可以继续挖掘？"仅仅过去三年，春利再一次交出了漂亮的答卷:《现代汉语情态副词研究》。书中满满的"创新点"不仅让我倍感惊喜，而且很受启迪。因为看到春利在已有研究的基础上取得了比较显著的突破，不只是在副词个案解释上挖掘出新的内涵，更为重要的是在虚词研究理论和方法上有相当突出的建树。

我十分欣喜地看到，春利的两本关于虚词研究的专著，尤其是眼下这本新著，其鲜明的独创性特点不禁让人刮目相看。以下几点，我觉得尤为可贵。

第一，旗帜鲜明地采用"语义语法"的理论与方法，主张"语法意义决定并解释语法形式，语法形式制约并验证语法意义"这一核心辩证理念，从形式印证、正反验证和逻辑论证三个层面加以证明。

第二，采取多元互补的态度，不仅继承了传统语法、描写语法、认知功能语法、生成语法等理论方法的精髓，还综合运用哲学、逻辑学、心理学、统计学、语料库语言学、话语分析、语义地图等分类、分析、解释的方法。

第三，不把副词语法意义的分析局限在单句之内，而是扩大到复句层面，甚至于引进话语环境；既要定位其句法分布，提取其语法意义；也要定位其命题关联，提取其逻辑关系；还要定位其话语分布，提取其话语功能及其情态结构。

第四，方法论采取四个方面的结合研究:（1）定量统计与定性分析相结合;（2）数据归纳与逻辑演绎相结合;（3）句法分布与语义提取相结合;（4）逻辑分类与正反验证相结合。

第五，提出情态副词研究的方法论四原则：（1）基于话语关联论由表及里多层锚定话语功能的原则；（2）基于句法制约论由大到小精确定位句法分布的原则；（3）基于语义决定论形意兼顾多元证明语法意义的原则；（4）基于情态因果论瞻前顾后系统解释情态内涵的原则。

这些研究新见，部分已经以单篇论文形式在各家杂志上发表，并且引起了学界广泛的关注。对此，你可以欣赏，可以支持，也可以发展；当然你也可以讨论、修正，保留不同意见。但是，我最为看重的就是他的研究成果中，真正有自己的深入思考，有自己的独创性。我认为，"创新"永远是一切科研的原动力，而春利正是这样一位砥砺前行的探索者，一位披荆斩棘的践行者。

春利的专著，除了以上三本本体研究，其实还有一本关于教学研究的专著：《对外汉语教学语感培养研究》（中国社会科学出版社 2018 年版），不仅精彩，而且还很有特色。序言也是我写的，其中有一段话，既是对我自己说的，也是说给春利听的："希望一直保持这样的活力，这样的敏感，这样的坚持。与之共勉。"我一直认为：一个好老师最优秀的成果，不是你的论文，不是你的著作，而是你的学生！我这一辈子带了不少硕士生、博士生，我希望我的学生能青出于蓝而胜于蓝，也盼望春利的学生们能不断超越，一代胜过一代。只有这样，我们的事业才能后继有人，去实现我们的国际汉语梦！

记得毛泽东主席曾经说过："俱往矣，数风流人物还看今朝。"我们这一代七八十岁的人，已经基本完成了自己的历史使命，已经或者正在逐步退出历史舞台。我们追梦汉语几十春秋，归纳起来就是一句话：汉语要走向世界，汉语研究要登上国际舞台，汉语应用要服务于全人类。我殷切地期望这一汉语梦能够尽快实现！在这样的大背景下，我们的努力，我们的奋斗，我们的期望，才是真正有价值的。

邵敬敏
于暨南大学新明湖苑
2022 年 6 月 20 日

序二

情态副词研究的探索与开拓

石定栩

　　这是一本研究汉语情态副词的专著，涉及意志类副词"总得、总算、毅然"，数量类副词"几乎、简直、险些"，因果类副词"毕竟、怪不得、索性"和模态类副词"确实、实在、想必"。春利教授研究这些副词的思路和方法非常有特色，一方面传承了汉语语法研究重视语言事实的传统，从语料库中抽取大量真实例句进行分析；另一方面充分利用他的哲学逻辑背景，注重材料归纳和逻辑演绎，同时进行正反两方面的验证，确保总结出来的规律符合汉语事实。春利一直在推广语义语法，基本理念之一就是确保每个副词的核心语义都能得到精准提取，这一点在本书中也得到了充分体现。

　　本书还对与情态副词相关的语法概念做了充分讨论。将"总算、简直、毕竟、确实"之类的词语归结为副词，符合早期西方传教士汉语语法著作的分类方法（如瓦罗，1703/2003；马礼逊，1815），也符合黎锦熙（1924）、吕叔湘（1942）、王力（1943）、高名凯（1948）等早期汉语语法学家的观点。不过，这一分析的立论基础却值得进一步探讨。汉语语法界划分词类的主流做法是采用功能标准，也就是给词语分类"只能根据词的语法功能"，而副词是"只能充任状语的虚词"（朱德熙，1982：37-38）；或者说"副词的主要用途是做状语，修饰动词、形容词或者修饰整个句子"（吕叔湘主编，1999：18）。本书分析的主要结论是"总算、简直、毕竟、确实"表达说话者对话语的认知、情感、态度和意志，而且关联话语，也就是对所在小句做出主观评价，从严格意义上说并不"修饰动词、形容词或整个句子"，因而与传统的副词定义存在一定的差距。

　　要走出这一困境，一个办法是改变修饰的定义，主张只要出现在形容词或动词前面的成分，就算是对它们进行修饰的，也就是认为"毕竟暖和"里的"毕竟"修饰"暖和"，"多半"在"男生多半邋遢"中修饰"邋遢"，而"根本不便宜"里的"根本"修饰"不便宜"（李泉，2002：86）。依此类推的话，表示"肯定"的"确实、实在"出现在形容词前面，自然就修饰形容词，也就可以算作充当状语的副词了。不过，修饰是按照两个句法成分之间的句法关系来界定的。"聪明孩子"里的"聪明"对"孩子"加以修饰、限制，所以"聪明孩子"是"孩子"的一个子集；而在"孩子聪明"中"聪明"只是对"孩子"进行陈述说明，没有改变"孩子"集合的大小，所以"聪明"在这里不修饰"孩子"。同样地，在"很高兴"中，"很"从程度方面对"高兴"加以限制，"很高兴"是"高兴"的一个子集，所以"很"是"高兴"的修饰语。而在"男生多半邋遢"中，"多半"并没有从"邋遢"中划出一个子集，反而表示"男生邋遢"整体为真的概率很大，只是根据"多半"出现在"邋遢"前面就认定其修饰语地位，显然过于粗糙，会带来误判。

　　还有一个办法是修改状语的定义，比如在状语中设立一个小类"评注状语"，并且将"确实、简直"的功能归结为对小句进行评注，因此可以分析为状语（张谊生，2000，2004）；或者认为"实在、怪不得"之类表达说话人的态度或者评价的词语，功能是所谓的"饰句状语"（方梅，2017）。这样一来，"总算、简直、毕竟、确实"算是状语，或者是蔡维天（2010）所说的充当"外状语"，也就可以有根有据地分析为副词了。

　　当然还可以像瓦罗、马礼逊和黎锦熙那样，直接采用欧洲语言语法分析中的全句副词（sentential adverb）概念，扩大副词的范围，将"总算、简直、毕竟、确实"归纳为副词的一个特殊类别。英语的 definitely、unfortunately 和法语的 malheureusement 之类的词语由形容词派生而来，保留了形容词的基本语义，线性位置在句首或主谓之间，表示对于句子命题的评价，语义相当于以所在小句为主语的形容词谓语，但又不能直接与系动词 be 搭配，所以如何分析就需要平衡各方面的因素。这些英语、法语词语带有明显的副词后缀 -ly 和 -ment，与相关形容词的语义相关，但与形容词的句法功能不同。分析为副词的一个特殊小类，也就是所谓的"话语副词"和"言者副词"（Ernst，2009），或者将其功能归纳为对句子命题进行评价的全句副词（Biber et al.，1999），是个矛盾相对较少的做法。

本书将"总算、简直、毕竟、确实"分析为副词的做法，思路与此十分相似。不过，既然这些副词的意义和功能不同于表示时间、地点、程度或方式的副词，还需要有一个能准确反映其语法地位的小类。文献中常见的说法有语气副词、情态副词和评注副词。

"语气"原本是日常用语，表示"说话的口气"（《现代汉语词典》第7版）。马建忠（1898/1982：323）引进拉丁语语法体系时，将语气分析为句子意义的一部分，并且归结为虚词的功能："若语气之轻重，口吻之疑似，动静之字无是也，则惟有助字传之。助字所传之语气有二：曰信，曰疑。"他说的"语气"显然更像表示说话口吻的日常概念，而不是严格意义上的句法概念。

作为真正意义上的句法范畴，"语气"是20世纪20年代以后翻译英语语法体系时引进的，用来翻译英语的mood。20世纪在中国最有影响的几部英语语法（Nesfield，1912；Hornby，1954；Quirk et al.，1972），都专门有一节讨论mood。英语常见的mood有indicative mood、subjunctive mood和imperative mood等，早期有人译为直说法、前提法、命令法（赵灼，1930），对于subjunctive mood的诠释不够准确；四五十年代以后通常译为陈述语气、虚拟语气和祈使语气（如薄冰，1964；张道真，2003），比较合理也比较容易理解。帕尔默（Palmer，1986）的专著 *Mood and Modality* 在国内出版时，中文名称是《语气·情态》，评介文章也同样将其称为讨论语气的经典之作（廖秋忠，1984）。

英语的mood是表示说话人主观态度的一种形态–句法手段，以动词或情态动词的形态变化为主要标志。汉语的动词在句子中表示陈述、祈使或虚拟内容时并没有形态变化，mood照理说不是显性的句法范畴。不过，还是有人从句法功能出发，认为汉语也有语气，句法地位相当于英语的mood，可以归纳为确定、夸张、停顿、疑问、反问、假设、测度、祈使和感叹九种，借助语调和语气助词来加以表达（房玉清，1992）。另一方面，也有人认为汉语的mood可以分为陈述、疑问、祈使与感叹四种（徐晶凝，2008）。

黎锦熙先生（1924/1992）以纳斯菲尔德（Nesfield，1912）为蓝本撰写《新著国语文法》时，"就思想表达方面归纳一切句子的语气为五类"，并相应地命名为决定句、商榷句、疑问句、惊叹句以及附属于决定句和商榷句的祈使句。这五种语气显然并不对应严格意义上的mood，而是来自以纳斯菲尔德的五个句子类型（sentence kind），即陈述句（assertive sentence）、祈愿句（optative sentence）、疑问句（interrogative sentence）、感叹句（exclamatory sentence）和祈使句（imperative sentence）。吕叔湘先生（1942：257）则将语气分为广义的和狭义的两种。前者包括"语意"和"语势"，后者与源自 mood 的语气概念相似，包括"直陈、疑问、商量、祈使"等。

王力先生（1943：359-360）从汉语事实出发，认为语气是"表情绪"的，有两种表达方式，出现在句末的是语气助词，而"居于副词所常在位置"的是语气副词，包括"诧异、不满、轻说、顿挫、重说、辩驳、慷慨、反诘"八个小类。汉语语气分析的文献中，使用王力先生理论框架的很多（如黄国营，1992；刘金枝，2017；陆雨，2018；王尹，2021），但也有不少人对王力的理论做出了修改。贺阳（1992：59）就认为语气是"说话人针对句中命题的主观意识"，包括相当于 mood 的功能语气，由各种情态动词表示的评判语气，以及用语气副词表示的情感语气。齐沪扬（2002：9）则认为语气"是通过语法形式表达的说话人针对句子命题的一种主观意识"，分为功能语气和意志语气两种。前者相当于黎锦熙说的句子类型，后者包括情态动词和语气副词的功能。史金生（2002：17）同样主张语气是"表示说话人主观情态的语法形式"，但只包括情态动词和语气副词，而不包括句子类型。

比较有意思的是各家给汉语"语气"选定的英语对应概念。贺阳认为语气相当于英语的 modality，齐沪扬认为语气是 mood，而史金生认为语气是 mood，但与 modality 的内涵相同。Modality 更常见的译法是"情态"，所以又有人将语气副词改称为情态副词（太田辰夫，1958；徐晶凝，2008；张云秋、林秀琴，2017；吴德新，2021），这就需要两种对应关系进行分析，以便做出取舍。

英语的 mood 表示说话人对句子命题真值的判断，具有特定的形态标记，最具代表性的是表示命题违实的虚拟语气（subjunctive mood）。如果说话人不同意听话人随便吃药，就可以说："If I were you, I would not take it."（如果我是你的话，就不会吃。）用动词 be 的复数过去式 were 替换 am，用 would 代替 will，表示这是不符合真实情况的违实句。汉语不用形态 – 句法手段来表示命题的违实，所以有违实句但没有严格意义上的 subjunctive mood，其余的几个"语气"在汉语语法分析中一般当作句子类型，也已经不再是 mood 的本意了。

Modality 是一种句法手段，用几个特定的情态动词来表示主观认知（epistemic modality），用另外几个表示客观或主观的要求（deontic modality），以及表示能力或可能性（dynamic modality）。尽管 mood 和 modality 都可以用来表示说话人的主观意识，但表现的是不同种类的主观意识，而且使用的语法手段基本上没有重合的地方，所以说英语的人不会混淆 modality 和 mood。特劳戈特（Traugott，1989）后来造了个术语——语气副词（modal adverb），还有韩礼德（Halliday）和马蒂亚森（Mathiessen）创造了"语气附加语/副词"（mood adjunct/adverb）和"情态附加语/副词"（modality adjunct/adverb）两个术语，都对语气（mood）和情态（modality）做了严格区分（Halliday，1985；Halliday & Mathiessen，2014）。

我们现在面临的问题是，用汉语撰写的英语语法书中的"语气"是指 mood，而汉语语法分析中的语气已经不再是 mood 的原意了。正因为如此，汉语语法文献里的语气副词和韩礼德的 mood adjunct 有很大的差别，范围并不相同（辛慧，2016）。英语的 modality 由 modal verb 或 modal auxiliary 表现，汉语的情态用"情态动词"来表示，二者的可比性很强，可以分析为类似的概念。不过，特劳戈特的 modal adverb 说的是 possibly、probably、evidently、apparently 之类表示认知的副词，与 epistemic modal 有类似的功能，但和其他 modal verb 没有直接关系。韩礼德的 modal adjunct 的范围与特劳戈特的情态副词差不多，与恩斯特（Ernst）的言者副词概念接近，大致上是汉语文献中所说情态副词的一个小类，即所谓的主观评价副词（石定栩等，2017；石定栩，2021）。

还有一个选择是采用评注副词这个概念。张谊生（2000，2010）认为"偏、该、究竟、索性、简直、果然、偏偏、确实"等副词表示对句子的评注，作用相当于"高谓语"，所以可以归结为评注性副词，与描摹性副词、关联副词、否定副词、时间副词、重复副词、频率副词、程度副词、协调副词、范围副词一样，都是副词的小类。从涵盖范围来说，评注副词比情态副词要小一些，因为后者还包括了"终于、其实"等关联副词。另一方面，"偏、倒"之类的词语表示主语或施事的主观态度，实际上不表示"评注"，似乎不适宜归入于情态副词（石定栩、周蜜，2019）。

本书采用情态副词这一概念，出发点是将表达说话者对话语的认知、情感、态度和意志，而且关联话语的词语归为一类，作为"情态"成分的一个小类。这与特劳戈特和韩礼德的分析很相近，也可以较为准确地界定这类词语的地位，不失为一个值得推荐的分析思路。

石定栩

于广东外语外贸大学寓所

2022 年 7 月 23 日

目　录

第一章 绪 论

第一节 选题缘起

正如吕叔湘、孙德宣（1956：34）所言：现代汉语情态副词"有时候可以有语气色彩，有时候又可以有关联作用"，"介乎虚实之间"（王力，1943/1985：13），在现代汉语语法系统中具有独特的语法性质，它不仅像实词一样具有指称情态功能，而且像虚词一样具有关联命题功能，因此，我们在研究情态副词时，既要在单句层面定位其句法分布并据此提取其语法意义，也要在复句层面定位其命题关联并具体提取其逻辑关系，还要在话语层面定位其话语分布并据此提取其话语功能及其情态结构，从而提取出可验证的语义情态及其可操作性的句法规则，这不仅有利于对外汉语教学，而且更有利于词典编纂和自然语言信息处理。

情态副词"作为一种个性强于共性的词类"（张谊生，2000a：3），需要就每个情态副词的分布规律进行精准定位，这是提取具有独特个性的情态副词语义情态的先决条件，而单句、复句、话语是定位情态副词分布规律的自然单位，细致地考察每个情态副词在单句、复句、话语上的选择与限制，就可以比较精准地勾勒出其分布规律并据此提取、验证其语义情态。

第一，从单句来看，情态副词并不能自由地选择任何一个单句，而是受到一定的限制，否则不合法，关键是如何找到制约其合法与否的句法因素，并由此提取其语法意义，如（1）：

（1）a. 羊吃了草。

　　——＊羊【<u>几乎</u>】吃了草。　　——羊【<u>几乎</u>】吃<u>光</u>了草。

b. 我有办法。

　　——＊我【<u>简直</u>】有办法。　　——我【<u>简直</u>】<u>没</u>有办法。

c. 他回得来。

　　——＊他【<u>险些</u>】回得来。　　——他【<u>险些</u>】回<u>不</u>来。

  d. 我看了。

    ——*我【实在】看了。   ——我【实在】看透了。

  第二，从复句来看，每一个情态副词在命题关联所形成的复句中具有独特的价值，对复句合法与否也具有一定的制约性，如果删掉下列复句的情态副词，则复句就不合法了，如（2）；但就一个情态副词来说，其通常只能选择一定的复句类型而排斥其他复句类型，反映了其对复句关系的选择性，也体现了其对语义关系的选择性，比如"毕竟"倾向于选择转折复句的转折句（3a）和因果关系的原因句（3b），而排斥条件（3c）和假设（3d）：

  （2）a. 原来你买了，怪不得我买不到。

    ——*原来你买了，[？]我买不到。

    b. 老在家待着也不是回事儿，反正出去工作总得有一个开始。

    ——*老在家待着也不是回事儿，反正出去工作[？]有一个
      开始。

    c. 梧桐无论多刚烈、多坚强，毕竟仅是一个女人。

    ——*梧桐无论多刚烈、多坚强，[？]仅是一个女人。

    d. 我一看这份协定，立即发觉它确实极端重要。

    ——*我一看这份协定，立即发觉它[？]极端重要。

  （3）a. 干部虽然拿国家工资，但收入毕竟有限。

    b. 因为这毕竟不是坏事，所以不好直接表示反对。

    c. *只要我们愿意，就【毕竟】完全可以办到。

    ——只要我们愿意，就完全可以办到。

    d. *如果你能原谅我，那么我【毕竟】请求你为我祝福。

    ——如果你能原谅我，那么我请求你为我祝福。

  第三，从话语来看，完整的话语关联不仅能揭示每个情态副词所在句子与前后句子的逻辑关系，而且还能提取句子之间的语义关联，甚至可以细致入微地解释情态副词所蕴含的认知、情感、态度与意志的情态因果关系。比如"毕竟、实在、索性、总算"都可以进入到"外转折与内因果"的逻辑关系中，但有意思的是，"毕竟、实在"通常选择原因句（4a/b），但存在着"毕竟"的"溯因"与"实在"的"诚恳"态度的差异，而"索性、总算"选择结果句（4c/d），但存在着"索性"的"无奈"与"总算"的"欣慰"的差异；如果删掉这些情态副词，话语就会因缺乏关联性而不

合法，说明其在话语中具有独特的关联功能，如（5）：

（4）a. 虽说天气很好，但<u>毕竟</u>是冬天，我请他们两位到会客室坐。

　　b. 一开始他还能安之若素，但后来<u>实在</u>按捺不住，只好重新追进去。

　　c. 她尝试着去够，但是怎么也够不着，<u>索性</u>小心翼翼地下了床。

　　d. 土耳其对欧盟的答复并不满意，但不管怎样，<u>总算</u>是从欧盟方面得到了一个"说法"。

（5）a. *虽说天气很好，但［?］是冬天，我请他们两位到会客室坐。

　　b. *一开始他还能安之若素，但后来［?］按捺不住，只好重新追进去。

　　c. *她尝试着去够，但是怎么也够不着，［?］小心翼翼地下了床。

　　d. *土耳其对欧盟的答复并不满意，但不管怎样，［?］是从欧盟方面得到了一个"说法"。

那么，究竟如何才能精准定位并验证一个情态副词在话语、复句、单句上的分布规律呢？如何揭示和论证分布规律与语法意义及其情态结构之间的关系呢？如何提取可操作的句法规则、可验证的语法意义和可解释的情态结构呢？

第二节　不同语法理论情态副词研究的综述

1. 不同语法理论对情态副词的研究

自 1924 年黎锦熙（1924/1992：131-135）首次提到性态副词开始，现代汉语副词的情态就逐渐成为国内外语法学者关注的重点、难点和热点。根据理论架构、研究方法、分析目的、解释策略的不同，大致可分成基于意义分类的传统语法、基于句法分布的描写语法、基于情态认知的功能语法、基于制图排序的生成语法，其中，传统语法和描写语法在理论概念、分析方法等方面构筑了认知功能语法和生成语法的深层底蕴。

第一，基于意义分类的传统语法研究。

黎锦熙（1924/1992：131-135）最早把汉语副词的主观表达分成偏重事物和偏重心理两大类，是第一个提出性态副词的学者，后来杨树达（1930：162）使用表态副词，王力（1943/1985：174-180）首次提出如今使用频次最高的语气副词，根据"具有种种不同的情绪"和句法位置来界定内涵、划分类型，为传统语法的副词情态研究奠定了概念内涵和分类基础，产生了深远影响，而太田辰夫（1958/2003：265）最早提出情态副词。可以说，传统语法对副词情态的研究主要有三个特点：强调语气意义、重视宏观分类、依靠例举说明，在概念意义和宏观分类上为描写语法、功能语法和生成语法奠定了基石。

第二，基于句法分布的描写语法研究。

张静（1961：10）较早注意到不同语气副词的"句法灵活性"，赵元任（1968：781-782）关注到"副词孰先孰后的次序"的"句法有序性"并首次提出估价副词（adverbs of evaluation）。后来，黄河（1990：494）基于语气副词的次范畴分类讨论"句法排序性"，而朱德熙（1982：192）强调副词"只能充任状语"的"句法固定性"，陆俭明（1982：27）考察了副词单独成句和做谓语的"句法独立性"，黄国营（1992：9-11）则在陈述与疑问的变换中发现了语气副词的"句法制约性"和高谓语性。再后来，张谊生（1996：86）首次使用"评注性副词"。可以说，描写语法对副词情态的研究有三个特点：强调句法功能、重视分类分布、关注区分方法（对比、移位、插入、变换、同现），在句法分布和辨析方法上为功能语法和生成语法指明了方向。

第三，基于情态认知的功能语法研究。

夸克等人（Quirk et al.，1985）首次根据功能把副词（adverbials）分成附加语（adjunct）、外加语（disjunct）、关系副词（conjunct）、附从语（subjunct）四类，后来，韩礼德（Halliday，1994：49）称之为情态副词（modal adjuncts），而赫德尔斯顿和普鲁姆（Huddleston & Pullum，2002）称之为评价副词，李泉（1996：374）、张谊生（2000b：59）、袁毓林（2002：315）、肖奚强（2003：10）、史金生（2003b：17）等分别提到副词能表达命题的"情感态度、情态、态度或评价、模态、主观情态"等主观信息，此外，张谊生、袁毓林、史金生（2011：67-68）、齐春红（2007：125）、徐晶凝（2008：321）等分别根据疑信原则、语义接近原则、莱昂斯（Lyons，1977）和帕尔默（Palmer，1986）的情态体系、主观量、语义辖域等把情态副词分成不同数量的小类，并对排序做出认知解释。可以说，功能语法对副词情态的研究主要有三个特点：强调情态功能、注重分类排序、重视认知解释。

第四，基于制图排序的生成语法研究。

为了解释副词在动词之前，汤志真（Tang Chih-Chen Jane，1990）根据谓词理论（predication Theory）提出了不同副词按照 CP-IP-PrP-VP 四个层次分别投射到递归的中心语 X 上的假说；而艾丽西亚多（Alexiadou，1997）根据凯恩（Kayne，1994）所提出的句法非对称理念和线性对应定理（linear Conrespondence Axiom）解释副词句法位置与排序规则，钦奎（Cinque，1999）根据制图理论（cartographic approach）揭示副词类别与功能语类的对应关系。戴曼纯（2003）根据自下而上左向合并的句法推导规则，提出副词存在四个合并位置；邓思颖（2010：237）解释谓语前的副词与谓语后的后置成分以谓语为中心所形成的事件、时间、语气三类"套置"的框式虚词结构。可以说，生成语法对副词的研究主要有三个特点：强调句法定位、注重排序规则、重视系统生成。

总的说来，从传统语法到描写语法，再到功能语法是汉语副词情态研究的主线，而与传统语法一脉相承并全面借鉴描写语法的功能语法对副词情态的研究从 20 世纪 90 年代，尤其是 21 世纪以后进入了鼎盛时期，取得了丰硕成果，既有总体研究（齐沪扬，2002；张亚军，2005；杨德峰，2009 等），也有小类分析，如侥幸类、反诘类、巧合类、揣测类、料定类、领悟类、意外类、必然类、规劝类、关系类（方红，2003；齐沪扬，2006；晁代金，2005；朱丽，2005；郑晓雷，2005；周泽龙，2007；马首杰，2008；姚双云、姚小鹏，2011；袁莉容，2013），还有个案探索，涉及古代汉语（谷峰，2010）、普通话（马真，2001；董正存，2008；温锁林，2009；匡鹏飞，2011）、方言（邢向东，2013）、汉外比较（张秋芳，2006）、语法化（张谊生，2003）等。即国内外语法学界已对汉语副词的情态意义、类型、分布、排序和解释进行了比较全面的研究，为汉语副词情态的深入研究奠定了理论和方法基础。

2. 不同语法理论关于情态副词研究存在的不足

第一，对情态副词的分布定位缺乏精确性。没有从词语搭配角度定位情态副词能否与某类动词、助词、副词等同现，没有从句子功能角度分析情态副词对单句和复句的选择限制，没有从话语功能角度研究情态副词对话语结构的选择或排斥，即句法描写不精准。

第二，对情态副词的语义概括缺乏准确性。情态副词不具有像实词一样的概念性意义，但是指称情态，也不具有典型虚词一样的功能性意义，但有关联作用。情态副词主要依存于其所同现的词语以及所处的句子功能和话语关系，表现出一定的认知、情感、意志和态度等情态意义，如果不准确定位情态副词的句法分布，就很难准确提取其语法意义。

第三，对情态副词的情态解释缺乏科学性。既没有基于形式上的句法分布精确定位，也没有基于意义的语法意义准确概括，那么，对情态副词的情态内涵的解释就缺乏形式描写的基础，也缺乏基于认知、情感、态度、意志的因果解释。

第三节　研究理论与基本方法

1. 研究理论

本项研究在批判继承传统语法、描写语法、认知功能语法、生成语法等理论精华的基础上，主要以"主张以语义为语法研究的出发点和重点"的语义语法（邵敬敏，2004：100；赵春利，2014）为理论基础，不仅从认识上坚持"语法就是语法形式与语法意义的辩证统一体"，强调"语法意义决定语法形式"而"语法形式制约语法意义"（赵春利，2014：5），而且从本体上坚持语义的决定性，即"任何一种语法形式的性质、构成、形成和变换最终都要借助于语法意义来解释"（赵春利，2014：8），还要从目的上强调"解释出具有可验证性、可区别性、可解释性和可体系化的语法意义的性质、类别、组合与演变规律"（赵春利，2014：9）。

2. 基本方法

本项研究在继承传统语法、描写语法、认知功能语法、生成语法等理论方法精髓的基础上，主要采用语义语法的理论与方法，综合运用哲学、逻辑学、心理学、统计学、语料库语言学、话语分析、语义地图等分类、分析、解释方法，基本的技术与方法如下。

第一，定量统计与定性分析相结合。通过搜索北京大学中国语言学研究中心的 CCL 语料库定量统计一个情态副词与其他副词的搭配数据以及单句复句和话语结构的选择数据，运用连续统理论解释情态副词的句法地位，并据此做出概念分类和定性解释。

第二，数据归纳与逻辑演绎相结合。把语料库的统计数据归纳成不同的类型，由于数据有限，需要逻辑的演绎推理结合，以推断并验证情态副词的语法意义和情态结构。

第三，句法分布与语义提取相结合。句法与语义结合，既利于句法解释，也利于语义提取。语法意义决定句法分布，而语法意义受句法分布制约而需要句法形式来形式印证、正反验证和逻辑论证。

第四，逻辑分类与正反验证相结合。一个情态副词的语义与其他词语的语义在逻辑上的矛盾性、同一性和兼容性会决定该情态副词与其他词语能否同现、搭配和组配，因此，有必要把情态副词与其他词语语义类型的逻辑分类及其能否同现、搭配和组配与形式上的正反验证结合起来。

第四节　研究目的与研究意义

1. 研究目的

本项研究试图在传统语法、描写语法、认知功能语法和生成语法等研究成果的基础上，以语义语法理论（邵敬敏，2004；赵春利，2014）为基础，提出情态副词研究的方法论原则，并以"意志类（总得、总算、毅然）、数量类（几乎、简直、险些）、因果类（毕竟、怪不得、索性）、模态类（确实、实在、想必）"四类典型的情态副词为研究对象，不仅力求精细刻画每个副词在话语、复句、单句中的分布规律，而且据此提取并验证其语义类型、语义特征和语法意义，解构其情态中的认知、情感、态度、意志、意向等情态要素之间的因果关系。

首先，从理论目的上说，通过对四类典型情态副词的精细个案考察，精准定位每个副词在话语、复句和单句中的形式分布，基于逻辑关联、语义关联和情态关联来概括话语功能，同时，深入细致地形式印证、正反验证和逻辑论证每个情态副词形式分布与语法意义的制约与决定关系，进一步提升语义语法理论在词类研究上的形式分布定位能力、语法意义证明能力和情态结构解释能力，提升语义语法理论的方法论价值，从语言学角度为建设有中国特色的哲学社会科学话语体系贡献一份专业力量。

其次，从应用目的来看，根据每个情态副词的精细研究而提取出的话语功能、句法规则、语法意义及其情态结构，不仅可以用于中文母语教学、中文国际教育，也可以为词典编纂、汉语自然语言信息处理提供颗粒度足够精细的句法、语义和认知信息，从而极大提高汉语应用和汉语研究的国际化水平。

2. 研究意义

本项研究的意义可以分为学术意义和实践意义两个方面。

首先，学术意义。本项研究以情态副词为研究对象，在继承传统语法和描写语法、借鉴认知功能语法和生成语法的基础上，主要以语义语法为理论基础，以基于语料库的句法分布精确定位、语法意义准确提取、情态类型正反验证为研究思路，综合运用定量统计与定性分析相结合、数据归纳与逻辑演绎相结合、句法分布与意义提取相结合、逻辑分类与正反验证相结合的研究方法，既能提取情态副词的句法分布信息、话语功能信息，也能正反验证和认知解释情态副词语义情态，为情态副词类型学研究奠定学术基础。

其次，实践意义。本项研究不仅可从微观角度获取典型情态副词的句法分布信息（包括词语搭配信息、句子功能信息和话语功能信息）、情态语义信息（包括认知、情感、意志、态度、意向等情态信息），而且还可从宏观角度获取典型情态副词的系统分类信息与同现排序信息，这不仅为母语教学和对外汉语教学提供操作性较强的语法语义信息，具有重要的参考价值，而且为编纂虚词词典、自然语言信息处理等提供颗粒度精细的语义信息、句法信息和语用信息，具有一定的应用价值。

第五节　整体框架与具体说明

1. 整体框架

本项研究主要分成两大部分：一是理论上的方法论原则，即根据语义语法理论对情态副词语法性质和特点的认知，制定专门研究情态副词的方法论原则；二是实践上的情态副词个案研究，即根据性质、数量、关系和模态四大逻辑范畴，把"总得、总算、毅然、几乎、简直、险些、毕竟、怪不得、索性、确实、实在、想必" 12 个现代汉语典型的情态副词分成四类：意志类、数量类、因果类、模态类，并分别进行个案研究，整体研究如图 1-1 所示：

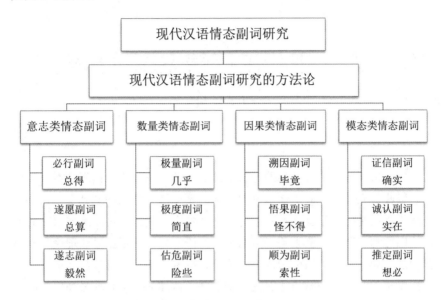

图 1-1 现代汉语四类典型的情态副词

2.具体说明

第一，本项研究的所有语料均来自北京大学中国语言学研究中心的CCL 语料库，并适当参考北京语言大学语言智能研究院的 BCC 语料库。

第二，前面带有"*"的句子表示例子不符合语感，在语法上不合法。前面带有"？"的句子表示例子不太符合语感，不太合乎语法。

第三，【 】表示原文本来没有而研究者根据论证需要增加的内容，〔？〕则表示原文本来有但研究者根据论证需要删除了原文的内容。

第二章 现代汉语情态副词研究的方法论

为了精准定位情态副词的分布规律并据此提取其语义情态，本章在综述并吸收前人基于不同语法理论而采取的不同研究方法的基础上，以语义语法为理论基础，根据情态副词的性质和特点，提出了情态副词研究的方法论四原则。第一，前人关于情态副词的研究方法可根据语法理论和研究目的的差异，大致可以分为四类：传统语法基于语感的意义分类法、描写语法基于句法的分布辨析法、认知功能基于认知的情态解释法和生成语法基于层次的制图排序法。第二，根据语义语法理论，情态副词具有"指称情态而关联话语"的虚实兼备的语法性质，有四个特点：话语关联的制约性、句法分布的复杂性、语义提取的难验性、情态内涵的难解性。第三，根据情态副词的性质和特点，从方法论角度提出了语义语法研究情态副词的四条原则：基于话语关联论由表及里多层锚定话语功能的原则、基于句法制约论由大到小精确定位句法分布的原则、基于语义决定论形意兼顾多元证明语法意义的原则、基于情态因果论瞻前顾后系统解释情态内涵的原则。可以说，对情态副词性质和特点的认识决定了如何选择科学的研究方法，基于科学方法所得出的结论则反过来加深对情态副词性质和特点的认识。

要提取明晰、精确、彻底、系统的情态副词语义知识，就必须思考方法论问题，因为"方法论应当陈述我们如何达到知识完备的方式"（康德，1800/2010：135）。而"对象也是决定方法的……方法要以符合这个对象的要求为准"（方光焘，1963/1997：519），由于"研究对象对于科学方法影响极大，它的特点规定和制约了研究方法的性质和特点，有什么样的研究对象就会形成相对于它的研究方式和方法"（吴元樑，1984：6），因此，作为研究对象的情态副词，其性质和特点就决定和制约了如何选择科学的研究方法。

　　本章不仅历时性地挖掘并汲取不同语法理论研究情态副词的方法论精华，而且以语义语法理论为指导，重新认识和界定情态副词的性质和特点，并据此提出其所决定的方法论原则。

第一节　不同语法理论研究情态副词的方法

　　自 1703 年西班牙传教士瓦罗（1703/2003：F3、108-114、118）在"世界上第一部正式刊行的汉语语法著作"《华语官话语法》中有例无类地把"果然、毕竟、幸得"等归入副词开始，现代汉语副词的情态表达功能就成为国内外语法学者们关注的重点、难点和热点。根据理论概念、研究目的、分析方法、解释路径的差异，情态副词的研究大致可分成三个历史阶段与四种理论方法，其中，传统语法和描写语法在理论概念、分析方法等方面构筑了认知功能语法和生成语法的底蕴。如表 2-1 所示：

表 2-1　情态副词研究的三个历史阶段与四种理论方法

历史阶段	具体时期	语法理论	研究方法
第一阶段	19 世纪末—20 世纪 60 年代	传统语法	基于语感的意义分类法
第二阶段	20 世纪 60—90 年代	描写语法	基于句法的分布辨类法
第三阶段	20 世纪 80 年代以来	认知功能语法	基于情态的认知解释法
		生成语法	基于层次的制图排序法

1. 传统语法基于语感的意义分类法

　　传统语法对情态副词的研究主要有三个特点：以单句附谓为本体，以语感语气为认识，以意义分类为方法。

　　一是单句附谓。无论是以古代汉语研究为主的马建忠（1898/1983：227）的"凡状者，必先其所状"和章士钊（1907/1911：202）的"副词附于他词之时，或先或后，殊无一定"，还是以现代汉语研究为主的黎锦熙（1924/1992：20）的"必附于动词、形容词或旁的副词"，王力（1943/1985：13）的"必须附加于形容词或动词"或"修饰整个谓语"（王力，1944/1984：229）且"不能加在名词之上"（王力，1946/1982：44），以及吕叔湘（1953：7）的"副词只包括可以附加在动词或形容词之上，可是不能附加在名词之上"，根据句法定位和举例释义，他们都是从句法层面基于单句内副词与谓词的附谓关系来研究情态副词，并且有了正反分布的意识，这一本体层面的句法定位对描写语法产生了深刻影响。

二是语感语气。从马建忠（1898/1983：227、237-238）根据语感把"必、诚、实、果"归入"状字"之一的"决事之然与不然者"、章士钊（1907/1911：205、201）把"殊、实、徒"界定为"谓言动词形容词之一切情态及程度者也"的"言态度"类"副词"和陈承泽（1922/1982：54）认为的表示"作文者疑决态度、叙述事实之态度及发表意见之态度及此等态度之缓急轻重"，到黎锦熙（1924/1992：131-135）把"实在、的确、确实、果然、索性、简直、幸亏、偏偏"等称为主观的"性态副词"，再到王力（1943/1985：175）把"索性、偏生、简直"等称为广为流传的"语气副词"（黄国营，1992；史金生，2003b；齐春红，2006）和吕叔湘、孙德宣（1956：34）的"有语气色彩"，一直到太田辰夫（1958/2003：265-275）首次提到影响深远的"情态副词"（崔诚恩，2002；谷峰，2010），学者们对情态副语法意义的认知有一条基于语感而逐渐揭示副词"态度、性态、语气、情态"主观内涵的认识论主线，没有进行句法操作。

三是意义分类。无论是黎锦熙（1924/1992：132-135）把"主观性态副词"分为重在事物的真确、趋势、归着、事效、样式，与重在心理的决定、发动、侥幸、相反、不变，还是王力（1943/1985：180）把"语气副词"分为"诧异、不满、轻说、顿挫、重说、辩驳、慷慨、反诘"八类，他们都没有基于语义辨析而是基于语感进行意义分类。正如王力（1944/1984：230）所言："语气副词的辨认，自然以缺乏实义，仅表情绪为标准"，而"情绪"就是情态副词所表达的意义，这一"基于语感的意义分类法"对描写语法和认知功能语法产生了深远影响。

可以说，传统语法不仅从句法上确定了情态副词的单句附谓功能，而且基于语感界定了其表达情绪的语气功能，并根据情绪意义的差异对情态副词进行分类，更为重要的是把"情态副词"作为一个副词类别而独立出来。可以说，传统语法基于语感的意义分类法为描写语法、认知功能语法和生成语法的情态副词研究奠定了基石。

2. 描写语法基于句法的分布辨析法

描写语法对情态副词的研究呈现三个特点：以态度饰句为本体、以句法独立为认识、以分布辨析为方法。

一是态度饰句。苏联的罗日捷斯文斯卡娅（1959：120—121）较早明确地提出"语气词是句子的插入成分，并不归附在句子的某一个成分（谓语、宾语）上，语气词不跟某一词类相联系，它是属于整个句子的"，因为语气词"表达说话人对陈述内容的态度，对现实的态度，以及对现实的评价"。张静（1961：3）也认为可"附加于全句"。后来，黄国营（1992：9、10）发现"语气副词对'陈述—疑问'转换的限制"作用，认为应该"把语气副词分析为句子的最高层谓语"，原因在于"语气副词是表示说话人对事件的态度"。李泉（1996：376）则明确说明"语气副词表示对动作行为或所言内容的情感态度。可直接用在句中动词前修饰该动词，但主要修饰全句，因而大都可以出现在句首"。可以说，因情态副词表示主观态度而修饰整个句子的认识对功能语法产生了深远的影响（尹洪波，2013；杨德峰，2016；方梅，2017）。

二是句法独立。如果说传统语法强调情态副词的单句附谓性，那么描写语法则从正反角度限定其句法位置的独立性。罗日捷斯文斯卡娅（1959：120）因"位置的活动性"而试图把语气副词从其他副词中独立出来，后来，赵元任（1968/1979：339-341、345）从正反角度指出副词句法的首先性，即"副词主要修饰动词……一般不修饰名词……一般是不能单独成句的……不做主语、谓语、宾语"，同样，朱德熙（1982：192）也强调"副词只能做状语，不能做定语、谓语和补语"的"句法单一性"，而陆俭明（1982：27）则非常详细地考察了副词可以单独成句和做谓语的"句法独立性"。可以说，句法独立性是描写语法对情态副词的本体定位。

三是分布辨析。早在 1959 年朱德熙（1959：435）就从形式与意义的对应角度细致地辨析了情态副词"差一点"句式的肯定和否定与其句式意义的企望和不企望之间的对应关系；后来，马真（1983：172-173）则通过考察使用"反而"的多重复句"语义背景"来辨析其意义和用法，并（2001：14-15）通过比较和替换对比分析了"并"和"又"的使用条件，还从句类、词类、音节、轻重音、肯定与否定、简单与复杂、位置以及跟其他词语的搭配等八个方面提出了方法论问题（陆俭明、马真，1985/1999：

13-18）。最近，郭锐（2017：439-440）和蒋静忠、魏红华（2017：412）分别从复数事件和客观持续角度辨析了"一直"与"总是"。可以说，描写语法的学者试图在句法分布层面通过比较、替换、删除、同现等方法精细地刻画副词的句法分布规律并据此辨析其语义，特别是马真的"语义背景"考察对认知功能语法（史金生，2003c：77）产生了积极影响，为情态副词的语义提取和篇章连接功能奠定了扎实的方法论基础（段业辉，1995）。

可以说，描写语法对情态副词句法独立性的定位不仅为揭示其饰句功能指明了方向，而且为从多重复句语义背景角度揭示情态副词的话语关联奠定了基础，更为重要的是，描写语法运用对比、替换、删除等各种技术手段精细刻画情态副词的分布规律，为精确提取情态副词的语义和情态具有里程碑式的方法指导意义。

3. 认知功能基于情态的认知解释法

认知功能语法对情态副词的研究主要有三个特点：以篇章连接为本体、以情态类序为认识、以认知解释为方法。

一是篇章连接。前人对情态副词连接功能的研究，主要分为宏观和个案两大类：前者如廖秋忠（1986：425）明确提到了"的确、确实、果真、难怪、诚然、固然"等，屈承熹（1991：70）则对比了"并、倒、也"等，尤其是张谊生（1996：134），他比较系统地把具有篇章连接功能的情态副词归入了顺序类（终于、终归）、推论类（显然、难怪）、解说类（确实、本来）、追加类（偏偏、反而）、转折类（当然、诚然）和条件类（幸亏、反正）；后者如祖人植、任雪梅（1997：40）比较深入地研究了情态副词"毕竟"在"因果转折、转折因果"两种语义结构模式中所具有的解释和辩解功能，而彭小川（1999：134-135）专门讨论了"倒"的四种语篇模式，史金生（2003c：77）则把"索性"的语义结构模式归纳为：（先是）A+［（但是）（因为）B+（所以）（就）索性 C］。可以说，情态副词篇章连接功能的研究从本体论角度大大拓宽了情态副词关联视域的认知。姚双云、姚小鹏（2011：55）研究了"的确、确实、真的、承认、果然"等确认性评注副词的语篇衔接功能。

二是情态类序。李讷和汤普森（Li & Thompson，1981：320-340）根据副词可否分布于主语 / 主题前而分成两类：可移动副词（movable adverbs）

和不可移动副词（non-movable adverbs），而从意义上看，前者"主要是用来表示说话者的观点（attitude/evaluation）"而后者"主要是用来说明句中事物的情态的"（屈承熹，1991：65）。而国内学者主要根据表达功能给情态副词分类，贺阳（1992：61-66）把部分语气副词归入三类：功能语气（难道、何尝）、评判语气（也许、必然、务必）和情感语气（竟然、果然、难怪、幸亏），而齐沪扬（2002：11）则把贺阳的评判与情感合为"意志语气"。史金生（2003b：22）首次专门对情态副词进行了系统分类，先根据莱昂斯（Lyons，1977）的情态分类分为知识和义务，再根据功能分别把知识分为肯定（证实：其实；断定：的确；指明：才）和推断（或然：也许；必然：未必），把义务分为意志（意志：必须；意愿：索性）、情感（疑问：难道；感叹：多么）和评价（关系：反而；特点：毕竟），还对其中的 9 类进行排序：证实＞疑问＞或然＞关系＞特点＞断定＞必然＞意志＞感叹；而徐晶凝（2008：321）提出的排序是：评价＞认知＞道义＞加强。

　　三是认知解释。无论是语法意义还是排序规则，学者们都是从认知角度入手。前者如沈家煊（1987：455）运用认知层面的蕴含、含义和预设解释了"差不多"和"差点儿"的异同；高书贵（2000：106）基于预设提出了"毕竟"的让步转折义；董为光（2000）、齐春红（2007：127）和蒋静忠（2018）等都试图从主观量角度解释情态副词的语义，周红（2006：3）提出了"倒"的反预期义，匡鹏飞（2011：227）运用主观性解释"明明"的表达功能，赵芳（2013：73）通过对比区分"居然"为可能世界预设，而"竟然"为现实世界预设。后者如袁毓林（2002：315）主要从认知角度提出"语气副词通常总是居于其他副词之前……因为语气副词往往表示说话人对于句子所表达的基本命题的总体性态度或评价"。而史金生（2003b：25-29）综合性地认为语气副词的排序受制于管辖范围、主观程度、连贯、凸显四条"最基本的语义、语用或认知的原则"。

　　可以说，认知功能语法把语篇连接作为情态副词研究的本体，不仅为准确定位并提取单个情态副词的语义情态与整体情态副词的分类排序奠定了基础，而且为认知解释情态副词的因果关系指明了研究思路。

4. 生成语法基于层次的制图排序法

　　生成语法对情态副词的研究主要呈现三个特点：以准允机制为本体，

以嫁接方式为认识，以制图排序为方法。

　　一是准允机制。生成语法学者都试图从本体角度解释副词入句的准允问题，但在准允机制上存在着四类观点：其一，核心特征准予（head features licensing）。特拉维斯（Travis, 1988：10）认为不同类型副词被三类核心语的不同特征所准允而入句，主语副词（carelessly）和认知或饰句副词（probably）被核心语 INFL 的事件特征或一致特征所准允，方式副词（quickly）被动词 V 的方式特征或施事特征所准允，而言者副词（frankly）则被矩阵补全（matrix COMP）的话语特征所准允。其二，谓词语段理论。汤志真（Tang, 1990）和鲍尔斯（Bowers, 1993）根据谓词理论（predication theory）提出了动前副词和动后副词在 CP-IP-PrP-VP 四个层面得到准允，后来，比斯库普（Biskup, 2010）和水野（Mizuno, 2011）基于语段（Chomsky, 2000）细化不同副词与不同语段的准允关系，如言语行为副词和认知副词在陈述句中由语段 vP 准允，而其句法位置在疑问句中由语段 CP 决定。其三，核心功能指示（core functional specifier）。艾丽西亚多（Alexiadou, 1997）从句法角度认为副词的句法分布通过谓词及其论元的特征核查得到准允，并指示不同的核心功能语类，其中，饰句副词、频率和语态副词等指示语副词（specifier-type）出现在核心动词投射的指示语位置，而方式、结果、量化和地点等补足语副词（complement-type）出现在核心动词投射的补足语位置，后来钦奎（Cinque, 1999）进一步论证了不同类型副词与不同核心功能语之间的匹配关系。其四，语义论元选择。杰肯道夫（Jackendoff）早在1972年就基于语义提出副词的句法分布是语义选择限制、投射规则和功能结构互相作用的结果，后来，恩斯特（Ernst, 2002）结合新戴维森事件语义学提出副词根据词汇语义特征选择不同的FEO（Fact-Event Object Calculus）论元。

　　二是嫁接方式。学者们基于不同准允机制来解释副词进入句法推导的方式，大致可以分成四种：其一，自由嫁接，特拉维斯（Travis, 1988：17）认为副词可以分布于核心语投射线上的任何位置并做任意嫁接；其二，语义嫁接，恩斯特（Ernst, 2002）提出副词通过嫁接不同类型的语义论元进入句子演绎，但这两类嫁接在方向和规则上较少受限而容易导致过度生成（overgeneration）；其三，定向嫁接，凯斯（Kiss, 2009）认为副词可以通过左向或右向嫁接的方式进入句子演绎，而合并的位置受制于句法、语义和韵律等因素，比斯库普（Biskup, 2010）提出句尾副词嫁接于 vP 语段，邓思颖（2010）则细化为移动状语因可嫁接于 TP、CP 或 vP 而位置相对灵活，非移动状语只能嫁接于轻动词而位置固定；其四，合并生成，钦奎（Cinque，1999）认为副词基础生成于核心功能语投射的指示语位置，是功能性成分在指示语位置的显性表现形式，戴曼纯（2002）也认为基础生成于所在投射的指示语（［Spec XP］）位置的副词通过合并的方式进入句法推导。

三是制图排序。无论是准允还是嫁接，最终都是为了从操作层面确定副词的位置及其顺序。钦奎（Cinque，1999）根据制图理论（the cartographic approach）从跨语言角度发现：各类副词的位置受制于一个普遍的层级系统，具有严格的句法顺序，即言语行为副词（honestly）＞评价副词（unfortunately）＞示证副词（evidently）＞认知副词（probably）；其中动词前的副词可分成高位（higher）和低位（lower），在高位副词中，言者副词（speaker-oriented）先于主语副词（subject-oriented）。后来恩斯特（Ernst，2002）提出了另一种排序：言语行为（Speech-act）＞事实（Fact）＞命题（Proposition）＞事件（Event）＞指定事件（Specified Event）。

可以说，生成语法强调副词入句的准允机制并力求从句法或语义角度找到合理解释副词句法推导的嫁接方式，特别值得肯定的是：生成语法特别重视从宏观普遍语法的跨语言视角定位不同类型副词的层级系统及其排序规则，取得了极具启发性的学术成果。

总的说来，无论是传统语法、描写语法，还是认知功能语法、生成语法，都是根据自身的本体论结合语言事实来认知情态副词，并围绕研究目的提出各不相同的研究方法，使情态副词的意义、句法、认知、系统各个侧面逐渐清晰并立体起来，为系统全面深入地认知情态副词的性质和特点并确立科学的方法奠定了基础。然而，各派理论在情态副词分布定位的精确性、语义提取的准确性、验证方法的科学性、情态解释的系统性等方面还存在着诸多不足。因为每个情态副词的句法分布、语法意义、认知情态和层次系统并不是散乱割裂的，而是系统关联的，不是平行单面的，而是内外因果的。本章就试图以"语法意义决定并解释语法形式，语法形式制约并验证语法意义"这一语义语法理论的因果关联原则，结合个案研究，认知界定情态副词的性质和特点，并据此语义语法理论研究情态副词的方法论原则。

第二节　语义语法对情态副词性质与特点的认知

1. 情态副词的性质

情态副词的性质就是指情态副词语法意义及其所决定的语法形式的性质。语义语法认为"语法意义是由一定的语法形式所负载和反映的具有范畴特征的聚合层面的语义特征或者组合层面的语义关系。从性质上看，根据语法意义是指称性的还是关联性的，可以把语法意义分成概念性和功能性两类"（赵春利，2020：48）。那么，情态副词的语法意义究竟是指称性概念意义还是关联性的功能意义呢？情态副词的语法意义既不像典型实词单纯具有指称性概念意义，也不像典型虚词单纯具有关联性功能意义，正如吕叔湘、孙德宣（1956：34）所言："副词除一般的限制作用外，有时候可以有语气色彩，有时候又可以有关联作用"，"语气色彩"就是情态副词像实词一样可以指称情态内涵，"关联作用"就是情态副词像虚词一样可以关联命题，综合起来简称为王力（1943/1985：13）所言的"介乎虚实之间"。那么，如何证明情态副词这种虚实参半的语法性质呢？

首先，从分布规律上看，情态副词在单句中像实词一样可以独立做句法成分"状语"，在话语中又像虚词一样具有"关联作用"（石安石，1958：44）和"连接"作用（廖秋忠，1986：425），如果删除情态副词的话，单句合法，但整个话语却不通顺，以"怪不得、索性、总算、实在"为例，如（1）：

（1）a. 原来你买了，<u>怪不得</u>我买不到。

　　　——*原来你买了，[？]我买不到。

　　b. 横竖睡不着，我<u>索性</u>起了床。

　　　——*横竖睡不着，我[？]起了床。

　　c. 不管怎么说，咱们<u>总算</u>开了头。

　　　——*不管怎么说，咱们[？]开了头。

　　d. 卫生<u>实在</u>是太差了，只好作罢。

　　　——*卫生[？]是太差了，只好作罢。

因此，从单句分布上看情态副词具有实词的句法成分功能，而从话语分布来看又具有虚词的关联功能，当然，决定这一分布规律的则是其语法意义。

　　其次，从语法意义来看，情态副词"不算纯实"，因为"它们并不能单独地指称一种实物，一种实情，或一种实事"（王力，1943/1985：13），而是表达说话者对话语的一种认知、情感、态度和意志的主观情态。以认知层面表达醒悟结果的"怪不得"、情感层面表达无奈顺为的"索性"、意志层面表达克难遂愿的"总算"、态度层面表达诚恳认可的"实在"为例，如（2）：

（2）a. 怪不得咱村工作搞不好，原来是特务捣鬼呀！

　　　b. 既然你看出来了，我就索性说吧！

　　　c. 几经周折，总算找到了刘索拉的住处。

　　　d. 他实在走不动了，才骑上马。

从本质上说，人的认知、情感、态度、意志并非割裂的、孤立的，而是存在着内在的关联性，一般来说，认知会引发情感，情感会激活意志，而意志则伴随态度。因此，一个情态副词所表达的内容无论倾向于说话者的认知、情感，还是意志、态度，始终处于一定的"知、情、意、态"的关联中，恰恰是这一点决定了情态副词所具有的类似虚词的关联功能。可以说，无论从语法意义看，还是从其所决定的分布规律看，都可以把情态副词的语法性质界定为：说话者通过并针对话语表达具有内在因果关系的认知、情感、意志、态度的主观情态。通过表 2-2 可以看清情态副词的虚实兼备的性质。

表 2-2　情态副词的虚实性质

情态副词	分布规律	语法意义
实词性	单句：状语分布	指称：主观情态
虚词性	话语：关联功能	话语：内在因果

2. 情态副词的分布和语义的特点

　　情态副词所具有的"指称情态而关联话语"的性质决定了其在分布规律和语义情态上四个特点：话语关联的制约性、句法分布的复杂性、语法意义的难验性、情态内涵的难解性。

　　第一，话语关联的制约性。

　　情态副词所表达的主观情态通常关联整个话语，因此，情态副词的分布规律因关联话语而受制于话语，即话语关联直接制约着"情态副词"句的分布，从而间接制约情态副词的分布，因此，要准确定位情态副词的分布规律就不得不考察话语关联对"情态副词"句的制约性。以"总算"为例，可以发现，情态副词"总算"句都表达说话者的一种意愿实现，而意愿实现之前则通常有一个不太如意的艰难困境，可是经过采取措施或经历挫折并最终克服困难实现了意愿，这个"克难遂愿"的话语关联就制约着情态副词"总算"句的话语分布，如（3）。再以"想必"为例，从复句分布来看，"想必"句通常做后续句，或者做结果结论句（4a/b），或者做原因结论句（4c/d）。无论是"总算"还是"想必"，从方法论的操作上，如何定位和建构该情态副词的话语关联呢？

（3）a.困难是难以想象的，但我们一咬牙，<u>总算</u>在预定的日期内完成了。

　　b.意识又陷入昏迷不醒的状态，不过后来经过紧急输血，罗严塔尔<u>总算</u>重新恢复意识。

　　c.他差点儿摔倒了，然而他抓住了门边<u>总算</u>站稳了。

　　d.站务员要我离开月台到候车室等车，经我费了一番口舌，才<u>总算</u>被允许继续停留在月台上。

（4）a.因为报告得突然，诸位<u>想必</u>会感到惊讶吧。

　　b.只要没人扯她的衣袖，<u>想必</u>不会露馅儿。

　　c.我全身都好像已经麻木了，<u>想必</u>是因为毒已快发作。

　　d.大公司楼厦的窗口早早地熄灭了灯火，那<u>想必</u>是由于经济不景气，公司大大减少了加班所致。

　　第二，句法分布的复杂性。

　　情态副词句法分布的复杂性主要体现在：难以确定其选择什么功能类型的句子、分布于哪些句法位置，特别是难以确定哪些同现词语能用来提取并验证该情态副词的语义。比如："实在"只选择陈述句（5a）、感叹句（5b），而排斥祈使句（5c）和疑问句（5d），但复杂的是，并非任何一个陈述句和感叹句都可以不受限制地插入"实在"，比如陈述句（6a）和感叹句（6b）插入"实在"就不合法。那么，究竟哪些陈述句和感叹句可以插入"实在"而哪些不可以呢？这就需要从方法论角度确定一个情态副词句法分布的定位程序和验证原则。

（5）a. 这种事他做不出来。　　——这种事他<u>实在</u>做不出来。

　　 b. 太可惜了！　　　　　　——<u>实在</u>太可惜了！

　　 c. 不要进去。　　　　　　——*【<u>实在</u>】不要进去！

　　 d. 你没有办法吗？　　　　——*你【<u>实在</u>】没有办法吗？

（6）a. 这种事他做得出来。　　——*这种事他【<u>实在</u>】做得出来。

　　 b. 多么可惜啊！　　　　　——*【<u>实在</u>】多么可惜啊！

第三，语法意义的难证性。

情态副词从性质上说就是表达说话者对话语的一种认知、情感、态度、意志的主观情态，但对每个具体的"个性大于共性"（张谊生，2000a：2）的情态副词来说，其语法意义各不相同，如何根据每一个情态副词的分布规律来切分、提取并证明语法意义，就需要从方法论角度思考证明，特别是正反验证的手段。以"几乎"与同现词语的关系为例，（7a）不可以插入"几乎"，但是，如果给（7a）的谓语增加补语"光、遍"（7b），或给其宾语增加定语"一天、所有"（7c），或增加一个语义前指范围副词"都"或语义后指范围副词"只"（7d）后，再插入"几乎"就合法了。

（7）a. 他们喝了法国酒。

　　　　——*他们【<u>几乎</u>】喝了法国酒。

　　 b. 他们喝<u>光</u>/<u>遍</u>了法国酒。

　　　　——他们【<u>几乎</u>】喝<u>光</u>/<u>遍</u>了法国酒。

　　 c. 他们喝了<u>一天</u>/<u>所有</u>法国酒。

　　　　——他们【<u>几乎</u>】喝了<u>一天</u>/<u>所有</u>法国酒。

　　 d. 他们<u>都</u>/<u>只</u>喝了法国酒。

　　　　——他们【<u>几乎</u>】<u>都</u>/<u>只</u>喝了法国酒。

而增加的"光、遍、一天、所有、都、只"等词语都具有一种绝对或相对的极值义。如果有这些极值义词语，就可以插入"几乎"；而如果没有这些极值义词语，就不可以插入"几乎"。通过这种正反对比，可以发现，"几乎"的语法意义与极值义词语有一定的因果关系。但是，如果句子中出现"极了、透顶、之极、绝了、极点"等极值义词语，"几乎"却不可以插入，如（8）：

（8）a. 她痛苦<u>极了</u>。　　　——*她【<u>几乎</u>】痛苦<u>极了</u>。

　　 b. 我的心情糟糕<u>透顶</u>。　——*我的心情【<u>几乎</u>】糟糕<u>透顶</u>。

通过比较"光、遍、所有、一天"极值义与"极了、透顶、之极"等极值义就可以发现，前者是客观有界的极值，而后者是主观无界的极值，因此，就可以把"几乎"的语法意义界定为"无限接近有界极值"。可以说，情态副词语法意义的提取要求内涵概括的准确性和外延验证的排他性，因此，无论是语法意义的提取还是验证，难度都很大。

第四，情态内涵的难解性。

我们往往可以凭借语感感受到一个情态副词所隐含的认知、情感、态度、意志等要素，但却很难解析并验证出情态副词语法意义中每个情态要素的具体体现及其因果关系，比如例（9）中的"险些"在语感上具有"庆幸"之感，然而如何根据实例提取并验证"庆幸"情感并为之找到认知基础呢？

（9）a. 我险些被卷下海，幸亏脚钩住了栏杆。

b. 他自身险些被杀，多亏邻人相救。

c. 为了抢救书籍，他险些被烧死。

d. 在一次井下事故中，他险些丢了性命。

从（9a/b）可以发现，庆幸之感并非源自"险些"本身，而是源自"幸亏、多亏"等引导的述因后续句，"险些"则是从认知层面对主体遭受事件的一种危情评估。从因果关系角度看，情感层面的"庆幸之事"为因，而认知层面的"危情未发之事"为果。随着庆幸之因的脱落，其庆幸之感则逐渐漂移到"险些"引导的认知性"危情未发"上，如（9c/d）。久而久之，"险些"的危情未发之果就把后续的庆幸之因吸收，从而将"估危"的认知与"庆幸"的情感融合在"险些"的情态内涵中。可以说，解析副词的情态内涵难度很大，需要结合话语关联进行分析和验证。

总的说来，情态副词"分布状位指称情态的实词性与关联话语因果关系的虚词性"这一"虚实兼备"的语法性质，决定了其在分布和语义上的四大特点：话语关联的制约性、句法分布的复杂性、语法意义的难证性、情态内涵的难解性。那么，如何根据情态副词的性质和特点选择科学的研究方法呢？

第三节　语义语法研究情态副词的四条方法论原则

从方法论角度看，研究对象的性质和特点决定了研究方法的选择，那么，什么样的研究方法才能系统科学地揭示情态副词的性质与特点呢？根据语义语法理论（邵敬敏，2004；赵春利，2014）所指导的情态副词实例研究并遵循其在话语、句法、语义、情态上的性质特点，我们认为系统科学的情态副词研究方法论按照从形式到意义、从宏观到微观的逻辑顺序必须遵守四条原则：一是基于话语关联论由表及里多层锚定话语功能的原则；二是基于句法制约论由大到小精确定位句法分布的原则；三是基于语义决定论形意兼顾多元证明语法意义的原则；四是基于情态因果论瞻前顾后系统解释情态内涵的原则。

1. 基于话语关联论由表及里多层锚定话语功能的原则

从话语分布的整体决定局部的理念看，话语关联就是情态副词所在的句子与前后句子组合所形成的有机话语关系，而情态副词所在的句子在话语关联中表达一定的话语功能。话语关联通过直接制约情态副词所在句子的分布，从而间接制约情态副词的分布，因此，揭示情态副词所在句子在话语关联中的分布规律及其话语功能对提取情态副词的语义情态具有重要价值。关键的问题是，如何揭示情态副词所在句在话语关联中的分布规律及其话语功能呢？

我们可以按照由表及里、由形式到意义、由抽象到具体的原则，分逻辑关联、语义关联、情态关联三个层次逐层细化并锚定话语关联。

第一，构建逻辑关联。

连词或副词是构建话语逻辑关联的形式标记，因此，从形式层面检索并提取出情态副词所在句子前后同现的连词，根据同现连词的性质、数量、排序等建立话语的逻辑关联。比如，"索性"句C与前面的句子B经常同现广义因果关系的连词或副词，如：因为B，所以C；既然B，就C；如果/要是B，就C；为了B，C；B，最后/终于C等。而B与前面的A句则通常以转折连词连接，如虽然/尽管/即便A，但是/然而/可是/却B，更为重要的是B句的前面往往是转折连词"但是/但/然而/可是"先于原因连词"因为/既然/如果"等，如（10），因此，可以把"索性"句的［待转句—转折句（原因句—"索性"结果句）］这一逻辑关联概括为"外层转折而内层因果"。

（10）a. 他本来应该在行军时随着老营一道（A），但因为有些挂彩的步兵走得慢，时常掉队（B），所以他就索性跟着李过的后队走（C）。

b. 虽然没有尝够同她恋爱的欢乐，就此离开未免有点遗憾（A），但既然非走不可（B），那么索性让这种无法维持的关系一刀两断（C）。

第二，提取语义关联。

可以根据话语中各个句子的表达内容，特别是情态副词、谓语结构等来确定处于一定逻辑关联的前后句子在语义表达上的前后关系，从而建立语义关联。以"索性"句的所处话语为例，待转句往往出现"原来、本来、起初、开始"等体现主体原来意图的词语，可以概括为"背景情形"，原因句则出现可能补语否定式"睡不着、跑不掉、吃不下饭"等表达情势变化而无能无力的词语，可以总结为"情势迫变"，而"索性"结果句则出现"躲、拿、跑、推销、放弃"等顺应形势而采取行动的自主动词，可以概括为"顺势而为"，因此，整个语义关联就是：背景情形—情势迫变—顺势而为。如（11）：

（11）a. 他本来以买书送香水作招徕，发现顾客对书的兴趣远不如对香水的大，于是索性改了行，灵机一动，还利用家庭主妇来为他推销香水。

b. 醒秋本想不去，但她转念一想，我索性将话说明白，从此打破他的妄想也好。

第三，勾勒情态关联。

根据话语中各个句子中出现的情态副词、谓语动词、否定形式等情态标记，系统分析话语的各个句子在"知情意态"上的变化，从而建立情态关联。仍以"索性"为例，在转折句中经常出现表示认知意图的"想、打算、计划"等词语，而原因句则出现表示无能为力的"无法、无力、没法"以及表示无奈情态的"无奈、难以、实在、简直、反正、横竖、怎么也"等词语，而"索性"结果句则出现表示无奈的"硬着头皮、厚着脸皮"和表示不得已的句末助词"算了、得了、罢了"等，以及表示态度果断的"直截了当、开门见山、单刀直入、横下心来、一下子、一股脑地"等词语，把先后的认知、情感和态度合在一起就是其情态结构：认知意图—情感无奈—态度果断。如（12）：

（12）a. 她尝试着去够，但是怎么也够不着，索性小心翼翼地下了床。

b. 她性贪好赌，常抱怨老公无能，无法满足她的奢求，索性动用私房钱炒期货。

这样的话，由逻辑关联、语义关联、情态关联所组成的话语关联就可以多层次地锚定情态副词句的话语功能，情态副词"索性"的话语关联如图 2-1 所示：

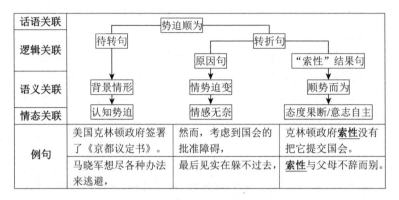

话语关联	势迫顺为		
逻辑关联	待转句	原因句	"索性"结果句
语义关联	背景情形	情势迫变	顺势而为
情态关联	认知势迫	情感无奈	态度果断/意志自主
例句	美国克林顿政府签署了《京都议定书》。	然而，考虑到国会的批准障碍，	克林顿政府**索性**没有把它提交国会。
	马晓军想尽各种办法来逃避，	最后见实在躲不过去，	**索性**与父母不辞而别。

图 2-1　情态副词"索性"的话语关联

这样就可以从话语关联的角度通过逻辑、语义、情态层层深入的关联定位情态副词所在句子的话语分布。但话语分布毕竟属于框式约束，还不够精确，如何才能精确定位其句法分布规律呢？

2. 基于句法制约论由大到小精确定位句法分布的原则

句法制约语义，而单句是精确定位情态副词句法分布的基本单位。情态副词的句法分布规律可以按照"句子功能选择、句法位置选择、句法同现选择"这一由大到小、由粗到细的逻辑顺序逐层筛选，依次定位。

第一，情态副词在句子功能选择上的规律性。

每个情态副词总是选择一定的句子功能类型及其次类，而排斥一定的句子功能类型及其次类，情态副词与句子功能类型之间的选择或排斥关系，究其实质就是不同句子功能类型及其次类对不同情态副词的句法制约性。因此，一个情态副词在句子功能类型及其次类上的分布规律就成为框定情态副词句法分布的重要尺度。以副词"简直"为例，它不能分布于索取信息的疑问句（13）和祈使行为的祈使句（14），但可以分布于提供信息的陈述句（15a/b）和抒发感情的感叹句（15c/d）。

（13）a. 你想读书吗？　　　——*你【<u>简直</u>】想读书吗？

　　　b. 他死了还是活着？　——*他【<u>简直</u>】死了还是活着？

  c. 她去哪里了？   ——*她【简直】去哪里了？

  d. 你看不看电视？   ——*你【简直】看不看电视？

（14）a. 请进！   ——*【简直】请进！

  b. 举起手来！   ——*【简直】举起手来！

  c. 别吵啦！   ——*【简直】别吵啦！

  d. 你一个人去吧！ ——*你【简直】一个人去吧！

（15）a. 他说不出话来。 ——他【简直】说不出话来。

  b. 他们没有办法。 ——他们【简直】没有办法。

  c. 太奇妙了！   ——【简直】太奇妙了！

  d. 好极啦！   ——【简直】好极啦！

从句子功能选择来看，"简直"选择陈述句和感叹句而排斥疑问句和祈使句，那是不是"简直"可以自由地分布于陈述句和感叹句的任何句法位置呢？并非如此。

  第二，情态副词在句法位置分布上的规律性。

  情态副词对句法位置的选择并不自由。比如，情态副词"简直"对陈述句和感叹句句法位置的选择并非不受限制。根据调查，它只能分布于主谓之间的状语位置（16a/b）或者"得"字补语的状语位置（16c/d）。有时"简直"好像位于小句的主语前，但仔细分析就会发现，"简直"与小句之间省略了判断动词"是"，如（17a/b），在"简直"位于光杆名词前面时，更容易激活判断词"是"（17c/d），可以说，无论在小句前还是名词前，"简直"本质上都是省略谓语"是"的状语。

（16）a. 他简直经历了一场灾难。

  b. 你简直太过分了！

  c. 姑娘兴奋得简直快笑了。

  d. 吓得我简直毛骨悚然！

（17）a. 那次用兵，简直孙武再世。

   ——那次用兵，简直【是】孙武再世。

  b. 他太反常了，简直神志不清。

   ——他太反常了，简直【是】神志不清。

  c. 那个男的，简直垃圾！

   ——那个男的，简直【是】垃圾！

  d. 外边那么冷，简直地狱啊！

　　——外边那么冷，简直【是】地狱啊！

可以说，"简直"在句法位置上是相对固定的，即只分布于陈述句和感叹句的状语句法位置，然而，是不是任何一个陈述句和感叹句的状语位置都可以不受限制地插入"简直"呢？绝非如此。

　　第三，情态副词在句法成分同现上的规律性。

　　情态副词的分布还受到一定同现成分的制约而呈现出一定的规律性。比如，"简直"并非自由地分布于任何一个陈述句或感叹句的状语位置。无论是陈述句还是感叹句，"简直"都要求其述语中必须出现极性程度义成分，否则无法进入状位。如陈述句如（18a/b）和感叹句（18c/d）：

（18）a.＊他【简直】是个人。

　　　　——他【简直】是个野人／罪人。

　　　b.＊我【简直】有勇气再往前走。

　　　　——我【简直】没有勇气再往前走。

　　　c.＊我【简直】懊悔！

　　　　——我【简直】懊悔极了／透顶！

　　　d.＊【简直】好！

　　　　——【简直】太好了！

常见的极度标记有：太……了、极了、透顶、神了、呆了、傻了、要命、没、毫无、无法、到了……的地步／境界、好像、如同、完全等。为什么"简直"选择分布于具有极度义成分的陈述句或感叹句的状位呢？这是由"简直"所表达的"夸张性地判定事物无限接近一个极度值"这一语法意义所决定的。可以说，精准定位副词的话语分布和句法分布是提取副词语义的一把金钥匙。

3. 基于语义决定论形意兼顾多元证明语法意义的原则

　　无论是宏观定位情态副词所在句的话语分布，还是微观精刻情态副词本身的句法分布，最终都是为了从纷繁复杂多样性的形式分布中抽丝剥茧地提取出具有统一性的语法意义，让统一的语法意义统摄多样的形式分布。而根据语义语法理论提出的"语法意义决定语法形式，语法形式制约语法意义"（赵春利，2014：5）这一"形意辩证"认识论原则，我们就必须从形式印证、正反验证和逻辑论证三个层面证明情态副词语法形式对其语法意义的制约性，及其语法意义对其语法形式分布规律的决定性。

第一，形式印证情态副词的语法意义。

如果某一情态副词与某类词语高频同现或组配，即使该类词语缺省也可以补出而不影响整体命题意义，但不能插入与该语义相反或相对的词语时，该类词语的语义就会成为界定印证该情态副词语法意义的形式标记。以情态副词"怪不得"为例，与其所在的句子高频同现的主句中经常出现"想明白、才发现、才知道、恍然大悟、如梦初醒"等未料才知的醒悟义动词词语（19a/b）或者"啊、哦、噢、嗯"等醒悟义叹词（19c/d），都可以从同现词语形式的角度印证"怪不得"的醒悟义，而语义相反或相对的"不了解、不清楚、咦、呃"等则都不可以同现。至于"醒悟"的究竟是原因还是结果，则可以通过与表示醒悟原因的"原来"高频关联，从而具体印证"怪不得"的醒悟结果义（19）。

（19）a. 我现在都想明白了【＊不了解】，怪不得雨杭不肯成亲，原来和你暗通款曲！

　　　b. 郭靖恍然大悟【＊不清楚】："原来这些人都是来求亲的。怪不得道兄们骂我是淫贼妖人。"

　　　c. 啊【＊咦】！怪不得你会急速地来找安妮，原来你们也知道安妮有了孩子。

　　　d. 哦【＊呃】，原来如此！一个没母亲的孩子，怪不得如此缺乏教养！

可以从形式制约意义角度说，语义相近或相关的多种高频同现词语从形式角度可以立体式呈现印证"怪不得"的醒悟结果义。而从意义决定形式的角度说，"怪不得"的醒悟结果义决定了其话语分布对醒悟义动词、叹词以及醒悟原因义副词的选择。可以说，一个情态副词的语法意义是其高频组合、同现、关联词语的语法意义聚合而成的，广而推之，一个词语的语法意义是其各类高频组合、同现、关联词语的意义集合。

第二，正反验证情态副词的语法意义。

一个情态副词选择什么同现词语而排斥什么同现词语，决定于情态副词自身的语法意义。从形式验证角度看，情态副词所选择的词语与所排斥的词语在语义上存在着矛盾关系或反对关系，则这两类词语就可以从方法论角度正反验证情态副词的语法意义。比如：情态副词"毕竟"的后面通常分布"真的、的确、似乎、可能、本来、根本、到底、一直"等客观叙实义副词，而排斥"竟然、居然、幸亏、恰巧、索性、偏偏、千万、万万"

等主观抒意义副词，如（20）：

（20）a. 他<u>毕竟</u>真的走了。

　　　——* 他<u>毕竟</u>【竟然】走了。

　　b. <u>毕竟</u>这可能是最后的生死诀别呀！

　　　——* <u>毕竟</u>这【恰巧】是最后的生死诀别呀！

　　c. <u>毕竟</u>你本来就没有感情。

　　　——* <u>毕竟</u>你【偏偏】就没有感情。

　　d. 他<u>毕竟</u>一直生活在城市里。

　　　——* 他<u>毕竟</u>【千万】生活在城市里。

这样，"客观叙实义"与"主观抒意义"这两类语义相反的副词就可以从正反两个层面验证"毕竟"的语义中蕴含着据实义。同样道理，"毕竟"句通常选择"实际上、事实上、从现实来说、坦率地讲、实事求是地说、从根本上来说"等直叙性话语标记，而排斥"据说、据悉、据报道、俗话说、听说"等引述性话语标记（21）。"毅然"通常修饰"退掉、推掉、捐出、卖掉、放弃、加入"自主结果义动词，而"无主有果"的"掉入、落入、沉入、落到、病倒"和"自主无果"的"思考、考虑、琢磨、讨论、议论"都无法被"毅然"修饰，如（22）。

（21）a. <u>从现实来看</u>【* 据说】，民工潮<u>毕竟</u>带来了许多具体问题。

　　b. <u>坦率地讲</u>【* 据悉】，这里<u>毕竟</u>有着太多"做"的痕迹。

　　c. <u>实事求是地说</u>【* 俗话说】，私商<u>毕竟</u>受资金、运输等方面的限制。

　　d. 物质文明的发展<u>从根本上说</u>【* 听说】<u>毕竟</u>大大有利于精神文明的发展。

（22）a. 为了家，李娜<u>毅然</u>退掉了借来的房子，举家迁往芦北口村了。

　　b. 为了让儿子更好地学习和生活，她不顾别人劝阻不顾家庭的贫困，<u>毅然</u>加入厂里集资建房的行列。

　　c. * 一个 8 岁孩子到附近玩耍时【<u>毅然</u>】掉入井里淹死了。

　　d. * 许多老同志对党和国家的前途和命运忧心如焚，他们【<u>毅然</u>】思考除害救国的良策。

可以说，当语义相反或相对的两类词语或结构与某一情态副词存在同现与否的对立时，这两类词语或结构就成为从正反角度切分、界定和验证情态副词语法意义的手段。

第三，逻辑论证情态副词的语法意义。

同现词语不仅是形式印证、正反验证某一情态副词语法意义的形式手段，而且是论证情态副词语法意义及其分布规律，以揭示情态副词与其他句法成分之间逻辑关系的支点。比如：根据调查，情态副词"总得"所组配的谓词不能是否定形式而必须是肯定形式（23a/b），那么，肯定或否定与"总得"分布之间的逻辑关系可分解为：如果谓语不是肯定形式（$\neg p1$），就一定不可插入"总得"（$\neg q$），如果谓语是肯定形式（$p1$），就有可能插入"总得"（$q \vee \neg q$），即只有谓语是肯定形式（$p1$），才可以插入"总得"（q）。由此可知，谓语肯定形式是插入"总得"的必要条件（$p1 \leftarrow q$）。那么，哪些肯定形式可以插入"总得"而哪些肯定形式不可以插入"总得"呢？根据调查，可以发现，必须是动作行为（$p2$）而不是性质状态，否则不合法，如（23c/d）。这样，谓语表示动作行为也是插入"总得"的必要条件。那么，是不是所有动作行为都可以插入"总得"呢？并非如此，谓语所表示的动作行为通常达到基础数量（$p3$）而不是最高数量（23e/f），并且在时间上看，必须是未然时或惯常体（$p4$）而非已然时或经历体，如（23g/h）。

（23）a. *百姓总得【不】吃饭呀。

——百姓总得吃饭呀。

b. *这项工作总得【没】有人干。

——这项工作总得有人干。

c. *实际困难总得【很多】。

——实际困难总得要解决。

d. *她总得【漂漂亮亮的】。

——她总得打扮打扮。

e. *你【最多】总得吃一个。

——你【最少】总得吃一个。

f. *这个世界总得【一律】讲公平吧。

——这个世界总得讲【点儿】公平吧。

g. *【昨天】你总得去上班吧。

——【明天】你总得去上班吧。

h. *他【去年】总得溜【过】一会儿。

——他【每天】总得溜一会儿。

这样，"肯定形式（*p1*）、动作行为（*p2*）、基础数量（*p3*）、未然惯常（*p4*）"这四个必要条件加合构成了插入"总得"使用的充分条件，即（$p1 \wedge p2 \wedge p3 \wedge p4$）$\rightarrow q$。

总的说来，无论形式印证、正反验证还是逻辑论证，最终的目的都是通过精准定位句法分布而揭示、切分、界定情态副词的语法意义。

4. 基于情态因果论瞻前顾后系统解释情态内涵的原则

每个情态副词的情态内涵并不是一个孤立的离散性概念，而是一个由认知、情感、态度和意志等组成的具有因果关联的系统性概念，也并不是一个均质的指称性概念，而是对认知、情感、态度、意志的有些偏向失衡的功能性概念。由于因果链条是无始无终且无限延伸的，而每一个原因都是前因事件所引发的结果，每一个结果又作为原因导致一定的后续结果，那么，如何从一个情态副词的上下文语境中截取一段相对完整的话语来揭示、验证并系统解释其情态的内在因果结构呢？根据研究单位大小的差异，大致可以分为单句同现验证法、复句高频关联法、话语逻辑语义法。

第一，单句同现验证法。

通过调查一个情态副词在单句内对某类词语的选择或排斥，可以比较精准地提取并验证其情态内涵。比如，情态副词"实在"主要选择"难以控制义"谓语：一是难以控制对事物性质的评价，如"太……了、极了、透了、极其、非常、够、很、有点儿、有些"等，而且否定形式则不合法，如（24a/b）；二是难以控制对克服困难的行为，如"V 不下去、V 不住、无法 VP、难以 VP"等，而其肯定形式则不合法，如（24c/d）。可以说，"实在"不能与无须控制的情感或行为组合，而与需要意志控制却无法控制的"欲而不能"组合，从而体现了主体的失控意志和无奈情感，其无奈情感还体现在"遗憾的是、可惜的是、惭愧的是、无奈、遗憾地说、无可奈何地说"等遗憾义话语标记和"唉、哎、哎呀、哎哟、啊、天哪"等无奈义叹词（25），而"真的、说真的、说实话、说实在话、老实说来"等真诚义话语标记和"心里、内心、心中"内心义状语表现出主体表达无奈情感的诚恳态度（26）。

（24）a. 她实在太紧张了。　　　——* 她【实在】不紧张。

　　　b. 我实在困极了！　　　　——* 我【实在】不困！

　　　c. 村长实在看不下去了。　——* 村长【实在】看得下去。

　　　　d. 这笔钱实在无法筹集。　　——*这笔钱【实在】有法筹集。

（25）a. 遗憾的是，我实在吃不下去了。

　　　　b. 只可惜我实在做不出来。

　　　　c. 唉！没娘的孩子实在可怜哩！

　　　　d. 天哪！这实在难以忍受！

（26）a. 说真的，我实在放心不下。

　　　　b. 老实说，我肚子实在饿了。

　　　　c. 我心里实在过意不去。

　　　　d. 他内心实在难以平静。

这样，就可以根据"实在"的单句分布勾勒出其"失控意志—无奈情感—诚恳态度"的情态结构。

　　第二，复句高频关联法。

　　通过研究一个情态副词所在单句与前后句子中高频关联的词语，可以在复句关联中比较深入地解释情态副词的情态因果关系。比如"确实"句前面高频同现以动词"看、听、摸、想、问、查、调查、走访"表查证行为并以"认真、仔细、细致、周密、深入、实地、现场"为修饰语表"认真态度"的短语（27），并高频出现"发现、觉得、证实、相信、确认、认为"等表示认知获悉的动词（27a/b），即使缺省也可以补充（27c/d）。从查证行为的认真态度到获取确凿信息的认知，构成了"确实"的"态度认真—认知获悉"的情态因果。在一定的话语关联中，如果去掉"确实"前表现查证行为的认真态度"仔细一看、细细一想"，话语就会缺乏关联性而不合法，如（28）。

（27）a. 桂希恩对该药进行了细致的调查，发现确实存在很大问题。

　　　　b. 调查小组经过认真调查，证实这两个人确实恩爱。

　　　　c. 我仔细一想，【觉得】女儿的理解确实有一点道理。

　　　　d. 今春实地一看，【认为】确实令人感动。

（28）a. 他上面有一个金色的面罩，而仔细一看，这个面罩确实是金子做成的。

　　　　　——*他上面有一个金色的面罩，[？]这个面罩确实是金子做成的。

　　　　b. 苏禹没想到肖书记会把这一案件上升到如此的高度，但细细一想，我们确实正面临着这样一个严峻的现实。

　　——＊苏禹没想到肖书记会把这一案件上升到如此的高度，
　　［？］我们确实正面临着这样一个严峻的现实。
　　第三，话语逻辑语义法。
　　一个完整的话语关联是全面揭示情态副词的语法意义及其情态结构的
最优单位，而锚定话语关联的逻辑关联和语义关联则是系统解释其情态关
联的基本前提，因此，从逻辑关联、语义关联入手，可以逐层剖析并解释
情态关联。比如，根据 CCL 语料库的调查，可以发现，情态副词"总算"
所出现的典型话语如（29）所示：
　（29）a. 尽管石碑早已失传（A），但后人转抄（B），总算可以弄清其
　　　　　 中 36 位石人的身份（C）。
　　　　 b. 老汉的血压竟然高达 200 毫米汞柱（A），经过紧急治疗（B），
　　　　　 老汉总算从死亡线上挣扎出来（C）。
　　　　 c. 这玩意儿少说也比他们平时处理的尸体重五倍（A），可是人
　　　　　 人齐动手（B），总算把它搬弄到解剖台上（C）。
　　　　 d. 母子的生命都危在旦夕（A），然而，因为法兰吉丝和亚尔佛
　　　　　 莉德的帮忙（B），婴儿总算平安生下来了（C）。
　　根据典型话语关联中的连词以及句子与句子之间的语义关系，可以建
立"总算"话语的逻辑关联、语义关联和情态关联，如图 2-2 所示：

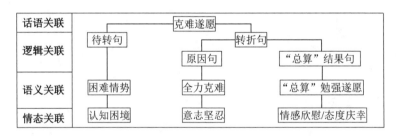

图 2-2　情态副词"总算"的话语关联

　　在话语关联中，情态副词"总算"就是以某种困境为认知前提，以竭
尽全力克服困难的坚忍为意志前提，在"竭力克难而勉强遂愿"中激发了
欣慰情感和庆幸态度，从而把"认知困境—意志坚忍—欣慰情感—庆幸态
度"的情态因果结构注入到了"总算"的语法意义中。
　　总的说来，作为研究对象，情态副词不仅具有指称话语中"认知、情
感、态度、意志"等情态要素的实词性质，而且具有关联话语中"认知、

情感、态度、意志"等情态要素的虚词性质，而情态副词的这一"指称情态而关联话语"的语法性质决定了其四个特点：话语关联的制约性、句法分布的复杂性、语义提取的难验性、情态内涵的难解性。因此，根据情态副词的语法性质及其特点，特别是围绕如何定序话语关联、定位句法分布、多元证明语义、因果解析情态四个问题提出了语义语法情态副词研究的四条方法论原则：一是基于话语关联论由表及里多层锚定话语功能的原则；二是基于句法制约论由大到小精确定位句法分布的原则；三是基于语义决定论形意兼顾多元证明语法意义的原则；四是基于情态因果论瞻前顾后系统解释情态内涵的原则。

第三章　意志类情态副词研究

第一节　必行副词"总得"的话语关联与语义组配

本章以语义语法为理论依据，按照从话语、句子到同现成分由大到小的逻辑顺序，还原出副词"总得"的"势迫必行"话语关联，提取并验证"总得"所组配的行为的四种语义特征，从而为提取"总得"的"无奈、祈求"情态取向奠定基础。第一，根据"总得"与"必须"的句法分布差异，提出不能简单地用"必须"释义"总得"。第二，从普适性、明确性、真实性、确实性四个角度提取并正反验证"总得"的"外转内让"逻辑关联和"势迫必行"话语关联。第三，正反定位必行副词"总得"分布于陈述句和求证"吧"字问的状位。第四，根据句法分布和同现成分，准确提取并形式验证"总得"组配的行为具有行动义、低值义、肯定义、必将义四种语义特征。第五，分析并认知解释其两种情态类型：无奈与祈求，并提取"总得"的语法意义：情势转变迫使主体做出让步而无奈或祈求地必须做出某种易于达成的低值行为。

正如弗雷格（1884/2002：120）基于方法论所提出的语境原则（context principle）所言："不能孤立地解释一个词的意谓，而必须在一个句子联系中解释它"，那么，如何"在一个句子联系中"，甚至句子与句子组成的话语中解释一个副词的意义呢？必须精确定位副词的句法分布以及话语分布，才可以把副词在自然语料库中纷繁复杂的分布现象"还原"为具有统一性的话语关联，才可以根据副词句法分布与同现成分的多样性"提取"出其情态取向。

1. 提出问题

"总得"属于汉语口语常用副词之一。早在 1965 年，中国科学院语言研究所词典编辑室主编的《现代汉语词典》（试用本）（1965/1973：1373）

就用"必须"来解释"总得"，从第 5 版（2005：74、1813）开始直到最新的第 7 版（2016：70、1744）都把"必须^①、总得"标注为"副词"，并仍用"必须"释义"总得"。而吕叔湘（1980：47）在谈"汉语语法"的第一个特点"次序不同，意义不同"时，比较了两个包含"总得"的例子："三天总得下一场雨，雨也许是多了点儿"；"一场雨总得下三天，那可真是不得了啦"。但没有解释"总得"的语义。那么，用副词"必须"解释副词"总得"合不合适呢？先看三组例子。

（1）a. 必须停战！

——*【总得】停战！

b. 医生告诉我必须截肢。

——*医生告诉我【总得】截肢。

c. 必须指出的是，这样的考验还没完。

——*【总得】指出的是，这样的考验还没完。

d. 加大国防投入是必须的。

——*加大国防投入是【总得】的。

（2）a. 我必须做点什么事？

——*我【总得】做点什么事？

b. 人是不是必须要上班？

——*人是不是【总得】要上班？

c. 我必须回答吗？

——? 我【总得】回答吗？

d. ? 人【必须】讲点道理吧？

——人总得讲点道理吧？

（3）a. 工作目标必须明确。

——*工作目标【总得】明确。

b. 地方必须完全服从中央。

——*地方【总得】完全服从中央。

c. 雨衣必须不透水。

---

① 吕叔湘主编（1980/1999：78）的《现代汉语八百词》（增订本）也把"必须"标注为副词，后来，袁毓林、马辉、周韧、曹宏（2009：183-184）在《汉语词类划分手册》中通过动词、助动词、副词的分布特征测试验证了"必须""属于典型的副词"，二者都没有收录副词"总得"。

——*雨衣【总得】不透水。

　　d. 新总理<u>必须</u>能够拥有实质性权力。

——*新总理【总得】能够拥有实质性权力。

很明显，"必须"的分布范围远远大于"总得"，"总得"的分布受到了很大的限制。由于"句法分布反映、制约并验证语义分布"（赵春利、方甲珂，2019：17），二者在句法分布上的差异则反映了二者的语义差异，由此可以看出，借用"必须"来解释"总得"并非基于它们各自的句法分布规律而是单凭语感与替换法，因此并不能切中"总得"的核心语义。

　　本文试图以语义语法为理论基础，以副词"总得"为主要研究对象，根据 CCL 语料库和 BCC 语料库的调查，逐步还原并验证"总得"具有统一性的话语关联，定位其句法分布，并提取和正反验证其语义匹配类型，提取出其情态取向及其语法意义。

2. 副词"总得"所处的话语关联

　　副词"总得"所在的句子与前后句子"连接所形成的话语关联既是还原并呈现副词'应用'本真状态的一面镜子，也是准确理解和验证副词语义的一把钥匙"（吴婷燕、赵春利，2018：360），因为"意义"就是"某个已入场的表征和其他已入场的表征之间一切可能的关系，如逻辑的、时间的、空间的、隐含的，等等"（张华，2010：55），而"一切知识都存在于相互间的某种自然的联结中"（康德，1800/2010：47）。那么，如何基于"总得"句与前后句子之间纷繁复杂的"自然联结"来"还原"具有统一性的话语关联呢？既需要逻辑还原以保证普适性，也需要语义分析以保证明确性，还需要实例解析以保证真实性，更需要正反验证以保证确实性。

　　第一，逻辑还原以保证普适性。

　　根据 CCL 语料库和 BCC 语料库的全面调查和充分观察，可以把"总得"句与前后句子之间构成的杂多分布还原成以"外层转折、内层让步"为统一性的逻辑关联上，其中，与副词"总得"同现的连词逻辑类型及其排序规则在还原中起到了至关重要的作用。

　　调查发现，从连词的逻辑类型来看，主要有四类：转折关系（虽/虽然/尽管……，但/但是/可是/不过……）、真实让步（既然……，那么/所以/因此……）、虚拟让步（即使/就算/哪怕/要是/如果……，那么……）、普遍让步（无论/不管/不论……，也/反正……）。而从连词的排序规则来看，无论是包含待转句和转折句的转折关系，还是包含让步句和结论句的让步关系，副词"总得"都处于结果性的转折句或结论句的状语位置。更为重要的是，当转折类连词和让步连词同现时，表示转折的"但/但是/不过/可是"等转折句连词总是在"既然/要是/如果/只要/无论/不管"等让步句连词的前面。由此，可以还原并构建"总得"在话语层面具有统一性和普适性的"外层转折、内层让步"逻辑关联，简称"外转内让"。如图 3-1 所示：

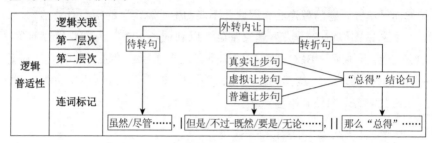

图 3-1　情态副词"总得"的逻辑关联

第二，语义分析以保证明确性。

"总得"的语义分析既可以微观明确复句角色的语义功能，也可以宏观明确逻辑关联的话语内涵。从微观来看，处于结论句状语位置的副词"总得"是由范围副词"总"与情态动词"得（děi）"词汇化而形成的，既有对让步句"前述情势"的"总"，又有对结论句"后续行为"的"得"，即为"总前述情势之转，而后被迫必须采取某种行为"，简称"势迫必行"，"总得"简称为"必行"副词。那么，让步句所表达"前述情势"有哪些呢？根据连词性质，可以分成三类：真实让步句表达的"实势类"（4a）、虚拟让步句表达的"虚势类"（4b）和普遍让步句表达的"普势类"（4c）：

（4）a. 既然生产了，总得卖。

　　　b. 假如你为了自卫或保卫旁人而杀人，你总得向法院证明这是杀人的理由。

　　　c. 不论熬粥还是蒸馍，总得捏着鼻子才能咽下去。

根据"总得"的逻辑关联，从语义功能上看，待转句表达的是"待转之势"，而三类让步句与前面的待转句构成转折关系，承担转折角色，而这三类让步句所表达的实势、虚势、普势，相对于待转句而言，就是"转折之势"，而"总得"结论句则表达了"三类情势迫使而引发的必然行为"。

这样从语义功能上就形成：待转之势、转折之势、势转必行，由此形成语义明确的话语关联"势迫必行"，如图3-2所示：

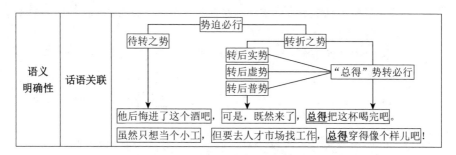

图3-2　情态副词"总得"的话语关联

第三，实例解析以保证真实性。

无论是基于语料库中"总得"句繁杂多样的分布还原而来的逻辑关联"外转内让"，还是基于逻辑关联的语义分析而提出的话语关联"势迫必行"，源自语料库的实例足可以证明其真实性。我们可分成两类：一是带"转折"或"让步"连词标记的有标形式类，如（5）；有的只有让步标记，但可以通过增添"转折"连词彰显其逻辑关系"外转内让"，如（6）；有的只有转折标记，也可以通过增添让步命题而不改变话语关联及其命题意义的方式验证其"外转内让"，如（7）。二是无标意义类，既没有转折标记也没有让步标记，连词添加法依然有效，如（8）。

（5）a. 我刚才说的那四条来界定京味儿小说，不科学不严谨，<u>不过既然</u>要谈到京味儿，<u>总得</u>有个大概的范围。

b. 都是应当获得自由的人，<u>但是为了</u>我们共同的利益，<u>总得</u>有一个人克制自己的憎恶心情，执行这一判决。

c. 买现在面世的这十一本书，非三十多元莫办，<u>但是</u>你要是治文学，学美学，却<u>总得</u>节衣缩食去买。

d. 现在觉得普世价值过时了的，只有少数几个国家，<u>然而</u>，<u>无论</u>是一个国家还是一个民族，<u>总得</u>靠一种价值来支撑和凝聚。

（6）a. 机器把人脑也省出来，人【<u>却</u>】不能打空转、露空白，<u>总得</u>有点什么填进脑去。

b. 晓冬根本没想到在这个节骨眼上碰上他，【<u>然而</u>】既然碰见了，<u>总得</u>周旋一番。

c. 如今如此绝情，令人好生纳闷。【不过】即使她本人不许，你也总得想个法子，玉成好事。

d. 当初你执意要去学画，我反对你没有反对错吧，【但】不管怎么说，你这点总得承认啰。

（7）a. 他们可以不介入企业之间的竞争，但是【无论如何，】总得维护消费者的利益吧。

b. 要说不想家，那是瞎话，可是【我也没办法，】总得有人出海生产。

c. 你说这是以俗为雅也好，是翻旧为新也好，不过，【不管是什么，】总得承认，他们与前代文人的观点不同。

d. 中尉无可奈何地挂上了电话，显得有些灰心丧气，然而，【怎么办？】总得想个办法才是。

（8）a. 咱们当大人的平时不管可以，【不过既然】到节了，总得想着为孩子们办点事。

b. 人家出门都是满手金虎虎地戴着，【但即使】咱们哪怕没有人家多，也总得有点呵。

c. 我的日子不好过，外人不去说他了，【可既然】你是我们朱家的人，这个忙总得帮一下呀！

d. 农民干了，【然而】凭什么说这块土地就姓"全"了，总得有个说法吧。

从总体上看，逻辑关联"外转内让"和话语关联"势迫必行"可以总括并定位"总得"句的话语分布，具有客观真实性。

第四，正反验证以保证确实性。

根据语料库还原出来的"总得"句逻辑关联"外转内让"和话语关联"势迫必行"，可以分别解析或解释实际语料中各类"总得"句所处的逻辑关系和话语关系。从正面来说，所有的"总得"句在话语上都遵循逻辑关联"外转内让"和话语关联"势迫必行"，这一点已得到证实。但是，从反面的排他性角度看，只有符合"外转内让"逻辑关联的话语才能在结论位置插入"总得"句，在转折让步中的待转句（9a）、让步句（9b）位置或者在假设选择（9c）、转折选择（9d）等非转折让步的逻辑关联就不能插入"总得"句，否则不合法，这样就从反面形式验证角度证实了"外转内让"与"势迫必行"的科学性。

（9）a. 这个世界尽管危机四伏，但人总得有目的地生活下去。

————＊这个世界尽管【总得】危机四伏，但人有目的地生活

下去。

b. 我忙虽忙，志愿军来了，是我们最可爱的人么，我总得要去一趟。

————＊我忙虽忙，志愿军【总得】来了，是我们最可爱的人么，

我要去一趟。

c. ＊如果外国势力【总得】侵犯台湾，或者出现台湾"独立"，那

么，我们是不会坐视不管的。

d. ＊一些农户反映，他们是想干，但又不能干，或者【总得】不敢干。

然而，从逻辑上讲，"外转内让"这一逻辑关联只是"总得"句话语关
联成立的必要条件，而不是充分条件，因为并非所有的"外转内让"逻辑
关联都可以不受限制地在结论句位置插入"总得"，否则不合法，如（10）：

（10）a. ＊我不知道到底谁对谁错，不过，既然是传说，那又【总得】

为什么要去计较这些呢？

b. ＊我们也许不知道如何去改变未来，但如果我们开始积极地思

考未来，我们【总得】已经开始在改变未来了。

c. ＊即使公司需要资金周转，但是无论有多危急，也千万【总得】

不要找地下钱庄借钱。

d. ＊有人宣称，灵长类动物能学会简单的手势语，然而，无论怎么

聪明的动物，受过一段训练，顶多【总得】能用固定的几个单词。

为什么（10）中的例子都是"外转内让"逻辑关联，整个话语却不合
法呢？这是因为"总得"句在话语上还受话语关联"势迫必行"的制约。
但是，并不是任何一个句子都可以在"势迫必行"的话语关联中能担当结
论性"必行"这一话语角色，必行副词"总得"特有的句法分布及其组配
的动词结构语义特征决定了什么句子功能的"总得"句可以在"势迫必行"
话语关联中担任"必行"这一话语角色。

3. 副词"总得"的句法分布

副词"总得"句在话语关联"势迫必行"中承担结论性"必行"角色，
"总得"句之所以能占据这一结论位置取决于副词"总得"的句法分布，而
句法分布则决定于其自身所组配的动词结构语义特征。正如我们所看到
的：并非任何一个句子类型的任何一个句法位置都可以不受限制地插入副

词"总得","总得"在句法分布上具有规律性,主要体现在其对句子功能、句法位置、句法地位三个方面的选择上。

第一,副词"总得"对句子功能的选择。

根据 CCL 语料库的全面调查,可以发现,副词"总得"排斥祈使句(11)、感叹句(12)以及特指问、正反问、选择问和典型的是非问(13),也就是说"总得"不能进入用来祈使某种动作行为、抒发某种感情或者索取某种信息的句子类型,而主要选择提供信息的陈述句(14a/b)、附加问(14c)与"吧"字问(14d),但由于附加问由"命题+问句"组成,包含"总得"的命题仍然是提供信息的陈述句(邵敬敏,2008:53),而"吧"疑问句具有"陈述的揣测与疑问的求证"的"跨句类"性质(赵春利、孙丽,2015:128),介于陈述与疑问之间,在语义功能上与陈述句是相通的。

(11)a. 请进!　　　　　　　——*【总得】请进!

　　　b. 滚!　　　　　　　　——*【总得】滚!

　　　c. 别说话啦!　　　　　——*【总得】总得别说话啦!

　　　d. 严禁吸烟!　　　　　——*【总得】严禁吸烟!

(12)a. 多么好听的名字啊!　——*【总得】多么好听的名字啊!

　　　b. 这么多书呀!　　　　——*【总得】这么多书呀!

　　　c. 真可惜!　　　　　　——*【总得】真可惜!

　　　d. 好极了!　　　　　　——*【总得】好极了!

(13)a. 你买什么?

　　　　——*你【总得】买什么?

　　　b. 他看不看电视?

　　　　——*他【总得】看不看电视?

　　　c. 我们是继续干还是停下来?

　　　　——*我们【总得】是继续干还是停下来?

　　　d. 你明天来吗?

　　　　——*你明天【总得】来吗?

(14)a. 我们总得活下去。

　　　b. 您总得吃一点儿。

　　　c. 咱们总得帮忙,不是?

　　　d. 人总得有点良心吧?

根据"总得"的句子功能选择,其一,可以解释本节例(1)中"必须"与

"总得"在祈使功能上的对立。命令性较强的"必须"可以分布于直接祈使句（1a），也可以分布于间接祈使句（1b），可以分布于提醒对方的焦点类话语标记（1c），具有较强的能愿动词性质，还可以分布于"是……的"结构中（1d），而"总得"则不可以。其二，可以解释本节例（2）中"必须"与"总得"在疑问功能上的对立与选择倾向。"必须"能单独回答问题（吕叔湘，1985：244），属于疑问句的自然焦点（赵春利，2018：34），因此，"必须"可以分布于特指问（2a）、极性是非问（2b/c），但极少选择商讨义较强的"吧"字问（2d）。而在这一点上，"总得"与"必须"相反，"总得"不能单独回答问题，不是疑问句的焦点，带有较强的无奈或商讨情态，因此高频选择"吧"字问（2d）。

第二，副词"总得"对句法位置的选择。

从句法位置上看，副词"总得"主要分布于提供信息的陈述句和求证义"吧"字问的状语位置，只能占据主谓之间的状位，值得注意的有四点：一是当"人、干部、男人、作家、民族、孩子、学者、我、你、他、我们"等述人名词或代词做主语时通常为施事，如（15a/b）；二是当"事情、蔬菜、戒指、开水、作业、事物、排场、困难、教训"等事物名词做主语时通常为受事，如（15c/d）；三是当"学习、活着、干活、吃饭、比赛、输球、见面"等动词在"总得"句的句首时，本质上不是主语，而是"既然＋动词，人＋总得"的紧缩形式，如（16a/b）；四是少量"总得"后面毗邻出现述人名词时，并非"总得"位于句首，而是中间省略了"让、叫、使、请"等使令动词，主语是承前省略的"这／这件事"，如（16c/d）。

（15）a. 作家总得有一定的文化。

b. 你们总得等我穿好鞋吧！

c. 作业总得自己写吧？

d. 别的没有，开水总得有一口。

（16）a. 干活总得有饭吃。

——既然干活，【人】总得有饭吃。

b. 输球总得有人承担责任。

——既然输球了，总得有人承担责任。

c. 总得大家帮忙。

——【这件事】总得【让】大家帮忙。

d. 夜里总得服务员出面干预。

——夜里【这】总得【请】服务员出面干预。

由于"总得"属于口语副词，承前省略比较多，表面上看其句法分布比较灵活多样，没有统一性，但其实，各类分布形式最终都可以归入句子状语位置。

第三，副词"总得"的句法地位。

尽管从句子功能和句法位置上可以一定程度地定位副词"总得"的句法分布：陈述句和求证义"吧"字问的状语位置，但如果存在多个状语，那么，副词"总得"的句法地位如何确定呢？根据语料库的全面调查，可以把与副词"总得"分布直接相关的状语进行分类，以此来确定"总得"的句法地位。

根据调查，"总得"前面按顺序主要出现三类状语：一是"将来、明天、以后、目前、现在、每次、通常"等时频义名词/副词；二是"至少、起码、最少、似乎、大概、也许"等估量义副词；三是"最后、到底、毕竟、好歹、迟早、早晚"等终极义副词，如（17）。而"总得"后面按顺序主要出现三类状语：一是"先、预先、事先、首先"等预先义副词；二是"不断、反复、再三、常常、经常、时不时、时时、多少、重新、再、还、还要、多"等重复副词；三是"好好、逐渐、渐渐、慢慢、尽力、尽量、尽心、努力、赶快"等方式副词，如（18）。

（17）a. 将来你总得传一个人吧！

　　　b. 可我以后总得自己买房吧？

　　　c. 我至少总得当面谢谢你！

　　　d. 似乎每天总得添点零碎。

　　　e. 那家伙最后总得完成任务的吧。

　　　f. 丑媳妇早晚总得见公婆嘛！

（18）a. 他总得先把正经事办了吧？

　　　b. 会议不能杂乱无章地开始，总得事先准备好要讨论的问题。

　　　c. 这种时候，我总得再三解释。

　　　d. 别灰心，总得多试几次。

　　　e. 不要说是亲戚，就是外人，也总得好好侍奉你！

　　　f. 我总得尽量来把生活过好。

总的说来，可以简单地把"总得"的句法地位通过不同语义类型的状语排序比较清楚地勾勒出来，如图3-3所示：

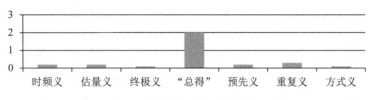

图 3-3　副词"总得"与其他状语的同现排序

我们可以把必行副词"总得"的句法分布归纳为：陈述句或求证"吧"字问的状语中间位置。这一分布规律可以解释本节例（1）和本节例（2）中为什么"必须"合法而"总得"不合法，但是无法解释例（3），这是因为并非所有的陈述句或求证义"吧"字问的状语位置都可以自由地插入副词"总得"，再如（19）中的例子都不合法：

（19）a. 这件事很简单。　　　　——*这件事【总得】很简单。

　　　b. 他们统统回老家。　　　——*他们【总得】统统回老家。

　　　c. 他搞不清楚原因。　　　——*他【总得】搞不清楚原因。

　　　d. 你别管我吧？　　　　　——*你【总得】别管我吧？

　　　e. 我买了一点儿菜。　　　——*我【总得】买了一点儿菜。

为什么副词"总得"插入到上述陈述句或求证义"吧"字问的状语位置时，句子却不合法了呢？这是由副词"总得"的"必行"语义及其所组配的行为语义特征决定的。

4. 副词"总得"组配行为的四种语义特征

副词"总得"句在话语关联"势迫必行"中承担着结论性的"势转必行"角色，副词"总得"的"必行"语义不仅决定了其在句法分布上必须选择陈述句和求证义"吧"字问的状语位置，而且决定了其在语义上必须与具有四种语义特征的行为组配。

根据调查，可以根据性质、数量、关系和模态四个逻辑范畴，把必行副词"总得"通常组配的行为语义特征分成四种：行动义、低值义、肯定义、必将义。

第一，从性质来看，组配的行为具有行动义。

既然情势已变而被迫做出让步，但"总得"要求还必须实施或拥有某种行为动作，因此，"总得"组配的行为需要具有性质上的"行动义"。根据语料库的调查，"总得"通常搭配的谓语都是表示动作行为的动词及动词性结构，常见的有：一是光杆动词 V（卖、去、吃、干预、解决、生活、回来、面对等）；二是动词重叠 VV（想想、看看、想一想、变一变、考虑考虑、研究研究、碰碰运气、见见面等）；三是动宾结构 VO（吃肉、讲理、干点儿事、留个面子、办些好事、干点儿什么等）；四是动补结构 VC（活下去、拿回来、嫁出去、跑一趟、应付一下、重复两遍、周旋一番、忙乎一天、休息一会儿、吃饱、搞清楚、喝完、过得去、穿得像个样子、撒到土里等），如（20）：

（20）a. 这些问题无论如何总得解决。

　　　b. 这个办法总得变一变。

　　　c. 我总得干点儿事吧？

　　　d. 闺女总不能留家里，总得嫁出去。

从反面来看，一旦形容词做谓语而带上程度标记，就表示一种性质或状态的程度，则不能插入"总得"，否则不合法，如（21）。这说明，必行义副词"总得"需要指向动行义动词 V 而非性状义形容词 A。"总得"需要与行动义谓语组合，就可以解释例（3a）中为什么"必须"合法而"总得"不合法，因为谓语"明确"属于性质形容词。

（21）a. 公司业绩十分辉煌。　——*公司业绩【总得】十分辉煌。

　　　b. 梳妆台非常粗糙。　——*梳妆台【总得】非常粗糙。

　　　c. 那个导演顽固得很。　——*那个导演【总得】顽固得很。

　　　d. 冬天冷得要死。　——*冬天【总得】冷得要死。

第二，从数量来看，组配的行为具有低值义。

既然情势已转而被迫做出让步，那么"总得"所组配的行为必须满足最低需求量，包括最低的事物数量或最少的动作行为，从而使行为具有数量上的低值义。根据调查，在"总得"句的谓语动词后，常常出现"一下、一趟、一顿、一、两、几、点儿、一点儿、个、些、张、杯、幅、块"等低值义或微量义的动量、数量补语，如（22）。同样，副词"总得"前面只能与低值义副词"至少、最少、起码"等同现，但不能与"至多、最多、完全、一律、统统、任何、所有"等顶量义副词同现，否则不合法，如（23）。其实，"总得"对低值义成分的选择与其分布于求证义"吧"字问是一致的，是在情势转变后被迫做出的最低反应，这一点恰恰可以解释本节例（3b）为什么"必须"合法而"总得"不合法，因为"必须"的要求具有强制性，因此往往带有极性义，很难选择低值义，也极难选择"吧"

字问，如本节例（2d）。

（22）a. 不管是真情也好，假意也好，公子总得去敷衍一下。

　　　b. 反正我们总得这么冒一次险的。

　　　c. 这个世界总得讲点儿公平吧？

　　　d. 不管有什么困难，总得对群众有个说法。

（23）a. 要判人死刑，至少总得有点儿证据。

　　　　——＊要判人死刑，【至多】总得有点儿证据。

　　　b. 起码一年总得发次帖吧？

　　　　——＊【最多】一年总得发次帖吧？

　　　c. 队员进村后，一律吃农家饭。

　　　　——＊队员进村后，【总得】一律吃农家饭。

　　　d. 他完全同意。

　　　　——＊他【总得】完全同意。

第三，从关系来看，组配的行为具有肯定义。

既然情势之变而被迫做出让步性反映，因此，副词"总得"则要求主体必须对客体主动实施某种行为，因此，行为具有主体与客体关系上的肯定义。根据调查，可以发现，必行副词"总得"通常跟"承认、学习、训练、有点儿志气、花几个钱、提出来、挂起来、生活下去、解释一下、跑一趟、等上两三分钟、说明白、讲完、对得起、修理修理"等做谓语的肯定性动词或动词性结构组配，其否定形式都不合法，如（24）。此外，"总得"后通常出现主观性情态动词"要、敢、应该、应当"，但不能与客观性情态副词"得、必须、可能、可以、能、能够"等同现，否则也不合法，如（25）。这一点与其选择肯定而排斥否定有一定关系。从意志强度来看，"必须"是对动作实施或不实施做出强制要求，不容商榷，可用于否定句，也可以与客观性情态副词搭配，而"总得"则是在被迫情况下主体对实施某种动作行为的肯定性征求或商讨，其意志强度弱于"必须"，如本节例（3c/d）。

（24）a. 到了这个时代，我总得学习。

　　　　——＊到了这个时代，我总得【不】学习。

　　　b. 一个人总得有点儿长处。

　　　　——＊一个人总得【没】有点儿长处。

　　　c. 我们总得活下去呀！

　　　　——＊我们总得活【不】下去呀！

　　d. 可她总得搞明白游戏规则吧。

　　　　——* 可她总得搞【不】明白游戏规则吧。

（25）a. 我总得要去一趟！

　　　　——* 我总得【必须】去一趟！

　　b. 总得敢"走前人没有走过的道路"。

　　　　——* 总得【得】"走前人没有走过的道路"。

　　c. 我总得应该向你说声谢谢吧！

　　　　——* 我总得【可能】向你说声谢谢吧！

　　d. 你总得会钉钉子吧。

　　　　——* 你总得【可以】钉钉子吧。

　　第四，从模态来看，必行副词"总得"指向必将义。

　　无论让步的情势虚实如何，"总得"要求的动作行为是有待实施或惯常存在的，行为具有模态上的必将义，这种必将义主要体现在动作行为的时体标记和动作先后上。这可以得到三点证明：一是时间状语，"总得"通常与"将来、明天、今晚、现在、目前、如今、今后"表示将来或现在的时间词语搭配，而不能是"过去、去年、昨天、曾经"等表示过去的时间词语搭配，否则不合法，如（26）；二是动作先后，"总得"前可以出现"X以前、X之前、X前、X以后、X之后、X后、X的时候、X时"等相对时间，表示某个时间前后实施某一种动作的必要性，如（27a/b），也可以由"总得"前面的"终极义"副词与后面的"预先"副词来体现，如（27c/d）；三是体标记，"总得"所搭配的少量动词谓语可以带持续体标记"着"（28a），但不能带经历体标记"过"，否则不合法，如（28b），一般不带完成体"了"，如果动词带"了"，就必须作为必要条件形成"V了+才/再V"的必要条件命题，否则不合法，如（28c/d）。

（26）a. 将来你总得回来。　　　　——*【过去】你总得回来。

　　b. 我以后总得干些什么。　　——* 我【去年】总得干些什么。

　　c. 你今晚总得吃饭吧？　　　——* 你【昨天】总得吃饭吧？

　　d. 不管怎样，目前总得回去。——* 不管怎样，【曾经】总得回去。

（27）a. 临走以前总得要到花园里各处去兜一圈。

　　b. 收到东西后，总得有个表示。

　　c. 不管怎么磨蹭，迟早总得松手将我放行。

　　d. 他总得先把正经事办了吧？

（28）a. 对这样的人我们总得提防着点儿。

b. 你不干，他不干，总得有人干。

——*你不干，他不干，总得有人干【过】。

c. 总得过了端阳节，他才能正式决定。

d. 我总得先用了早餐再去"练活"。

其实，如同必要命题表达形式"只有……才"一样，"总得"经常与"才"组成"总得 X，才 Y"的必要关系，凸显必要性和将要性，其中"Y"或是"脱下、起来、知道、动手、行、成、认"等动词，或是"好、对、有用、舒服"等评价形容词，如（29）：

（29）a. 这种大事，总得先请示高司令，才好动手。

b. 她总得到八九点钟才起来。

c. 人既然被赋予笑的机能，总得不时发挥一下才好。

d. 总得不断提高自己的艺术修养才对。

可以说，从语义组配上看，必行副词"总得"选择的行为具有四个语义特征，而具有这四个语义特征的行为也选择必行义副词"总得"，二者构成一种双向选择的语义兼容关系。而从方法论角度看得更清楚，与行为的语义特征存在矛盾关系或反对关系的语义则不能与必行义副词"总得"同现，这样就从正反两个方面论证了所提取的必行副词"总得"所组配行为的语义特征是科学的，如表 3-1 所示：

表 3-1　副词"总得"对组配行为的选择与排斥

选择与排斥 范畴分类	逻辑 范畴	选择语义成分		排斥语义成分	
		语义特征	典型代表	语义特征	典型代表
必行副词 "总得"	性质	行动义	V、VV、VC、VO	性状义	非常 A、A 得很
	数量	低值义	一下、一点、至少、最少、起码	顶量义	至多、最多、所有、任何、完全
	关系	肯定义	V、VC 要、应该、会	否定义	不 V、没 V、V 不C 得、必须、可能
	模态	必将义	将来、明天、V 着、V 了……才……，总得……才……	已然义	过去、昨天、V 过

既然必行副词"总得"的话语关联是"势迫必行"，情势转变迫使主

体主动实施某种未然低值义动作行为，那么，在这种被迫与主动的关系中，就会引发主体的情态反应。根据必行副词"总得"选择行为时的语用考量，"总得"还包含着一定的情态取向。

5. 副词"总得"的情态取向

从语用的价值取向上看，"总得"句的话语关联是"势迫必行"，其情势的受迫转变有两种：一种是从积极转向消极，一种是从消极转向积极。这两种转变分别决定了"总得"的两种情态取向：无奈与祈求。

第一种是从积极向消极，而消极情势既促使施事认知上认为必须应对或责无旁贷而被动采取行动，又引发其情感上的被迫无奈，"总得"句前经常同现"事已至此、怎么办、没办法、有什么办法、不行啊、不能这样下去"等话语形式，如（30）：

（30）a. 马英躺下来，却怎么也睡不着，事已至此，总得想个办法才行。

b. 尽管老板挽留她，但队长实在把话说得太直接，那队长以后怎么办？总得有收入呀。

c. 各国相互之间可以进行交流，但照搬是不行的，总得找到一条符合自己国情的发展道路。

d. 我是出来了，但就这么待着，也不是个办法，总得有点事情做才行啊！

第二种是从消极向积极，而积极情势既促发施事认知上认为必须利用或顺势而为地主动提出行动，也造成情感上的低值祈求，"总得"句通常采用商讨义"吧"字句，前面通常搭配已然事实的条件句，如（31）：

（31）a. 我再往前走十分困难，可我既然到了这海边，总得到海中去看看。

b. 我并不想拦你，但这是我的家，杀人至少总得让我动手。

c. 虽然说当个姨太太名分上不是太好，可是她很会得宠，女人嘛，总得有人罩。

d. 他后悔进了这个酒吧，可是，既然来了，总得把这杯"红娘子"喝完吧。

总的说来，在消极与积极情势的双向转变中，根据行为的被动性或主动性，必行副词"总得"会表现出主体的无奈或祈求两种情态取向，如表3-2所示：

表3-2　副词"总得"的情态取向

视角 分类	语用的 价值取向	认知特点	情态取向	典型标记
必行义 "总得"	积极转消极	被动行动	被迫无奈	事已至此、不行
	消极转积极	主动行动	低值祈求	吧、让我

根据副词"总得"的"势迫必行"话语关联及其组配行为的语义特征、情态取向，可以得出"总得"的语法意义：情势转变迫使主体做出让步而无奈或祈求地必须做出某种易于达成的低值行为。回到吕叔湘（1980：47）的那两个例子：无论是"三天总得下一场雨"还是"一场雨总得下三天"都表明了"在某个数值范围内""总得"所要求的"低值义数值"，从而显示出前者高频性或后者长时性。

6. 结语

正如恩格斯（1886/1984：3）所说的：世界上的一切事物都是在"普遍联系"中存在的，而在指称并反映客观世界与主观世界的语言世界中，其词类、句子、话语也存在着整体与部分、部分与部分之间的普遍联系。值得注意的是：由于事物是多样的，事物与事物之间的联系也是多样的，因此，就需要以某个事物为支点，既要从正面考察，该事物与哪些事物存在着交叉关系、包含关系、全同关系，也要从反面考察，该事物与哪些事物存在着矛盾关系、反对关系，从而建立该事物在逻辑和语义上的选择系统和排斥系统。因此，普遍联系与正反验证是语义语法理论揭示事物分布规律的方法论基石。

首先，就副词的宏观研究而言，一个句子中的副词与其所处的话语、句子以及句中各类同现成分之间也存在着普遍的联系。因此，当一个副词只选择某一类逻辑关联、话语关联、某类句子功能、句法位置以及同现成分，而排斥其他类型的逻辑关联、话语关联、句子功能、句法分布、同现成分的时候，副词在显性形式层面的选择与排斥的这种对立性不仅能清晰呈现该副词所在句子与前后句子之间的逻辑关联、话语关联等话语分布，而且能准确定位该副词对句子功能的选择、句法位置的分布和同现成分的选择等句法分布。更为重要的是，还能深入揭示并正反验证该副词在隐性的语法意义层面的语义分布和情态取向规律，因为无论是话语分布还是句法分布，最终都是由隐性的副词语义及其情态所决定的。

其次，就副词的微观研究而言，要从副词"总得"纷繁复杂的普遍联系中提取具有统一性的逻辑关联，并据此建立话语关联，就必须遵守"从事实中到事实中去"的四个步骤：一是还原普适性的逻辑关联，即要根据"总得"句前后出现的连词还原出具有普适性的逻辑关联"外转内让"；二是建构明确性的话语关联，即要根据"总得"句与前后句所承担的复句角色勾勒出具有明确性的话语关联"势迫必行"；三是解析语料核验真实性，即要运用逻辑关联和话语关联来解析高频出现的语料库实例，看是否符合语料实际，以保证真实性；四是正反验证充分必要性，即要从充分性和必要性角度验证，在"外转内让"的逻辑关联中副词"总得"能否从结论角色移位到让步角色、待转角色，能否插入到非"外转内让"的逻辑关联，能否插入到任何一个"外转内让"逻辑关联的结论句中，由此来验证"外转内让"逻辑关联的必要性。

同理可证，副词"总得"在句子功能、句法位置、同现成分等句法分布上的选择与排斥，特别是对行动义、低值义、肯定义、必将义行为的选择而对性状义、顶量义、否定义和已然义行为的排斥，对被迫无奈与低值祈求两类情态的取向，这一"正反两方面的句法分布规则反映、制约并验证语义分布的规律性，是提取语义分布的有效手段"，而据此提取出的语义、情态以及语义组配规律对汉语教学和词典编纂都具有重要的应用价值。

第二节 遂愿副词"总算"的话语关联与情态结构

本章以语义语法为理论指导，按照从话语关联到句法分布再到语义提取的逻辑顺序，不仅概括出副词"总算"的话语关联"克难遂愿"，而且还正反验证坚忍之意、欣喜之情与庆幸之态。第一，从语义界定、句法分布、语用功能三个方面综述前人取得的研究成果，并指出三点问题：割裂了多个义项的前因后果关系，割裂了语义、句法、语用间的决定制约关系；割裂了话语关联与句子分布的整体部分关系。第二，根据副词"总算"所处的逻辑关联和语义关联提取并论证话语关联"克难遂愿"。第三，根据副词"总算"的句法分布提取并正反验证"总算"语义中所蕴含的"全力克难"的"坚忍意志"、"终达愿望"的"欣喜情感"以及"勉强遂愿"的"庆幸态度"。第四，根据"总算"的语义选择定位其句法地位。第五，提出应该基于副词的话语关联，加强其语义内在的意志、情感、态度及其关联性研究。

情态副词在言语行为中具有关联话语的功能，而要提取话语关联，既有赖于形式层面逻辑标记的印证，也有赖于意义层面语义功能的概括，更有赖于认知心理状态（psychological state）（Searle，1969：65）层面的情态解释。本章就试图通过提取遂愿副词"总算"的话语关联并据此解析"遂愿"语义中所蕴含的"意志、情感、态度"。

1. 前人有关副词"总算"的研究

1965 年，中国科学院语言研究所词典编辑室主编的《现代汉语词典》（试用本）（1965/1973：1373）最早界定了"总算"的语义内涵和副词词性，五十多年以来七个版本没有任何变化。2000 年前后，侯学超（1998：783-784）、杨德峰（1999：19）、张谊生（2000a：21）等学者开始关注"总算"，特别是刘冬（2005）把"总算"作为独立的研究对象，从语义、句法和语用三个方面进行了比较全面细致的调查研究，使其成为语法学界关注的对象。根据时间顺序和研究内容，各位学者的研究成果大致可以分成四个方面：语义语气、句法分布、语用功能和历时词汇化。

第一，语义语气。关于"总算"的语义，语法学界有两种观点：二分法和三分法。二分法以 1965 年《现代汉语词典》（1965/1973：1373）的界定为代表，即：

①表示经过相当长的时间以后某种愿望终于实现；

②表示大体上还过得去。

刘冬（2005：7-8）、齐沪扬（2011：527）等基本支持二分法。而三分法则以侯学超为代表，他（1998：783-784）把①修订为"经过某个过程或努力"并增加了"结果"，突出了②的心理感受"令人满意"，增列第③项主观态度"庆幸"，即：

①表示经过<u>某个过程或努力</u>后愿望<u>或结果</u>最终得以实现；

②表示结果大体上还<u>能令人满意</u>；过得去；

③表示<u>庆幸</u>；<u>终于</u>。

张斌（2001：766）在②中使用了"勉强"一词，其与朱景松（2007：574-575）都坚持三分法。

无论是二分法还是三分法，"经过相当长的时间 / 某个过程或努力以

后""愿望或结果最终得以实现""勉强大体上过得去""令人满意""庆幸
侥幸"等这些释义词语从不同的层面反映了副词"总算"的语义，但同时
也割裂了义项之间的逻辑关系，无法给出一个完整定义。值得注意的是：
刘冬（2005：7-8）试图通过一个语义框架来解析义项①：A. 说话人存在
某种愿望或期望；B. 事情的发展经历了很长的时间或付出了巨大的努力；
C. 事情发展的结果与说话人的愿望或期望相符。这一做法极具启发性并产
生了积极影响（裴美淑，2010；易晓露，2013 等），但可惜的是，仍然没
有解决义项间的逻辑关系问题。

　　受义项分类的影响，学者们对"总算"的副词归属及其语气类型也颇
多争议。张谊生（2000a：21）称为评注性副词，而大多数学者称为语气副
词（杨德峰，1999：19；齐沪扬，2011：527；史金生，2011：227），有
的细化为"料定类"语气副词（刘冬，2005：8）或"归结义"语气副词
（齐沪扬，2007：318；齐春红，2008：91；黄云峰，2010：12）。为什么
研究同一个副词，会得出不同的语义界定和语气归属呢？主要有两个原因：
一是语义是多面立体的，不同学者突出了不同侧面，割裂了不同义项之间
的关系，无法形成具有统一性的解释；二是句法描写没能为论证和验证语
义提供精细化手段，割裂了句法分布与语义界定的验证与解释关系。

　　第二，句法分布。学者们对"总算"在单句复句分布、句法位置选择
和同现成分选择三个方面所做的考察非常细致全面。一是单句复句分布，
主流观点是单句选择陈述句、感叹句，排斥祈使句、疑问句（刘冬，2005：
15-16；齐沪扬，2011：527），黄云峰（2010：19-21）认为少量选择疑问
句；而复句则选择让步转折关系和因果关系（朱景松，2007：574-575；黄
云峰，2010：43-44）。二是句法位置分布，总的来看，基本一致的观点是
句首或句中（刘冬，2005：11-13；黄云峰，2010：15-19；裴美淑，2010：
31；齐沪扬，2011：527；易晓露，2013：16-18；蒋丽，2019：61-62；等
等）。三是同现成分选择。主要考察了"总算"与动态助词"着、了、过"、
语气词"了、吧、啊、的、呢、吗"等、副词"看来、原来、幸好、竟然、
的确、至少、几乎"以及连词"后来、但是、可是、不过"等的同现问题
（刘冬，2005：27-32；黄云峰，2010：23-29；裴美淑，2010：37-61）。
可以说，学者们在三个平面理论的指导下对"总算"句法分布的考察极其
细致，观点总体一致，基本符合事实，但受语法理论的制约，既没有考察
与状位形容词、话语标记等众多词语的同现约束，也割裂了句法分布与语

义提取的关系，导致句法分布并没有成为提取并正反验证语义内涵的手段，因此，对"总算"语用功能的概括往往宽泛而缺乏针对性。

第三，语用功能。刘冬（2005：20-26）最早论证了"总算"在语用上的表述功能、评价功能、强调功能，在此基础上，黄云峰（2010：35-40）、裴美淑（2010：67-70）、易晓露（2013：21-22）、蒋丽（2019：63）等做了简单的补充和对比。但从逻辑上讲，是不是只有"总算"才具有这三大功能呢？显然不是，因为学者们割裂了语用功能与句法分布的关系，只有把语用功能上升到话语关联的高度，并从形式上结合"总算"的句法分布，特别是复句分布，从语义上结合句子的语义功能及其语义关系，才能提取出具有操作性的话语关联，从而成为对外汉语教学可操作性的规则和词典编纂的条目。

第四，历时词汇化。王晓燕（2011：41-42）粗线条地考察了"总算"从表示"总共计算义"的明代短语，经过重新分析逐渐演变为清代的"总归当作义"的词语，最后凝固成评注性副词。如果能准确提取并验证出现代汉语副词"总算"的话语关联、句法分布以及语义情态，就可以为回溯式地界定"总算"在哪个朝代形成了具有现代汉语语义的副词奠定基础。

前人对副词"总算"的研究取得了丰硕的成果，特别是语义和句法分布，但也存在着分而不合的不足：一是割裂了三个义项之间的认知逻辑关系；二是割裂了句法和语义的印证与决定关系；三是割裂了话语功能与句子分布的整体部分关系。本章试图在前人研究的基础上，以语义语法为理论指导，以 CCL 和 BCC 语料库为主要调查对象，按照从整体到部分的原则，逐层提取并验证副词"总算"的整体性话语关联，并根据精细的句法分布提取"总算"语义中蕴含的意志、情感和态度。

2. 副词"总算"的话语关联

从性质上说，话语关联就是把副词所在句子与前后其他句子连在一起形成一个完整的话语结构，但是如何判断副词"总算"句与前后哪些句子形成话语关联呢？主要有两个标准：一是形式上的逻辑关联，二是认知上的语义关联。

首先，形式上的逻辑关联。

连词是句子与句子之间逻辑关联的形式标记，既要考察副词"总算"句与前后句子之间哪些连词可以高频同现，也要考察副词"总算"句可以分布于逻辑关联的什么位置，根据连词类型与分布位置就可以比较直观地揭示出"总算"的逻辑关联。

　　刘冬（2005：31）较早发现"总算"可以跟顺连式"后来、而后、于是、接着"和转折式"但、但是、不过、然而"两类连词同现。而朱景松（2007：574-575）认为"总算"句主要位于转折的后面分句或结果句前的分句，而黄云峰（2010：43-44）则明确提出"总算""连接的是让步关系和因果关系"。应该说，这些调查基本上符合事实，但考察不够细致，概念不够准确（转折关系比让步关系准确）；此外，没有从话语层面考虑转折与因果的同现套叠问题，故而没有办法解决话语关联在形式上的逻辑关系问题。

　　我们根据 CCL 和 BCC 两个语料库全面细致的调查，可以根据以下三个特点提取逻辑关联。

　　一是在待转与转折组成的转折关系中，"总算"选择转折位置而排斥待转位置，即副词"总算"通常位于转折连词"但、但是、不过、可、可是、然而、却"的后面，如（1a/b）；但不能位于"虽然、虽说、虽、尽管、固然、就算、即使、就算"等待转标记的后面，如（1c/d）。

　　（1）a. <u>呼吸虽然</u>十分虚弱，<u>但总算</u>仍在继续着。

　　　　　b. <u>尽管</u>收入微薄，<u>也总算</u>可以旱涝保收。

　　　　　c. *<u>呼吸虽然</u>【总算】十分虚弱，但仍在继续着。

　　　　　d. *<u>尽管</u>收入【总算】微薄，也可以旱涝保收。

　　二是在原因与结果组合成的因果关系中，通常选择后面的结果位置而排斥前面的原因位置。[①] 即"总算"通常选择具有动作行为先后关系的结果句，而位于"最后、后来、才、也、所以、于是、然后"的后面，如（2a/b）；但不能位于"由于、既然、只要、只有、如果、要是、假如、不管、无论、不论"等原因句的标记后面，如（2c/d）。

　　（2）a. <u>只要</u>你说一声喜欢，我这个礼拜<u>总算</u>没有白跑了。

[①]　朱景松（2007：574-575）认为可以分布于结果句前面，但根据我们的调查，少量副词"总算"可以分布于原因标记"因为"的后面，但都是后置解释句，而不是因果推理句，如：潘伟烈暗自庆幸，因为他总算摆脱了她。如果改成前因后果的推理句"因为潘伟烈总算摆脱了她，所以他暗自庆幸"，则语感反而不能接受。其实，"总算"句本质上选择的是具有时间先后的结果性后句，尤其是动作—结果意义上因果关系的结果后句。如：<u>他经过一次缓慢平安的飞行，总算在星期六半夜回到家中。</u>

b. 他好说歹说，司机<u>总算</u>答应带上他。

c. *只要你【总算】说一声喜欢，我这个礼拜没有白跑了。

d. *他【总算】好说歹说，司机答应带上他。

三是在转折关系与因果关系同时出现时，因果关系占据转折位置而"总算"占据因果关系的结果位置，证明方式就是转折连词总是先于广义因果连词，其排序如下：可是既然、不过由于、然而因为、但无论、但是不管等。

根据"总算"所选择的连词关系类型、分布位置及其排序规则，可以把"总算"在形式上的逻辑关联概括为"转折因果"，如图3-4所示：

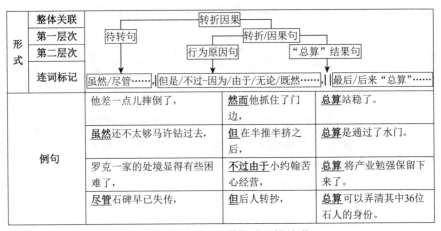

图3-4 副词"总算"的逻辑关联

但是，值得注意的是，逻辑关联"转折因果"作为形式上的逻辑约束条件，是一个必要条件而非充分条件，并非所有的"转折因果"逻辑关联都可以在"结论句"插入副词"总算"。也就是说，如果某个逻辑关联不是"转折因果"，其一定不可以在结论句插入"总算"，如（3a）中的"转折选择"逻辑关联；如果是"转折因果"，也未必可以在结论句插入"总算"，如（3b），这是因为"总算"的话语分布还要受到认知上语义关联的约束。

（3）a. 以少攻多<u>虽然</u>吃力，<u>但</u>与其守而败，不如攻而败。

　　——*以少攻多<u>虽然</u>吃力，<u>但</u>与其守而败，不如【总算】攻而败。

b. 产品确实名列前茅，<u>但因</u>没缴纳费用，<u>所以</u>没被评上。

　　——*产品确实名列前茅，<u>但因</u>没缴纳费用，<u>所以</u>【总算】没被评上。

其次，认知上的语义关联。

从认知上看，无论是二分法还是三分法，《现代汉语词典》（1965/1973：1373）、侯学超（1998：783-784）、张斌（2001：766）、刘冬（2005：7-8）、朱景松（2007：574-575）、齐沪扬（2011：527）给"总算"释义时都注意到了两点：一是作为原因的"经过相当长的时间或过程或努力以后"，二是作为结果的"某种愿望或结果最终得以实现"，但都没有从语义关联的角度去进一步追溯和思考为什么要"经过相当长的时间或过程或努力"？那就是需要努力克服转折前的"逆势困难"，如（4）：

（4）a. 这期间要做样鞋、做模具，还组织进口材料，困难是难以想象的（A），但我们一咬牙（B），**总算**在预定的日期内完成了（C）。

　　b. 他们把那具塞库洛工人的尸体推进屋里，这玩意儿少说也比他们平时处理的尸体重五倍（A），可是人人齐动手（B），**总算**把他搬弄到解剖台上（C）。

从语义上可以分析例（4）：A 表述的是施事面临的困难情境和形势，可称为"困难情势"；B 表述的是要竭尽全力做出的克服行为，可称为"全力克服"；C 表述的是最终勉强实现了愿望或达到了满意结果，可称为"勉强遂愿"。把这种语义关联起来就是"总算"的话语关联"克难遂愿"，如图 3-5 所示：

认知	话语关联	困难情势	克难遂愿 —— 力克遂愿 ————	
	语义功能		全力克难	"总算"终能勉强遂愿
例句		他竟回忆不起自己在午夜以前思考过的事，	他做了极大的努力，	后来**总算**想起来了。
		匕首构成了对旅客安全的威胁，不能随身携带，	经过反复商量，	最后**总算**达成协议，由机上人员代为保管。
		北方联盟和民族联盟的领导人也都对此法令表示异议，	贝卢斯科尼在孤立的情况下做出让步，答应将法令改为法律议案提交议会讨论，	**总算**渡过了一场政府危机。
		站务员要我离开月台到候车室等车，	经我费了一番口舌，	才**总算**被允许继续停留在月台上。

图 3-5　副词"总算"的语义关联

　　基于话语关系而形成的副词"总算"的话语关联"克难遂愿"，通常"困难情势"先于"全力克服"，但有时"全力克服"会先于"困难情势"，连词标记比较齐全，如（5a/b）；有时"全力克服"会在"总算"后面，如（5c/d）；有时会省略"全力克服"，但有转折标记，如（6a/b）；有时省略"困难情势"，如（6c/d）。

（5）a. 在母亲的调理下，当年那日子虽说过得艰难，但总算解决了温饱。

　　 b. 只要越过它，虽然仍在敌人的圈子里，但总算到了自己的家了。

　　 c. 东拉西扯地争吵了一会儿，总算在后面的人的催促劝解下平息了。

　　 d. 他们总算在酋长那种超人权威的保护下，没吃眼前亏。

（6）a. 会场气氛更加紧张，但总算没有打起来。

　　 b. 小顺儿也瘦极了，不过还总算有力气蹦来蹦去。

　　 c. 几个人在院里挣扎了好一会儿，总算把胡文玉拖回屋来。

　　 d. 王道士又拿来了一把铁锹，花了半天工夫，总算是把洞口的泥土都挖开了。

　　总的说来，"总算"典型话语在形式上的逻辑关联"转折因果"是必要条件，在认知上的话语关联"克难遂愿"则是充分条件，也就是说，只要表达"通过努力而最终勉强克服困难使得愿望得以实现"就可以在结论句中使用副词"总算"。

　　即使不出现"困难情势"的背景和"全力克服"的动作行为，但由于"总算"长期使用于"克难遂愿"的典型话语关联，这一话语意义逐渐构成了副词"总算"的语义根基，从而使遂愿副词"总算"产生了基于话语关联的情态结构。

3. 遂愿副词"总算"的情态结构

　　之所以前人在释义"总算"时不仅提到"经过相当长的时间或某个过程或努力以后某种愿望或结果最终得以实现"，而且还提到"大体上还过得去"的"勉强义"和"令人满意"的"庆幸义"，是因为"总算"的"克难遂愿"话语意义制约着其情态结构：一是坚忍意志，施事要竭尽全力克服困难，从而凸显施事的"全力克难的坚忍意志"；二是欣喜情感，因为施事的坚强忍耐、持之以恒，使自己或他人或事物最终脱离困境而实现言者愿望，从而激活言者产生"终达愿望欣喜情感"；三是庆幸态度，因勉强实现愿望而得来不易引发言者的"勉强遂愿的庆幸态度"。因此，可以说，副词"总算"的"遂愿义"中包含着一个从"坚忍意志"到"欣喜情感"再到"庆幸态度"具有前因后果关系的"情态结构"。这一点可以从"总算"的语义选择类型分别得到证明。

第一，基于全力克难的坚忍意志。

在"总算"话语关联中施事往往被迫地采取应对措施去克服困难，带有鲜明的被动性，典型的被动标记就是"总算"前面高频同现的"经、被、遭、受、经过、经受、历经"等经受义动词或介词（7a/b），而经受义动词具有被动性（赵春利、朱妙芬，2016：165）；后面也可以同现"被、遭、遭到、受、受到、让、给"等被动义动词或介词（7c/d）。

（7）a. 官兵<u>经过</u>奋战，<u>总算</u>控制了局面。

b. 这批日记和笔记<u>几经遭难</u>、多次搬迁，<u>总算</u>保存到了现在。

c. 在亲友们软硬兼施之下，他<u>总算被</u>逼回到家里。

d. 他庆幸自己<u>总算</u>没给抓起来判几年。

在克服苦难的过程中，怎么知道施事的意志坚忍与否呢？困难是砥砺意志的磨刀石。一般说来，克服困难耗力越大、耗时越长、次数越多，就越艰苦，就越需要克服者具有更加坚强忍耐的意志品质。与"总算"同现的"全力克难"句中，通常会高频出现"艰难义、力大义、时长义、次多义"四类繁难义词语，与之语义相反的"轻松义、力小义、时短义、次少义"四类简单义词语则不能出现，这样就可以从正面和反面证明了克服困难需要施事意志的坚忍性。

一是出现"艰难、艰苦、艰辛、艰险、辛苦、辛勤、勤奋、苦苦、麻烦、艰巨、刻苦、紧张、紧急、激烈、好不容易、含辛茹苦、千辛万苦、苦口婆心、冥思苦想"等艰难义词语（8a1），但不能出现"容易、轻松、舒适、舒服、安适、安逸、闲舒、轻易、简单"等容易义词语（8a2）；二是出现"大、极大、好大、全力、尽力、努力、奋力、九牛二虎之力、用尽力气"等力大义词语（8b1），但不能出现"小、微小、极小、微弱"等力小义词语（8b2）；三是出现"长、久、好长、很长、漫长、漫漫、持久、好久、许久、很久、好一会儿、好一阵子、软磨硬泡、昼夜不停、不知 V 了多久"等时长义词语（8c1），但不能出现"短、很短、短暂"等时短义词语（8c2）；四是出现"多次、几次、无数次、百般、诸多、反复、一连、接连、连续、不懈、多少、不少、一番、一通、几遍、三番五次、日复一日、好说歹说、东拼西凑、四处奔走"等次多义词语（周娟2010：36），如（8d1），但不能出现"少、极少、少量"等次少义词语（8d2）。

（8）a1. 经过近半年艰苦的斗争，微山湖的局面总算打开了。

a2. *经过近半年【轻松】的斗争，微山湖的局面总算打开了。

b1. 他做了极大的努力，后来总算想起来了。

b2. *他做了【极小】的努力，后来总算想起来了。

c1. 经过漫长的等待，最后皇后总算生下了皇太子。

c2. *经过【短暂】的等待，最后皇后总算生下了皇太子。

d1. 当我多次和他们沟通后，他们总算明白了。

d2. *当我【极少】和他们沟通后，他们总算明白了。

总的说来，"总算"话语关联中所指的施事意志坚忍性，可以通过对"繁难义"词语的选择和对"简单义"词语的排斥而清晰地凸显出来，如表3-3所示：

表3-3 副词"总算"选择"繁难义"而排斥"简单义"表

语义类型　　　施事意志	选择		排斥	
	繁难义	例词	简单义	例词
遂愿副词"总算"的同现词语	艰难义	艰难、艰辛	容易义	容易、轻松
	力大义	全力、努力	力小义	微小、微弱
	时长义	漫长、很久	时短义	很短、暂时
	次多义	多次、反复	次少义	极少、少量

第二，基于终达愿望的欣喜情感。

刘冬（2005：8）认为"总算"是"料定语气副词"，表达的是"说话人对事情发展的结果有所预料或期望，只不过这种预料或期望往往是隐含在愿望中的"。其实，这一观点混淆了"预料"与"愿望"的差别，"预料"属于言者认知层面，是言者基于客观情况做出的预判，而"愿望"则属于言者情感层面，是言者基于主观需求发出的期盼。比较一下（9）中未然预料义的"一定"与已然遂愿义的"总算"就会看得很清楚。

（9）a. 他以后一定会告诉你。

——*他以后【总算】会告诉你。

b. * 我现在【一定】对得起你了。

——我现在总算对得起你了。

而言者如何才能满足自身情感需求而发出的愿望呢？就是施事（有时与言者相同）必须克服困难的行为，包括等待或忍受（10a）。值得注意的是：坚忍一定体现了克服困难的施事意志，而愿望通常却是言者的情感需求，如（10b）的意志主体是"官员"，而情感主体则是言者"我"，是"我"对"事情顺利解决"表达欣喜之情。有时施事与言者相同，都是言者"我"，如（10c）；有时情感主体是隐含的言者，如（10d）中与"儿子"相对的说话者"父母"是情感主体，因为"儿子"在"醒"前是无意识的，不可能有愿望。

（10）a. 我一边看着窗外下个不停的雨，一边吸烟，到了早上，雨总算停了。

b. 多亏那个官员努力，事情总算顺利解决了。

c. 折腾了两天，今天上午我总算查出了原因。

d. 经县医院抢救，儿子总算醒过来了。

一旦情感主体的愿望通过施事克服困难而最终得以实现，就会激活其欣喜之情。根据调查，按照从直接显性到间接隐性的顺序，情感主体的欣喜之情主要通过两种方式：一是话语关联中言者直抒欣喜之情的叹词"嘿、哦、啊"和话语标记"高兴的是、我很高兴、我真的很开心、很满意、好极了、好了、心满意足"（11a1/b1），而不能与语义相反的伤心不满类叹词"呸、哼、嗨"和话语标记"令人伤心 / 愤怒 / 难过 / 气愤 / 失望的是"等同现（11b2/b2）；二是从说话者角度看，"克服困难"行为实现了"遂我所愿"的结果，这个结果的表达形式主要是谓词结构，通常有动词"懂了、走了、死了、完了、过去了"，动宾结构"进球了、到家了、开了眼界、捡了一条命、松了一口气、遂了心愿"，动补结构"谈妥了、记住了、活过来了、平静下来了、躲过去了、笑了一下、轻松了一下"以及其否定形式等。通常表变化结果的"了2"恰恰符合从"克难"到"遂愿"的变化，如（12）；动态助词主要带完成义"了1"，极少带"过"，不可带持续义"着"，如（13）。

（11）a1. 嘿嘿，我总算找到一个好对手。

a2. *【呸】！我总算找到一个好对手。

b1. 我很高兴，他总算让咱们出来了。

　　b2.＊【令人伤心的是】，他总算让咱们出来了。

（12）a.看来闯江湖的确不是件容易事，我总算明白了。

　　　　b.他咬着牙干了一个钟头，天大亮时，总算将便坑修好了。

　　　　c.一开头总是困难的，但现在总算是对付过去了。

　　　　d.我总共花了五个晚上的工夫，好不辛苦！总算这些工夫没
　　　　　白费。

（13）a.上尉猛踩油门，一溜烟地向汉城方向逃去，总算捡了一条命。

　　　　b.这样拆东墙补西墙，总算把工人的工资发了下去。

　　　　c.我的工作也没白做，总算曾经有过一位读者。

　　　　d.她总算走了。

　　　　——＊她总算走【着】。

　　值得注意的是：无论是言者还是其他人作为克服困难的意志主体，情
感主体一般都是言者。也就是说，"施者克难，遂我所愿"，从说话人的角
度看，意志主体的坚忍克难行动及其所达到的结果引发"言者"作为情感
主体的欣喜之情。当然，如果这个结果对"总算"句的当事或一般人都有
益无害，则当事与言者共享欣喜（14a/b），但如果结果对"总算"句的当
事有害，则从听者的角度看，言者的欣喜之情则隐含着居心叵测、幸灾乐
祸之情，如（14c/d）。

（14）a.等了七八天，总算下了点"毛毛雨"，真不易啊。

　　　　b.经过紧急抢救，李千德总算脱离了危险。

　　　　c.这家伙总算完蛋了，他一直在和这世界过不去。

　　　　d."已经冰凉了。"我父亲如释重负地笑了，他连声说，"总算死
　　　　　了，我的娘呵，总算死了。"

　　施事基于坚忍意志而克难，其结果因最终满足言者愿望而激活欣喜之
情，欣喜之余，还会因克难不易而勉强遂愿而导致情感主体的庆幸态度。

　　第三，基于勉强遂愿的庆幸态度。

　　如果言者的愿望难以达成却因言者或施者基于坚忍意志克服困难而勉
强实现了，就会引发言者的庆幸态度。因此，"总算"话语中经常出现表示
庆幸态度的词语，主要有两类。

　　一类是庆幸态度词语，如"幸好、辛亏、幸而、多亏、幸运的是、令
我庆幸的是、值得庆幸的是、谢天谢地、感谢上帝、老天有眼、皇天有眼、
阿弥陀佛"等（15a1/b1）；而与庆幸语义相反的"可惜、令人懊悔／懊恼／

惋惜/倒霉的是、遗憾、抱怨、埋怨"等懊悔义词语都不可以进入到"总算"的话语中，如（15a2/b2）。同样，"万幸、侥幸、幸运、运气、运气好、不错、还好、顺利"等庆幸词语可以直接做"总算"句的谓语（16a1/b1），而与其语义相反的"晦气、歹运、不幸、可怜、糟糕"等晦气义词语则不合法（16a2/b2）。

（15）a1. 这种高绝精妙的剑法，我实在不太懂，<u>幸好总算</u>还是看清楚了。

　　　a2. *这种高绝精妙的剑法，我实在不太懂，【可惜】总算还是看清楚了。

　　　b1. <u>值得庆幸的是</u>，虽然历经艰险，<u>总算</u>有惊无险，平安挺过。

　　　b2. *【令人懊恼的是】，虽然历经艰险，<u>总算</u>有惊无险，平安挺过。

（16）a1. 经过了灾难性的"动乱"仍然得以生还，<u>总算是万幸</u>。

　　　a2. *经过了灾难性的"动乱"仍然得以生还，总算是【晦气】。

　　　b1. 我硬着头皮往前爬，<u>总算运气好</u>，没有被子弹打中。

　　　b2. *我硬着头皮往前爬，总算【不幸】，没有被子弹打中。

　　另一类是副词"总算"后面经常出现低量勉强义修饰语以及艰难义谓词结构。前者如"勉强、不情愿、暂时、暂且、初步、稍稍、稍微、略微、慢慢、逐渐、渐渐、渐次、多少、有点、有几分、一点点儿、勉勉强强、多多少少、踉踉跄跄、有惊无险"等，而与之反义的"极其、非常、十分、永久、永远、充分"等顶量充满义词语则不能做"总算"谓语的修饰语，如（17）；后者如"好不容易、对付、应付、敷衍、险胜、凑齐、拼凑、摆脱、忍耐、忍住、了却、坚持、遇见、找到、挽回、熬、挨、挺、挤、讨、逃"等（18）。

（17）a. 几年前，老祖母架不住大家好说歹说，<u>总算勉强</u>同意进了城。

　　　——*几年前，老祖母架不住大家好说歹说，总算【非常】同意进了城。

　　　b. 他四处求医，坚持吃药，<u>总算暂时</u>保住了命。

　　　——*他四处求医，坚持吃药，总算【永远】保住了命。

（18）a. 一开头总是困难的，但现在<u>总算是对付过去了</u>。

　　　b. 他四处借钱，跑了好几个月，<u>总算凑够了钱</u>。

　　　c. 大户们精打细算，精耕细作<u>总算熬过了难关</u>。

d. 好在我那时年轻力壮，经过激烈拼搏总算挤到前面，买了十个面包。

总的说来，副词"总算"的话语关联"克难遂愿"可以制约并还原出"总算"的情态结构，即以施者克服困难的坚忍意志为逻辑前提，以终能遂言者之愿的欣喜之情为桥梁，最终激活勉强遂愿的庆幸态度。遂愿副词"总算"的情态因果结构可以通过表3-4看出来：

表 3-4　副词"总算"的情态因果结构

情态关系	坚忍意志 → 引发 → 欣喜情感 → 激活 → 庆幸态度					
情态主体	意志主体—施事		情感主体—言者		态度主体—言者	
	选择	排斥	选择	排斥	选择	排斥
情态分布	艰难义 力大义 时长义 次多义	容易义 力小义 时短义 次少义	欣喜义 结果义 已然义	不满义 持续义 未然义	庆幸义 勉强义 艰难义	懊悔义 充满义 晦气义

4. 遂愿副词"总算"的句法地位

一个副词的语义通过决定该副词的语义选择及其先后排序从而决定其句法地位。那么，副词"总算"的"克难遂愿义"决定了其具有什么样的语义选择和先后排序呢？先看"总算"前后同现的语义成分，最后定位其句法地位。

首先，"总算"对前面成分的语义选择。

"总算"是口语对话体中常用副词，不仅其"遂愿"的欣喜之情和庆幸之态是言者对已然真情实感的表达，而且其"克难遂愿"话语关联存在着以"遂愿"为核心语义的"先克难后遂愿"的事件结构，因此，副词"总算"前面除了选择"幸好、幸而、好在、还好"等庆幸义词语，而排斥"令人懊悔／懊恼／倒霉的是、遗憾、可惜"懊悔义词语，如（19）；还常常选择具有"现实感""现已义"的相对时序名词，如"现在、今天、如今、今日、而今、去年、昨晚、昨天、先前、近来、半年来、当时、最近、此刻、此时、这时、这次、这回、这下子、这一辈子、这一周、这三年"等，而排斥"预测感""未然义"的时序名词"明天、明年、下个月、将来"等，如（20）；也常选择具有"先后感""最终性"的相对事序连词，如"最后、后来、然后、X 以后、之后、尔后、末后、末了、到底、才"
等，而排斥"起始性"的连词"开始、起初、起先、开始、首先、早先、
最先、当初、开初"等，如（21）。

（19）a. 幸而这一天总算过去了，没有发生什么新情况。

——*【可惜】这一天总算过去了，没有发生什么新情况。

b. 过去的事想起来并不开心，好在我们总算熬过了那段时光。

——*过去的事想起来并不开心，【倒霉的是，】我们总算熬过
了那段时光。

（20）a. 汪发林辛苦了一年，现在总算拿到了钱。

——*汪发林辛苦了一年，【明天】总算拿到了钱。

b. 无论如何，我们这次总算没有空跑一趟。

——*无论如何，我们【将来】总算没有空跑一趟。

（21）a. 经过几天的比较搭配，人员最后总算凑齐了。

——*经过几天的比较搭配，人员【起初】总算凑齐了。

b. 她大声喊救，后来总算从猛兽的爪牙底下逃了出来。

——*她大声喊救，【首先】总算从猛兽的爪牙底下逃了出来。

其次，"总算"对后面成分的语义选择。

大致按先后顺序，遂愿副词"总算"的后面主要选择三类词语：一
是选择已然义副词"已、已经、已将、已快、曾经"，而排斥未然义副词
"会、将、将会、将来"，如（22）；二是选择真实义副词"真、真的、真
正、真是、倒是"，而排斥"虚的、虚伪、虚假、虚幻、假"等虚假义词
语，如（23）；三是选择能愿义动词"可以、能、能够、该、会、肯、愿
意、要"，而排斥"必须、务必、非得、得"等必要义动词，如（24）。

（22）a. 现在天已快亮，陆小凤总算已休息了片刻。

——*现在天已快亮，陆小凤总算【会】休息了片刻。

b. 我的工作也没白做，总算曾经有过一位读者。

——*我的工作也没白做，总算【将】有过一位读者。

（23）a. 他又伸出手，这一次总算真的把新娘子脸上的红巾掀了起来。

——*他又伸出手，这一次总算【假的】把新娘子脸上的红巾
掀了起来。

b. 这回他总算真正当家做主了。

——*这回他总算【虚假地】当家做主了。

（24）a. 我提着的心总算可以放下了。

　　　——*我提着的心总算【必须】放下了。

　　b. 你们总算肯听我说了。

　　　——*你们总算【得】听我说了。

　总的说来，根据遂愿副词"总算"的语义选择与排斥规律，其句法地位可以通过图 3-6 表示出来：

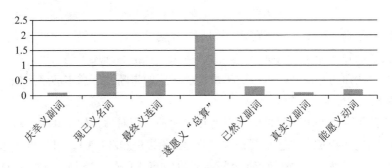

图 3-6　遂愿副词"总算"句法地位

5. 结语

　副词研究离不开话语关联，就像鱼儿离不开水塘一样。一个副词所处的话语关联既有形式上的逻辑关联，也有认知上的语义关联，这两种关联使一个副词的语义关系通过选择与排斥、同现排序而呈现出语义分布的规律性。一个副词总是具有一个核心语义，基于单句提取的多个义项好像是机械的、割裂的、无关的，但换成话语关联角度，就会发现所谓的多个义项其实是系统的、有机的、关联的，存在着认知、意志、情感、态度等因果性关联。遂愿副词"总算"的"克难遂愿"就构成了其"坚忍意志、欣喜情感和庆幸态度"这一情态结构的话语基础，并且能得到给予语义选择的正反验证。

第三节　遂志副词"毅然"的话语关联与情态结构

　本章以语义语法理论为基础，按照"从话语关联、句法分布到情态结构"这一由大及小、由表及里的逻辑顺序提取并验证副词"毅然"的"遂

志革新"话语关联及其情态结构。第一，综述前人成果并指出亟待解决的三个问题：缺乏基于话语分布的话语关联建构，缺乏基于句法分布的语义组配分析，缺乏基于逻辑关系的情态结构解析。第二，根据调查，不仅建构"毅然"句的底层逻辑"转折 | 因果 || 选择"，而且从概念层面对应性地提出"优劣旧势 | 势与志违 || 革除旧势 ||| 创立新局"概念关系，并据此建构"遂志革新"话语关联。第三，根据副词"毅然"的"述人主语陈述句状位"单句分布，从话语关联角度提取其句法分布的三个原则：结果句强制优先原则、革旧句自然分布原则和立新句分界凸显原则。第四，根据话语关联和句法分布，概括出"毅然"语义必须指向陈述句述人施事主语而具有"认知的志向性、意决的慎重性、态度的果断性、意志的坚定性"情态结构。

任何语言的语法都是由一系列在时间轴上相对静止的"共时系统"按照时间先后组成的动态"历时系统"（石毓智，2021：5），可以说，系统性是语法的根本性质，而事物的性质决定事物的研究方法，要揭示语法的系统性就必须选择系统方法。那么，什么是系统方法呢？正如魏宏森（1983：76）所言："系统方法就是按照事物本身的系统性把对象放在系统的形式中加以考察的一种方法。即从系统的观点出发，始终着重从整体与部分（要素）之间，从整体与外部环境的相互联系、相互作用、相互制约的关系中综合地、精确地考察对象，以达到最佳地处理问题的一种方法。"因此，要研究语法系统中的副词，就必须把副词放在其所在的单句、复句，甚至话语中来考察，不仅定位其在单句、复句中分布的有序性，还要定位其在话语关联中的层次性、整体性，据此提取副词的话语关联与情态结构。

1. 前人关于副词"毅然"的研究

根据调查，中国科学院语言研究所词典编辑室 1965 年主编的《现代汉语词典》（试用本）（1965/1973：1222）是最早解释"毅然"语义的。五十多年来，语法学者对"毅然"的关注并不多，有关"毅然"的零星观点散见于词典和论文中，并没有把"毅然"作为一个研究对象进行独立分析。按照理论方法和学术观点差异，可以分成两个阶段：基于传统语法的词典释义阶段和基于描写语法的语义辨析阶段。

第一，基于传统语法的词典释义阶段。学者们主要基于传统语法

通过语感来界定"毅然"的语义，中国科学院语言研究所词典编辑室（1965/1973：1222）最早在《现代汉语词典》（试用本）中提出"毅然"表示"坚决地，毫不犹疑地"，到修订本（1996）增加用例"～决然|～献身祖国的科学事业"，再到第 5 版（2005：1619）标注了词性"副词"，直到最新第 7 版（2016：1557）的释义与用例没有变化。可以说，这一释义都被其他词典延续下来。不过，值得注意的是，侯学超（1998：670）从情态角度精确定位为"态度坚决"，并强调"毅然＋动词短语"句法组配，而朱景松（2007：503-504）则提及"毅然"修饰"做某事或做出决断"的语义组配及其带"地"修饰动词的句法特点。可以说，该阶段以传统语法基于语感的词典释义为主，标注了词性，定位了"坚决"的情态与"态度"，初步涉及了句法特点和语义组配。

第二，基于描写语法的语义辨析阶段。何云（2011：25）从句法上确认了"毅然"修饰"动词性成分"的功能并（2011：23）从语义上宏观地把"毅然"归入"主要是用来对相关的行为和状态进行描述、刻画"的描摹性副词，而邵敬敏（2016：17-18）首次根据句法上主语是否为人、谓语是否为"决定、决议"，通过主观客观、感情色彩、语义重心三个角度的细致比较把"毅然"与"决然"区别开来，即"毅然"体现"动作主体的主观性，褒义……强调心态……表示果断、勇敢而坚决，义无反顾……有大义凛然的意味"，据此，杨雨晴（2021：102）提出"毅然""在语义上具有'述人''描摹性''具体情状义'特征，在语义指向上，可以兼指动作者和动词谓语中心"并（2021：107）表示"主观态度类的副词"。

可以说，前人基本上廓清了"毅然"的词性、句法、语义，更为重要的是，通过比较部分地触及了坚决、果断、主观、褒义、义无反顾等语义和情态的细节，但也存在三点不足：没有基于其话语分布来定位话语关联，没有基于其句法分布来分析语义辖域，没有基于其逻辑关系来解析情态结构，甚至用"坚决"解释"毅然"就没有考虑二者句法组合的差异。比如（1）中"毅然"可以修饰"决定、下定决心"等，而"坚决"却不太合法，而"坚决"可以修饰"打击、斗争"等，而"毅然"却不太合法；这说明只用"坚决"解释"毅然"并不合适，"毅然"与"坚决"都具有特有的话语分布、句法环境和语义组配系统。

（1）a. 她毅然决定去报考。

——＊她【坚决】决定去报考。

　　　　b. 领导<u>毅然</u>下定决心。
　　　　　　——*领导【坚决】下定决心。
　　　　c.*我们【<u>毅然</u>】打击犯罪分子。
　　　　　　——我们<u>坚决</u>打击犯罪分子。
　　　　d.*中国同恐怖分析进行了【<u>毅然</u>】<u>斗争</u>。
　　　　　　——中国同恐怖分析进行了<u>坚决斗争</u>。

　　因此，本文就试图以语义语法理论为指导，根据 CCL 语料库的调查，运用系统方法从大到小、从粗到细，逐层定位、提取并验证"毅然"句的话语关联、句法分布及其情态结构。

2. 副词"毅然"句的典型话语关联

　　从部分组成整体的角度来说，句子与句子总是按照由逻辑、语义、情态所决定的顺序、层次组成具有整体性和系统性的话语关联，而反过来，从整体制约部分的角度来说，话语关联不仅能从形式上精确锚定句子与句子之间的先后排序、上下层次、分布位置，而且还能从意义上准确解释句子与句子之间的逻辑关系、语义关系、情态结构。因此，话语关联作为一个系统可以"直接制约某个句子的分布而间接约束该句子中某个副词的分布"（赵春利、何凡，2020：368）。那么，如何提取出副词"毅然"句的系统性话语关联呢？

　　从形式上说，连词是标记句子与句子之间话语关联逻辑关系的最直接的形式，因此，必须通过语料库统计出副词"毅然"句前后同现的句子中出现的连词类型、排序及其数量。根据 CCL 的调查并结合连词的统计分析，副词"毅然"句的话语关联逻辑层次可以分为三个层次：第一层是外层转折关系，第二层是转折句分化出来的中层因果关系，第三层是"毅然"句通常占据的结果句分化出来的由"革旧句"和"立新句"组成的内层选择复句，而与逻辑层次对应的语义功能分别是：优劣旧势、势与志违、革除旧势、创立新局，即"主体虽曾拥有优势或处于劣势，但因优劣旧势有违于志向，为实现志向而慎重、果断而坚定地革除旧势、创立新局"，可缩略为"遂志革新"。副词"毅然"句的话语关联及其所包含的逻辑层次、语义关系、形式标记如图 3-7 所示：

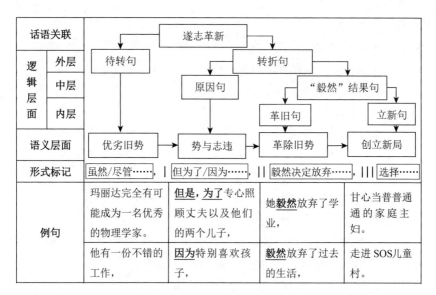

图 3-7 副词"毅然"句的话语关联

第一,典型话语关联的形式印证。

根据 CCL 语料库的调查,副词"毅然"句所处的典型话语关联由三层组成:外层是待转句与转折句,中层是原因句与结果句,而内层是革旧句与立新句。从形式印证角度看,标记外层的主要是连词,标记中层的主要是连词和介词,而标记内层主要是动词。标记外层转折关系中待转句的连词主要有:虽然、尽管、固然、纵然、即使等,标记转折句的连词有:但、但是、可、可是、却、不过、而、然而等。标记中层原因句的连词和介词有:为、为了、因、因为、由于、鉴于、出于、基于、迫于、受命于、不甘于、就是等,其中出现频次最高的是目的标记"为、为了",标记结果句的连词是:于是、所以、因此、因而、从而、之所以、为此、故、便等。标记内层革旧句的动词有:革除、祛除、废除、排除、解除、放弃、抛弃、摒弃、舍弃、丢弃、辞去、辞掉、离开、脱离、冲破、打破、攻破、克服、退出、告别、停止、不顾等,而标记立新句的动词有:创办、独创、开创、挑起、承担、担当、担负、选择、参加、返回、回到、加入、投入、投身、成立、办起等,如(2);值得注意的是,革旧句总是在立新句的前面,这一"先革旧后立新"的固定语序符合"除旧迎新"的认知顺序,更突出地固化在"弃医从文、投笔从戎、离家出走、辞官归乡、解甲归田"等固定搭配中。

（2）a. 她虽然历经坎坷，<u>但始终没有放弃对绘画的热爱</u>。1995 年，她<u>毅然</u>放弃画院专业画家的铁饭碗，<u>成立情铸画院</u>。

　　b. 厂长郭裕健原是二轻企业干部，<u>为振兴黄田畈经济</u>，<u>毅然</u>砸掉"铁饭碗"，<u>创立</u>了橡塑机械厂。

　　c. 条件<u>固然</u>优越，<u>可是</u>乡亲们仍在贫困中挣扎。他坐不住了，<u>毅然</u>辞掉了供电站优越的工作，决心<u>率</u>领乡亲们脱贫致富。

　　d. <u>纵然</u>科学无祖国，<u>但是</u>，科学家是有祖国的，他<u>毅然</u>放弃了洋房、小汽车、高薪，<u>回到</u>了当时还是一穷二白的祖国。

第二，典型话语关联内部语义关系图。

副词"毅然"句的话语关联在逻辑层次上是外层转折、中层因果而内层选择。从语义关系上看，待转句的"优劣旧势"因不利于原因句的"志向目标"而构成"势与志违"的转折式违逆关系，因此遭到革旧句的革除，即放弃优势或破除劣势，而"担当奉献、建立创新"的立新句就是实现原因句的"志向目的"，其"遂志"的前提则是革旧句"弃优破劣"的"革除旧势"，如图 3-8 所示：

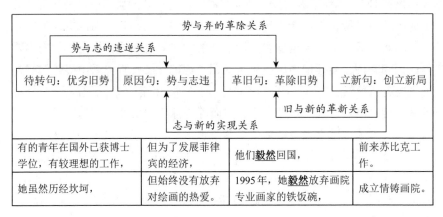

图 3-8　副词"毅然"话语关联内部的语义关系

第三，典型话语关联的排序变化。

根据调查，话语关联的内部排序变化比较少见，主要是以目的为核心的原因句移位到话语关联的首位（3a/b）或末位（3c/d），当然，这是为了突出志向、意图、目的、原因等。

（3）a. 为了彻底解决这个问题，尽管当时经济很紧张，我还是<u>毅然</u>下定决心，花一千余元购买了电子磅。

　　b. <u>张玉文响应计划生育的号召</u>，虽只有一个女孩，却<u>毅然</u>退回二胎指标，办了独生子女证，她同丈夫一心扑在发家致富上。

　　c. 黄兴虽未便公开争执，但拒绝加入新党，<u>毅然</u>离日赴美，<u>为的是避免与孙中山正面冲突</u>。

　　d. 上海人恋家，但瞿莉考大学，<u>毅然</u>考到北京，就是<u>为了摆脱上海的母党</u>。

第四，话语关联的缺省现象。

根据调查，"毅然"句话语关联中的缺省现象主要有两类：一是待转句缺省（4a/b），二是原因句缺省（4c/d）。为什么可以缺省呢？主要是语义关系的制约。革旧句所放弃的优势或所革除的劣势恰恰是待转句所表示的"优劣旧势"，因此，待转句的语义可以从"毅然"结果句所包括的革旧句推导出来，故可以缺省。同理可知，立新句所选择的行为目的就是实现原因句所遂之志，因此，原因句的语义就可以从"毅然"结果句所包括的立新句的目标中推导出来。

（4）a. 被称为中国"两弹元勋"的邓稼先，当年为了试制祖国的核武器，<u>毅然</u>告别妻儿，来到位于大戈壁的军事禁区，隐姓埋名达28年。

　　b. 1895年中日甲午战争后，中国面临亡国灭种的危险，他<u>毅然</u>抛弃宁静的书斋生活，投入爱国救亡的维新运动。

　　c. 他出自中医世家，具有精湛的医术，正当他事业有成时，却<u>毅然辞去公职</u>，以变卖家产为资，踏上了万里考察之路。

　　d. 作为一个有一技之长的农艺师，经过出色的答辩即将走上县水产局局长的岗位，然而他却<u>毅然辞职</u>，决心回到生他、养他的银湖。

虽然"原因句"在话语关联中因强调志向或原因而造成偶尔首尾移位现象，"转折句"和"原因句"也因与"革旧句"和"立新句"的语义关系而存在一定的缺省现象，但无论是移位还是缺省，都能在"遂志革新"的典型话语关联得到诠释，并能够准确定位和直接约束"毅然"结果句在话语中所处的逻辑地位和语义关系。那么，副词"毅然"在具体结果句中呈现出什么样的句法分布规律呢？具有什么的情态结构呢？

3. 副词"毅然"的句法分布规律

要定位副词"毅然"的分布规律，可以有两个角度：一个是底层微观的单句选择角度，二是高层宏观的话语关联角度，二者结合就看得更加清楚。

首先，从单句选择看，主要是指对句子功能、句子主语、句法位置的选择。根据调查，副词"毅然"通常分布于主语为述人名词或代词的陈述句状语位置（5a），而排斥疑问句（5b）、祈使句（5c）、感叹句（5d）的状位，如：

（5）a. 他选择了水利专业。   ——他【毅然】选择了水利专业。

     b. 他选择了什么？   ——*他【毅然】选择了什么？

     c. 快点儿选择吧！   ——*快点儿【毅然】选择吧！

     d. 多么好的选择啊！   ——*多么【毅然】好的选择啊！

但是，并非任何有述人主语的陈述句都可以不受限制地在其状位插入副词"毅然"。哪些陈述句可以插入而哪些陈述句不可以插入呢？就需要从宏观的话语关联角度提出逻辑约束与语义约束。

其次，从话语关联看，"毅然"所分布的陈述句必须受到"遂志革新"话语关联的直接约束，既要遵循"外转折中因果"的逻辑关系并承担结果角色，也要符合"前革旧后立新"的语义选择关系并瞄准遂志角色。根据CCL调查，从话语关联语义角色的角度可以发现副词"毅然"主要分布于三个位置：作为选择主句的结果句状位、作为选择前分句的革旧句状位和作为选择后分句的立新句状位。但"毅然"对三个状位的选择并非随机的、无序的，而是遵循一定的分布原则。

一是结果句强制优先原则。当"遂志革新"话语关联的结果句是一个单句时，结果句的谓语都是"决定、决策、决断、宣布、断言、表态、表示、下决心、拍板、同意、答应、提出、回答、说"等指向动作行为的决定义动词，其宾语通常是由"革旧句"与"立新句"组成的"前革旧、后立新"语义选择复句（6），偶尔也有单独的"革旧句"（7a/b）和"立新句"（7c/d）。那么，副词"毅然"就会被强制性地优先分布于结果句的状语位置，而如果把副词"毅然"从结果句状位移位到宾语的革旧句状位（8a/b）或者立新句状位（8c/d），则句子都不合法。

（6）a. 谢赛克毅然决定放弃在法国的优越条件，<u>回国为家乡的乒乓球</u>

事业尽些力。

b. 1966 年，法国总统戴高乐毅然宣布退出北约军事一体化机构，仅仅保留参加北约的政治机构。

c. 刘其栋经理毅然下决心革除国有企业的痼疾，尽快与市场经济接轨。

d. 在重灾区聂荣县，县委和县政府毅然决定卖掉一辆工作用车，将所得款项投入了项目配套。

（7）a. 他已苍老了许多，因此我怀着遗憾的心情，毅然决定放弃我的计划。

b. 大水缸放在厨房既占地方，又碍手脚。经过痛苦的选择，父亲毅然决定，砸掉这个家里的"传家宝"。

c. 望着队友与教练焦急的目光，童非毅然决定上场。

d. 这前后如此强烈的比照，使他不得不信服这么一个富有效力的政府。他毅然拍板投资。

（8）a. *谢赛克决定【毅然】放弃在法国的优越条件，回国为家乡的乒乓球事业尽些力。

b. *他已苍老了许多，因此我怀着遗憾的心情，决定【毅然】放弃我的计划。

c. *谢赛克决定放弃在法国的优越条件，【毅然】回国为家乡的乒乓球事业尽些力。

d. *望着队友与教练焦急的目光，童非决定【毅然】上场。

这说明：以革旧句、立新句为宾语，以决定义动词为谓语动词的陈述性结果句是强制"毅然"优先进入其状位的先决条件，如果把"毅然"所修饰的决定义谓语动词替换为"知道、明白、清楚、了解、理解、掌握"等获悉义动词，句子也不合法，如（9）：

（9）a. 他毅然决定放弃学业。

——*他毅然【知道】放弃学业。

b. 她毅然宣布企业全部倒闭。

——*她毅然【明白】企业全部倒闭。

　　二是革旧句自然分布原则。如果结果句不是单句，而是由革旧句和立新句组成的选择复句，则副词"毅然"通常会自然地分布于革旧句第一个谓语动词的状位，修饰"放弃、解除、革除、排除、破除、退掉、辞掉、去掉、流掉、推迟、离开、冲破、打破"等革旧义动词，如（10a/b），即使革旧句有两个革旧义动词结构前后连用，"毅然"通常位于第一个动词前（10c），极少用词第二个动词前（10d）。

（10）a. 他从南非大学和威特沃特斯兰德大学毕业后，<u>毅然放弃</u>贵族生活，投身于民族解放事业。

b. 20 多年前，中美两国领导人共同努力，<u>毅然打破</u>了中美关系的僵局，揭开了两个伟大民族交往史上的新篇章。

c. 她<u>毅然冲破</u>父母的竭力阻挠，摒弃社会舆论的压力，忘我投身于崇高的护理工作，开创了造福人类的护理事业。

d. 为了参加纪念毛泽东《在延安文艺座谈会上的讲话》发表 30 周年，她谢绝了医生的好心劝告，<u>毅然流掉</u>了腹中的第一个小生命，赴北京参加文艺调演。

三是立新句分界凸显原则。在不违反结果句强制优先原则的前提下，为了标记革旧句与立新句边界并凸显立新句的坚强意志，副词"毅然"可以移位到立新句首个谓语动词的状位，成为区别革旧句与立新句先后排序的分界标记。常见的立新动词有：创办、担负、挑起、承担、投入、投身、选择、献出、回到、返回、跑到、踏上、开始、发动、坚持、加入等，如（11），即使立新句有两个以上立新动词结构连用，"毅然"通常位于第一个立新动词前，如（12）。

（11）a. 1967 年香港发生了动乱，部分港人移居海外，但他的信心未减，1969 年他和朋友一起<u>毅然创办</u>了合和实业有限公司，专门从事地产建筑业。

b. 他放弃原厂很好的收入，<u>毅然挑起</u>经济效益亮"红灯"的灯芯绒总厂厂长重任，以顽强拼搏的精神带领全厂职工努力摆脱困境。

c. 因为小鹿纯子的笑容和执着对马云的激励，马云不顾家人的极力反对，<u>毅然开始</u>了第三次高考的复习准备。

d. 明知母亲的生命没有几天了，可机装车间的杜世盛还是挥泪告别了病危中的老母，<u>毅然踏上</u>试航的大船。

（12）a. 有的人放弃国外优厚的待遇，<u>毅然回到</u>祖国，把知识和才华<u>献</u>给祖国的建设事业。

b. 邱明才研究员，放弃了在加拿大拿绿卡的机会，<u>毅然返回</u>天津，创建了我国第一个骨计量学实验室。

c. 他们大胆打破旧框框，毅然买进击弦机，仔细研究了一番，并很快拿出了一套完备的设计方案。

d. 1994 年 4 月，他怀着"建立中国自己的组合数学基地"的心愿，放弃国外优越的工作环境和生活待遇，毅然回国，来到南开大学数学研究所，为推动中国组合数学研究贡献自己的力量。

总的说来，副词"毅然"优先分布于结果句状位，并选择与决定义动词搭配；其次自然分布于革旧句状位，并选择革旧义动词；最后分界凸显分布于立新句状位，选择立新义动词。可以说，无论是句法位置还是动词搭配，"毅然"的句法分布具有较强的规律性。总体分布如下表 3-5 如下：

表 3-5　副词"毅然"的句法分布

单句功能选择	述人主语陈述句的状位		
话语关联位置	结果句	革旧句	立新句
动词类型搭配	决定义动词	革旧义动词	立新义动词

那么，究竟分布于"遂志革新"话语关联中的副词"毅然"具有什么的情态结构而使其在句法分布上呈现出这一规律性呢？

4. 副词"毅然"的情态结构

副词"毅然"之所以能在话语分布上选择"遂志革新"的话语关联，并在句法分布上选择述人主语陈述性结果句、革旧句和立新句的状位，是因为两个因素：一个是语义，即"毅然"必须指向陈述句述人施事主语；一个是情态，即"毅然"具有"认知的志向性、意决的慎重性、态度的果断性、意志的坚定性"这一情态结构。

第一，认知的志向性。

认知的志向性是指主体基于一定的世界观、人生观和价值观，而认识到当前形势下自己更应该实现，但与自身优劣旧势相违逆的目标。在"遂志革新"的话语关联中，认知的志向性主要是通过原因句来表达，是主体审时度势后果断决定"革除旧势、创立新局"的动力。常见的标记有"为了、由于、因为、鉴于、想着、怀着、带着、看到、听到、考虑到"等介词或动词，从志向内容的分类看，主要有"报效祖国、教育事业、引开敌人、争取和平、方便群众、抗洪大局、支持抗战、避免分裂、坚定信念、抓住时机、抓获罪犯、抢救病人"等国家或集体利益，少数是"音乐、兴趣、梦想、爱情、喜欢孩子、补习功课"等个人利益，如（13）：

（13）a. 有的村干部三年工资没兑现，可为了给孩子建新校舍，毅然决然地拿出了自家卖猪的钱。

b. 1948年，孙静霞赴美进修。进修期满，美国医院极力挽留她，但她一心一意想着要报效祖国和人民，毅然回国。

c. 王铭伟的父亲不久前因车祸去世，在大连经济开发区留下产业需要他去接管，可他考虑到祖国的需要、部队的培养，毅然要求到艰苦的地方去。

d. 带着对玻璃艺术创作的兴趣，1987年，年过而立的王侠军毅然离开电影界，远赴美国学习玻璃艺术创作。

根据"毅然"原因句认知志向的价值选择，结合"革旧立新"两类句子的语义取向，可以发现，"毅然"所要革除的通常的是对主体个人有利的优势或者不利的劣势，所要立新实现的志向却常常是维护国家、民族、集体、他人的利益，即使是兴趣、爱情、音乐、体育等个人利益，也是符合人性、名正言顺的价值取向，正因为如此，"毅然"的认知志向蕴含着强烈的"舍己为人、公而忘私、理直气壮"的正当性、正义性。邵敬敏（2016：17-18）认为"毅然"体现"褒义，义无反顾……有大义凛然的意味"本质上就是其志向性对"集体利益"的价值取向。

第二，意决的慎重性。

意决的慎重性是指主体为了实现自己的志向而果断地革除旧势、创立新局前所进行的反复论证、权衡利弊的意图决定过程，因此，其主要表现在结果句前做出决定所经历的繁难历程，常见的表达形式有"经过……的斗争/论证/考虑"，如：经过激烈的思想斗争、经过一番思想斗争、经过一番讨论、经过反复论证、经过反复讨论、经过了多次的激辩、经过审慎抉择、经过慎重考虑、经过深思熟虑、经多方论证等，如（14）：

（14）a. 那是1948年，章乃器接到中国共产党的邀请之后，经过激烈的思想斗争，终于毅然抛下自家在香港的企业，来到东北参加革命。

b. 经过一番讨论后，村民们毅然打破正月不迁坟的旧习，顶风冒雪，两天就迁完了 108 座祖坟。

c. 宋焕威反复考虑后，<u>毅然</u>决定将这些钢锭坯全部回炉，进行重炼。

d. <u>经过长久的酝酿之后</u>，华侨城的决策者<u>毅然</u>地把一亿元资金撒在深圳湾畔的那片荒滩上。

第三，态度的果断性。

态度的果断性是指主体为了实现自己的志向在审慎论证或情急之下做出决定时毫不迟疑的快速性。根据调查，态度的果断性主要通过结果句前的状语来表现，如：果断、二话没说、当机立断、毫不犹豫、没有犹豫、毫不迟疑、没有迟疑、迟疑片刻、危急时刻、危急关头、紧要关头、关键时刻、严峻时刻、严峻形势等，如（15）：

（15）a. 衡阳市人大常委会会同市政府<u>果断</u>做出决定，<u>毅然</u>关闭了在造纸行业小有名气的衡阳西渡造纸厂，缓解了造纸水对湘江衡阳段的污染。

b. 秦末，各地反秦起义风起云涌，吴芮审时度势，<u>当机立断</u>，<u>毅然</u>响应起义反秦，被项羽封为"衡山王"。

c. 早年他在美国麻省理工学院毕业，获得科学博士学位，而且赢得老师的赏识，要留他在本校教书做研究，在科学界中成名成家。但是他<u>没有犹豫</u>，<u>毅然</u>归国。

d. 中原军区部队<u>毫不迟疑</u>，<u>毅然</u>决然地于 6 月 26 日展开突围战役，并一举杀出国民党军苦心经营半年之久的内层包围圈。

第四，意志的坚定性。

意志的坚定性是指主体为了实现自身志向而审慎考虑后果断做出"革除旧势、创立新局"的自主结果。因此，在"遂志革新"的话语关联中，"毅然"的意志坚定性主要表现在以下三类句子的谓语结构上。

一是结果句谓语结构的决定性。结果句呈现出主体从意志上下定决心"革旧立新遂志"的决定结果性，常见的谓语动词有"决定、决策、决断、断言、下决心、拍板、同意、答应、提出、宣布、做出决定、做出决策"等，如（16）：

（16）a. 张东明厂长和赵汝华书记面对困境，<u>毅然</u>拍板：从转换机制入手，向强化管理要效益。

b. 是守株待兔、坐等危机，还是迎接挑战、争取更好的效益？航

民村的领导<u>毅然决断</u>：冲破省界，到原料产地和销售市场去创
办企业！

c. 为了人民和孩子，即使赔本贴息也心甘情愿。他<u>毅然地下定决
心</u>，为群众兴教办学，让所有的孩子都能进学校。

d. 他们<u>毅然做出战略决策</u>：下乡办厂，通过向乡、村转移劳动密
集型的中间产品，迅速扩大生产规模。

二是革旧句谓语结构的旧止性。革旧句呈现出主体果断而主动地"放
弃优势、破除劣势"这一革除旧势的自主结果行为，常见的动宾组合有：
放弃高薪、放弃学业、抛弃仕途、丢弃理发手艺、辞去军职、卖掉别墅、
关掉诊所、推掉演出、脱掉救生衣、停止化疗、离开家乡、冲破世俗观念、
打破僵局、突破常规、排除困难、解除婚约、革除痼疾、禁绝酒店营业，
等等，在停止、放弃旧事物中展现出主体的坚定意志，如（17），其中动
词通常带"弃、掉、破、除、绝、开、断、下、去"等停止义结果补语。

（17）a. 面对异国亲友的召唤和久病妻子的负债，沈阳军区某团工程师
高成道<u>毅然放弃高薪聘请</u>和出国机会，立志军营建功立业，被
誉为"不恋金钱，热恋军营"的楷模。

b. 那个女人是一个印尼华侨的女儿，大学毕业后，为参加新中国
的建设，<u>毅然离开亲人</u>，离开舒适的环境，回到祖国的怀抱，
成了一名中学教师。

c. 20多年前，中美两国领导人共同努力，<u>毅然打破了中美关系
的僵局</u>，揭开了两个伟大民族交往史上的新篇章。

d. 梅兰芳遂全身心探研京剧艺术，借此忘怀恋情。孟小冬为相思
所苦，<u>毅然祛除情欲</u>，去尼庵带发修行，祈福来世。

三是立新句谓语结构的新起性。立新句呈现主体敢于主动"担当奉献、
建立创新"这一创立新局的立新结果行为，常见的动宾组合有：担负重任、
承担起任务、挑起重担、担起使命、捐献物资、捐出左肾、回到祖国、踏
上归途、走上革命道路、加入共产党、打开国门、发出号召、发动事变、
调动大军、开始复习、进行斗争等，如（18），其中动词通常带"起、到、
入、上、出、回"等起始义结果补语。

（18）a. 中国老将于淑梅去年刚刚做过颌窦切除手术，但为了这枚金牌，
<u>毅然担当起最后一棒的重任</u>，为这块金牌拼尽了全力。

b. 最近为抗洪救灾，<u>他毅然捐献出三百万元赈灾物资</u>，帮助灾区

人民恢复生产，重建家园。

c. 他的双眼严重伤残，然而，他却身残志不残，心揣一团火，<u>毅然回到家乡</u>，为改变贫穷落后面貌奉献生命的光和热。

d. 张建平是一个身残志坚的中国妇女，为了让儿子更好地学习和生活，她不顾别人劝阻不顾家庭的贫困，<u>毅然加入厂里集资建房的行列</u>。

值得注意的是：从正面来说，结果句的决定义动词、革旧句的革旧义动词、立新句的立新义动词，共同具有体现意志坚定性的语义基础"自主义与结果义"，这是动词可以受到"毅然"修饰的两个语义条件。

从反面来看的话，如果动词缺乏自主性，即使有结果性，也不能进入到结果句、革旧句和立新句的谓语位置，比如"失去、失掉、丢失、陷入、沉入、看中、晓得、通晓、获得、获悉、知道、误解、错怪、遇到"等都属于非自主动词，虽然有"去、掉、失、入、得"等结果，但其结果无法被控制，因此，这种"无主有果"的动词从意志上看就是"不坚而定"，都不能进入到"毅然"所修饰的革旧句和立新句的谓语位置，否则不合法，如（19）。如果动词语义具有自主性却缺乏结果性，也无法进入到"毅然"所修饰的谓语位置，比如"考虑、思考、酝酿、纪念、分析、探讨、商讨、讨论、斟酌"等都是自主动词，但其没有结果性，即"主而无果"的动词从意志上看就是"坚而不定"，也不能进入到"毅然"句谓语位置，如（20）。

（19）a. 他<u>毅然辞去</u>乡长职务。

　　——*他<u>毅然</u>【失去】乡长职务。

b. 小战士<u>毅然跳入</u>洪水中。

　　——*小战士<u>毅然</u>【沉入】洪水中。

c. 他<u>毅然挑中</u>了这位小伙子。

　　——*他<u>毅然</u>【看中】了这位小伙子。

d. 我<u>毅然征得</u>了锡予先生的同意。

　　——*我<u>毅然</u>【获得】了锡予先生的同意。

（20）a. 曾汉雄虽面有难色，但还是<u>毅然接下</u>了任务。

　　——*曾汉雄虽面有难色，但还是<u>毅然</u>【考虑】了任务。

b. 孙中山先生为捍卫革命成果，<u>毅然发起</u>护法运动。

　　——*孙中山先生为捍卫革命成果，<u>毅然</u>【酝酿】护法运动。

可以说，无论是"有果无主"的动词，还是"有主无果"的动词，都无法体现以"坚强"与"确定"为基础的意志坚定，与动词自主义对应的是意志坚强，与动词结果对应的是意志确定，可以说，动词的自主义与结果义是意志坚定性的基础，缺一不可。

　　总的说来，遂志副词"毅然"通过话语关联"遂志革新"和句法分布而呈现出"认知的志向性、意决的慎重性、态度的果断性、意志的坚定性"这一情态结构，使其语义更加明确，即主体为实现志向经审慎考虑而态度果断、意志坚定自主地做出"革除旧势、创立新局"的结果。遂志副词"毅然"的情态结构如下表 3-6 所示：

表 3-6　副词"毅然"的情态结构

情态关系	基于认知的志向性而慎重果断地做出"革旧立新"的坚定决定			
情态范畴	认知	意决	态度	意志
情态性质	志向性	慎重性	果断性	坚定性
情态表现	原因句	结果句状语	结果句状语	结果句/革旧句/立新句的谓语动词
	为了、由于、因为、鉴于、想着、怀着	经过一番/审慎/反复/多次考虑	二话没说、当机立断、毫不犹豫、危急时刻	决定、决策、下决心；革除、打破、放弃；挑起；回到、踏上

5. 结语

　　根据遂志副词"毅然"的话语关联、句法分布和情态结构，再回头比较本节例（1）中"毅然"与"坚决"的差异，就会发现："毅然"在"革旧立新"中主要修饰"止旧起新"的决定革新义动词，所以"毅然"可以修饰"决定、做出决策"（1a/b），却极少修饰"反对、打击、抵制、斗争、支持、维护、拥护"等立场义动词（1c/d），而"坚决"已有"决"义故而不可以再修饰"决定义动词"，但可以修饰"反对—支持"的立场义动词，并且"坚决"可做形容词，做"斗争"的定语（1d），"毅然"只有副词词性。

　　每一个副词，特别是情态副词的分布都具有一定的系统性，只有着眼于副词的话语关联、句法分布的系统性，才能在整体对部分的约束性、在部分与部分的选择性和排斥性中，提取具有整体性的话语分布和具有精确性的句法分布，并由前至后地梳理出话语关联中蕴含的逻辑关系，由表及里地挖掘出句法分布中隐含的约束条件，从而建构副词的情态结构系统。

基于外转折、中因果、内选择的逻辑关系以及所对应的"优劣情势—势与志违—革除旧势—创立新局"的语义关系而建构的副词"毅然"话语关联"遂志革新"，不仅从整体上约束了"毅然"在句法分布上对结果句、革旧句、立新句的选择，而且也由表及里地逐渐敞开了其所蕴含的"认知的志向性—意决的慎重性—态度的果断性—意志的坚决性"这一情态结构，从而提取出"毅然"具有主体为实现志向经慎思而果断、坚定地做出"止旧起新"的自主定果行为。

第四章　数量类情态副词研究

第一节　极量副词"几乎"的分布验证与语义提取

本章以语义语法为理论基础，在精确定位副词"几乎"句法分布并正反验证其同现成分语义类型的基础上，把有界极性敏感副词"几乎"的语法意义界定为"客观估测极近极界值"。第一，从语义性质、语义指向、语义特征、语义演变四个方面综述前人关于"几乎"的基本观点，并指出三点不足：句法分布描写缺乏精确定位、语义指向概括缺乏系统分类、语义特征提取缺乏正反验证。第二，基于 CCL 语料库的调查，精确定位副词"几乎"的句子功能、句法位置和关联成分。第三，根据"几乎"的句法分布，并结合句法特征和逻辑关系准确概括"几乎"语义所指向的四种语义类型：存量满空值、时量高低值、比量异同值、能量偏常值。第四，根据"几乎"的语义指向，提取"几乎"的语法意义，并正反验证"几乎"的语义特征：[＋客观性]、[＋估测性]、[＋界极性]、[＋近极性]。第四，阐明副词研究应该加强句法分布的精确定位、语义指向的准确分类、语义特征的正反验证，才能为近义副词的辨析奠定基础。

副词一直以来都是语法研究的重点和难点，而"作为一种个性强于共性的词类"（张谊生，2000a：3），每个副词句法分布的精确定位、语义指向的准确分类及其语法意义的正反验证都是提取副词语义并归纳副词词类的基石，不仅有利于辨析近义副词内部的异同，为汉语教学、词典编纂和信息处理提供颗粒度精细的语义信息，而且也有利于准确界定副词词类的句法地位，为阐明副词的语法性质奠定基础。

1. 前人关于副词"几乎"的研究

"几乎"是现代汉语使用频次较高的副词之一，语法学界从共时和历时层面对其句法和语义进行了比较全面细致的探讨，取得了丰硕的研究成果，特别是关于"几乎"表示"非常接近"的语义，大多数学者（吕叔湘，1980/1999：285；北京大学中文系 1955/1957 级语言班，1982：251；侯学超，1998：291；卢福波，2000：297；冯传强、方颐，2002：7；王凤兰，2006：20-21；杨德峰，2015：99-104 等）基本上能达成一致，但在语义性质、语义指向、语义特征、语义演变上还存在着争议。

第一，语义性质的范畴归类之争。前人主要把"几乎"归入副词的四个次范畴：一是范围副词（Chao Yuenren，1968：781；张谊生，2000b：62）；二是程度副词（李泉，1996：384；冯传强、方颐，2002：7-8；岳中奇，2007：27；相亚华，2015：12）；三是情态副词（太田辰夫，1958/2003：273）；四是语气副词（宋玉柱，1981；邢福义，1991：275；史金生，2003b：21；齐春红，2008：90；杨德峰，2008；2015：100-99）。归类不同反映了语义性质的界定不同，进而反映了语义指向的分类和语义特征的认知不同，据此，四个次范畴大致可以分成两大类：偏向客观的范围程度类和偏向主观的情态语气类。

第二，语义指向的语义类型争议。副词"几乎"的语义指向类型是指其在语义上"非常接近"的语义成分。北京大学中文系 1955/1957 级语言班（1982：251）最早提出了比较笼统的两类：事件或情况，卢福波（2000：297）则具体化为"情况、程度或状态"三类。冯传强、方颐（2002：7）认为有"数量、一般性事实和动作性事实"三类，王凤兰（2006：20-21）也提出了"数量大、程度深、非寻常"三类，而岳中奇（2007：27）认为有"数量、事件结果、有关情状"三类。可以说，语义指向的语义类型是揭示"几乎"的语义特征及其语法意义的语义基础，而句法分布又是揭示语义类型的形式依据，对此，不同的学者却给出了不同数量以及不同名称的语义类型，这说明：语义类型的分类缺乏句法分布的全面细致描写，而句法分布的描写又缺乏语料库的大规模调查。

第三，语义特征的客观主观之争。与关于"几乎"语义性质的范围程度类和情态语气类相关，前人对其语义特征的认识存在着客观论和主观论的争议。客观论认为："几乎""客观叙述"（侯学超，1998：291），"只用于如实叙述的情况……基本上没有"夸张语气（卢福波，2000：298），"表示达到'接近于'事实的程度……'几乎'是客观性的……程度副词"（冯传强、方颐，2002：8）。而主观论认为："'几乎'则带有强烈的主观色彩"（王凤兰，2006：22），"'几乎'的主观性也比'差不多'强，带有一定的夸张色彩……是一个纯粹的语气副词"（杨德峰，2015：100-99）。值得注意的是，客观论者（卢福波，2000：298-299；冯传强、方颐，2002：9；相亚华，2015：14）力图通过"几乎"与"简直"的比较凸显"几乎"的客观性，但缺乏正反验证的针对性和解释的系统性，而主观论者一般都是根据实例结合语感做出的判断，既缺乏形式验证，也缺乏系统解释。

第四，语义演变的成词年代之争。从太田辰夫（1958/2003：273）所举的"先秦"例子可以断定，他认为"几乎"成词于先秦时期，而韩陈其（2005：32）则根据一组"有着明显的历史发展脉络的具有累递羡余关系的语词"将成词年代具体化为"春秋战国时代"。而杨荣祥（2003：402）认为"几乎"成词于宋代，麻爱民（2010：66）根据语义演变所导致的重新分析论证了这一观点。张慧颖（2014：110）根据先秦时"几"+［"乎"］的"接近义"到南北朝至唐朝时［"几"+"乎"］引申出"差不多"义，再到宋代时"几乎"引申出"差点儿"义，以印证宋代成词说。那么究竟成词于先秦或其春秋战国还是宋代？本章认为：现代汉语"几乎"句法和语义的共时描写可以发现成词年代在句法和语义上的相关线索。

总的说来，前人不仅从共时层面对"几乎"的语义性质、语义指向、语义特征进行了比较深入的分析，而且还从历时层面基于语义演变对其成词年代进行了较为系统的论述，取得了极具启发性的学术成果，但存在的争议说明还存在着本章试图解决的三点不足：句法分布描写缺乏精确定位、语义指向概括缺乏系统分类、语义特征提取缺乏正反验证。

2. 副词"几乎"的分布规律

要精确定位副词"几乎"的分布规律，可以按照宏观到微观的顺序，从句子功能选择、句法位置分布和关联句法成分三个层面逐层定位。第一，从句子功能上看，副词"几乎"可以进入什么句子功能类型，排斥什么句子功能类型，这是宏观的功能分布。第二，从句法位置来看，副词"几乎"可以分布于什么句法位置，存在什么规律性，这是中观的句法分布。第三，从关联成分来看，副词"几乎"与什么句法成分存在着关联性的制约关系，即存在某种句法成分，"几乎"就可以进入，缺乏某种句法成分，则"几乎"就不可以进入，这是微观的关联分布。

2.1 副词"几乎"的句子功能分布

从句子功能分布来看，并非任何一种句子功能类型都可以不受限制地插入副词"几乎"。根据 CCL 语料库的调查可以发现：副词"几乎"一般不能进入两种句子功能类型：祈使句（1）和感叹句（2），否则不合法，也就是说，"几乎"所分布的句子不能用于抒发感情，也不能用于祈使行为，如：

（1）a. 严禁吸烟！ ——*【几乎】严禁吸烟！

　　　b. 滚！ ——*【几乎】滚！

　　　c. 请进！ ——*【几乎】请进！

　　　d. 别说！ ——*【几乎】别说！

（2）a. 她难过极了！ ——* 她【几乎】难过极了！

　　　b. 荒唐！ ——*【几乎】荒唐！

　　　c. 混蛋！ ——*【几乎】混蛋！

　　　d. 神了！ ——*【几乎】神了！

根据调查可知，"几乎"可以进入索取信息的疑问句，但频次极低，在 51989 个"几乎"用例中只有 61 例用于疑问句，仅占 1‰，如（3）；主要分布于提供信息的陈述句，如（4）。

（3）a. 这些民众怎么几乎一句话都不懂呢？

　　　b. 它为什么几乎全军覆没？

　　　c. 这是不是几乎所有女人的梦想？

　　　d. 这难道不是几乎不言而喻的吗？

（4）a. 这是几乎所有快餐工人的经历。

　　　b. 我几乎每年回一次北京。

　　　c. 两人的言行几乎完全一致。

　　　d. 他几乎说不出话来。

从句子功能的宏观角度看，"几乎"不能分布于抒发感情的感叹句和祈使行为的祈使句，可以用于索取信息的疑问句，但主要分布于提供信息的陈述句。换句话说，副词"几乎"只用于信息的传递句而非情感的抒发句或行为的祈使句。

那么，副词"几乎"是不是可以不受限制地分布于陈述句或疑问句的任何句法位置呢？并非如此，其分布位置具有规律性，其句法功能具有单一性。

2.2 副词"几乎"的句法位置分布

根据 CCL 语料库的调查，可以发现，无论是陈述句还是疑问句，副词

"几乎"分布广而规律强，独具状语功能但有迷惑性。

首先，副词"几乎"既可以独立在主语后谓语前做状语（5a），也可以在主语后其他状语前做状语（5b），还可以在句子情态补语前做状语（5c），甚至在短语结构的动词前做状语（5d）。

（5）a. 地铁几乎塞满了人。

　　　b. 他几乎三天两头迟到。

　　　c. 她紧张得几乎说不出话来。

　　　d. 工作人员在几乎毫无防护的情况下销毁可能染有病毒的家禽。

其次，副词"几乎"还可以位于句子主语前（6a/b）、宾语前（6c）、数量补语前（6d）和短语的定语位置（6e），貌似定语，如：

（6）a. 几乎我们每一个人都被偷过。

　　　b. 几乎所有的人都知道。

　　　c. 他耗费几乎全部的财产。

　　　d. 雷斯林昏迷了几乎一天。

　　　e. 两国在几乎所有的国际问题上立场和观点一致。

尽管"几乎"在名词、代词或者数量词前，好像占据定语的句法位置，但本质上，不是定语而是状语。这可从以下三个方面得到证明。

一是可移至状位而命题意义不变。看似定语位置的"几乎"都可以移位到句子状语位置而不改变原来的命题意义，例（6）中所有位置的"几乎"都可以移至句子状语位置，命题意义保持不变，这说明，"几乎"的状语功能是内在而无标记的，如（7）所示：

（7）a. 我们每一个人几乎都被偷过。

　　　b. 所有的人几乎都知道。

　　　c. 他几乎耗费全部的财产。

　　　d. 雷斯林几乎昏迷了一天。

　　　e. 两国几乎在所有的国际问题上立场和观点一致。

即使在情态补语前（5c）或者短语结构的动词前（5d）的状语"几乎"都可以移至主句的状语位置而命题意义不变，这说明，"几乎"具有主句状语的功能特征，如（8）：

（8）a. 她几乎紧张得说不出话来。

　　　b. 工作人员几乎在毫无防护的情况下销毁可能染有病毒的家禽。

二是修饰范围副词和数量词。定语位置的"几乎"与中心词之间要么必须隔着"所有、任何、每、全部、一切、整个、清一色"等范围副词，要么隔着"一半、三年、五分之一"等数量词，"几乎"并非直接修饰中心词，而是修饰范围副词或数量词，去掉范围副词或数量词则句子不合法，如（9a/b/c）；要么就是直接修饰"三分之二、五天、一半儿、九千里、十岁"等数量词，如果补出省略的中心语，数量词也不可以省略，算是做状语，如（9d）。

（9）a. 几乎整个跆拳道队都对陈中帮助很大。

———*几乎［?］跆拳道队都对陈中帮助很大。

b. 大家发出几乎清一色的啧啧声。

———*大家发出几乎［?］啧啧声。

c. 几乎一半咖啡树遭到严重摧残。

———*几乎［?］咖啡树遭到严重摧残。

d. 这两个人差了几乎十岁（的年龄）。

———*这两个人差了几乎［?］（的年龄）。

三是不可直接修饰体词性中心词。副词"几乎"不能直接修饰中心语，如果中心语前没有范围副词或数量词，独立做状语的"几乎"无法移到宾语的定语位置，如（10a/b），而修饰其他状语的"几乎"，也不可能移至宾语前做定语，如（10c/d）。

（10）a. 他几乎跑遍了北京。　　———*他跑遍了【几乎】北京。

b. 她几乎耗尽了养料。　　———*她耗尽了【几乎】养料。

c. 她几乎每年生一个孩子。 ———*她每年生【几乎】一个孩子。

d. 他几乎天天去图书馆。　———*他天天去【几乎】图书馆。

因此，副词"几乎"的句法功能是单一的状语功能，无论是主句的状语、补语的状语或定语的状语。句法分布规律可以概括为：陈述句和疑问句的句子谓语前、补语前、定语前的三种状语位置。值得注意的是：并非任何一个陈述句或疑问句的这三个位置都可以不受限制地插入副词"几乎"，其分布主要还受到同现成分及其语义特征的制约。

2.3 副词"几乎"的关联成分制约

从关联成分来看，副词"几乎"能否合法进入到陈述句或疑问句的句法位置，还受制于一定的句法成分，比如（11），就不可以直接插入"几乎"。

（11）a. 他喝了酒。　　　　　———*他【几乎】喝了酒。

　　　　b. 树叶掉了。　　　　　　——*树叶【几乎】掉了。

　　　　c. 他穿着青衣青裤。　　　——*他【几乎】穿着青衣青裤。

　　　　d. 老人都玩麻将。　　　　——*【几乎】老人都玩麻将。

要使（11）可以插入"几乎"，就必须增加某种句法成分，或者在宾语前插入表示数量义，特别是满量义的定语，或者在谓语后插入表示空量义的补语，或者在"几乎"后插入频量义的状语，或者把代词主语变成复数并在状语位置插入副词"都"来总括其全量，或者在主语前插入满量义的定语等。可以说，陈述句或疑问句在一定的句法位置上是否存在着指称数量，特别是满空义的句法成分，对"几乎"能否插入某些陈述句或疑问句起着一定的制约作用，如（12）：

　　（12）a. 他几乎喝了一瓶/所有的酒。

　　　　　　——他几乎喝光了酒。

　　　　　　——他们几乎都喝了酒。

　　　　b. 树叶几乎掉光了。

　　　　　　——树叶几乎都掉了。

　　　　　　——所有的树叶几乎都掉了。

　　　　c. 他几乎常年穿着青衣青裤。

　　　　　　——他们几乎都穿着青衣青裤。

　　　　d. 几乎所有的老人都玩麻将。

　　　　　　——几乎每位老人都玩麻将。

可以说，表示一定数量义的定语、补语、状语等句法成分对副词"几乎"能否进入陈述句或疑问句起着制约作用。

　　总的说来，从句子功能来看，副词"几乎"主要分布于陈述句和极少量疑问句；从句法功能来看，"几乎"只能分布于陈述句或疑问句的状语位置，主要是句子谓语的状语、定语的状语或者补语的状语，但都可以移位到句子状语位置而命题意义不变；从关联成分来看，"几乎"能否进入某种陈述句或疑问句的状语位置，还受制于句子的定语、补语、状语位置是否存在着表示数量义，特别是满空义的句法成分。这样，大致可以描绘出副词"几乎"的分布规律，如表 4-1 所示：

表 4-1　副词"几乎"的分布规律

分布 视角	选择	排斥
句子功能	陈述句、疑问句	感叹句、祈使句
句法功能	状语（谓语的状语、定语的状语或者补语的状语）	其他句法位置
同现成分	数量义的状语、定语、补语	非数量义句法成分

　　但是，值得注意的是，句子功能的选择和句法位置的分布都是描写副词"几乎"分布规律的必要条件，而关联成分则是充分条件。换句话说，如果某个句子不是陈述句或疑问句，那么，副词"几乎"就不可以进入该句子；如果某个句法位置不是"状语"或者不能还原到状语，那么，副词"几乎"也不可以进入到其他句法位置。如果某个陈述句或疑问句的状语、定语或补语位置存在着数量义的同现成分，"几乎"就可以插入该句子，但是如果没有数量义成分，有的仍可以插入。如（13）：

　　（13）a. 两套房子<u>几乎</u>一样。

　　　　　b. 妻子<u>几乎</u>像个陌生人。

　　　　　c. 她<u>几乎</u>要发疯了。

　　　　　d. 金圆券<u>几乎</u>成了废纸。

尽管没有数量义的句法成分，这些陈述句也可以插入"几乎"，为什么呢？其实，数量义的句法成分只是可以插入副词"几乎"的形式标记性充分条件而非充要条件，具有标记性制约作用，而决定副词"几乎"句法分布规律的内在深层次原因则是句子是否存在着"几乎"语义所指向的语义类型。

3. 副词"几乎"的语义指向类型

　　副词"几乎"之所以能且只能分布于陈述句或少量疑问句并占据句子的状语位置，并在形式句法上可以通过具有一定数量义语义特征的关联成分来显示，是因为在语义关系上，句子中存在着副词"几乎"的语义可以指向的语义类型。究竟一个句子具备什么语义条件才能使副词"几乎"入句呢？根据 CCL 语料库的全面调查，可以发现，"几乎"是一种极性敏感成分（Ladusaw，1979，1996），如果句子中存在着"几乎"语义可以指向的存量满空值、时量高低值、比量异同值、能量偏离值四种有界极值性的语义类型之一，那么，"几乎"就可以进入该句子的三种状语位置之一。

3.1 存量满空值

当句子的某些句法成分指称的是主体、物体、事体在空间上静态存在的数量是满值还是空值时（刘丹青，2013），副词"几乎"的语义就可以指向这一"存量满空值"而进入该句子的状语位置。根据调查，"存量满空值"通常是"满多空少"，指称"存量满空值"的成分主要分布于定语、状语、补语位置。常见的副词有：所有、都、每、各、全、全都、全部、完全、任何、一切、一律、统统、悉数、全然、处处、到处、清一色等；常见的动词或其短语有：为零、没有、没 V/N、满 N、全 V/A、绝 V/N、遍 V、V 满、V 遍、V 完、V 光、V 绝、V 尽、V 罄等；另外，还有"一个一个地、一个不落地、没有一个、一点儿 N/V 也没有、顿顿、个个、本本"等结构。如（14）：

（14）a. 每个孩子几乎都做过这样的梦。

　　　　b. 社会管理几乎处处都离不开大大小小的权力。

　　　　c. 有的农田几乎绝产。

　　　　d. 她几乎一个一个地掰开我的手指。

这些词语一般都表示事物存在的满值量或空值量，都具有周遍性（陆俭明，1986：161），从区别性看，具有有界性；从等级性看，具有极值性，即有界极值；而"几乎"表示的语义就是接近作为有界极值的满空值。而在有些例子中，"几乎"也可以指向"三分之一、一半以上、百分之 X、一瓶、一晚"等有界数量值（沈家煊，1995：368），表面看来，它们不带有极性意义，但从说话者角度看，这个有界数值是出乎说话者意料之外的，具有相对的高极性，因此，也就具有了一定的极值义，如（15）：

（15）a. 他们几乎三分之一受了伤，当了俘虏。

　　　　b. 邓肯吸引了几乎一半以上网队的防守力量。

　　　　c. 他几乎喝了一瓶酒。

　　　　d. 他几乎一晚没睡着。

3.2 时量高低值

当句子的某些句法成分指称的是主体、物体、事体在时间上动态发展的频量是高值或低值，或者时量是长值或短值时，副词"几乎"的语义就可以指向这一"时量高低值"而进入该句子的状语位置。从使用频次来看，时量高低值是"重高轻低"。表现"时量高低值"的成分，既有"总是、常、常常、经常、常年、时时、天天、年年、每天、每月、整天、整夜、整整、永远、从来、从不、从未、一直、很少、不大"等词语，也有"一分钟一次、V1 一次 V2 一次、一个月没……、没有一次、没有一天"等结构，还有表示时长的"三个月、五年、一个时代"等数量短语。无论是高低值还是长短值，在说话者看来，其实本质上都是有界极值，副词"几乎"的语义就是接近于频次的高低值或时量的长短值，如（16）：

（16）a. 他几乎天天去工地转。

　　　b. 他们几乎去一次兴奋一次。

　　　c. 蒋韵几乎很少出门。

　　　d. 劝业场几乎走完了一个时代。

3.3 比量异同值

当句子的句法成分指称的是主体、物体、事体在关系上基于比较或变化而呈现出比量的异同值或大小值时，副词"几乎"的语义就可以指向这一"比量异同值"而进入该句子的状语位置。从实例来看，比量异同是"重同轻异"，常见的词语有：相同、相等、相当、雷同、全同、一致、一样、同时、同步、无别、无异、未变、不变、不同、均等、相近、吻合、持平、齐名、X 倍、像、好像、一模一样、不约而同、无任何不同、没有什么差异、A 成了 B、变成、等于、增加、减少、高出、多出等，如（17）：

（17）a. 这三个青衣妇女乍看面貌几乎完全一样。

　　　b. 国家队在上下半场派出了几乎完全不同的阵容。

　　　c. 今年投资几乎比去年翻了一番。

　　　d. 她几乎变成了一个男人。

事物之间的比较有两个维度：一是不同事物的空间性比较而产生的异同值，二是同一事物的时间性比较而产生的质量恒变值等。无论异同值还是恒变值，都是表示一种极性界值，副词"几乎"的语义就是接近这个界值。

3.4 能量偏常值

当句子的某个句法成分指称的是主体、物体、事体在情态上的能力状态发生的偏离常态值时，副词"几乎"的语义就可以指向这一"能量偏常值"。从使用频次看，一般都是"重偏轻常"，常见的词语主要有：失 V/N（失明、失控、失传、失灵、失态、失业、失手）、破 V/N（破产、破裂、破灭）、停 V/N（停止、停滞、停顿、停摆、停业）、断 V/N（断炊、断流、断气、断裂）、发 V（发抖、发疯、发狂）、V 倒（摔倒、昏倒、跌倒、晕倒、滑倒、翻倒、瘫倒）、V 死（饿死、淹死）、被 V（被杀、被害、被毁、被擒、被捕、被俘）、崩溃、丧命、丧失、忘了、毫无、毫不、无法、不相信、不知道等，常见的结构就是可能补语、情态补语等，如（18）：

（18）a. 教授<u>几乎丧命</u>。

　　　b. 他<u>几乎喘不过气来</u>。

　　　c. 他惊奇得<u>几乎不相信自己的眼睛</u>。

　　　d. 我<u>几乎要发疯了</u>。

相对于偏离常态"发展"的"停"，偏离常态"活着"的"死"，偏离常态"拥有"的"失"，等等，都是一种能力状态的"缺失"的界值，"几乎"的语义指向的就是这一接近偏离正常能力状态的界值。

　　无论是存量的满空值、时量的高低值，还是比量的异同值、能量的偏常值，都属于有界极值，这一点可通过程度副词"很、有点儿"极少与表现满空值、高低值、异同值、偏常值的典型词语同现看出来，比如：*有点全部、*很常常、*有点一样、*很摔倒。这说明"全部、常常、一样、摔倒"缺乏程度义，不能被分级，其语义特征就是［－程度性］、［＋界极性］。

　　总的看来，"几乎"所指向的四种语义类型如表 4-2 所示：

表 4-2　副词"几乎"的四种语义指向类型

逻辑视角	语义类型	典型词语	语义特征
空间	存量的满空值	全部、所有、个个	［－程度性］ ［＋界极性］
时间	时量的高低值	常常、时时、天天	
关系	比量的异同值	相同、同时、持平	
情态	能量的偏常值	失业、停止、自杀	

　　可以说，副词"几乎"的语义表示的是对有界极值的接近度，即近极性，那么，极性敏感副词"几乎"的语义因受制于必须指称有界极值而具有哪些语义特征呢？

4. 副词"几乎"的语义特征

　　从根本上说，一个句子是否存在表示有界极值的语义成分，决定了"几乎"能否进入该句子状语位置，或者说，"几乎"能否进入一个句子，决定于该句子是否包含有界极值的语义成分。有界极值的语义成分是"几乎"语义所指的对象，是能否合法入句的决定性因素，那么，必须指向有界极值的"几乎"具有什么语义特征呢？根据分布规律和语义指向，从基调、来源、对象和关系上，可以得出"几乎"的四个语义特征：客观性、估测性、界极性、近极性。

第一，客观性。

从说话基调来看，"几乎"语义具有客观性，这一点可以从四个方面得以证明：一是从句子功能分布上看，只能分布于提供或索取客观性信息的陈述句和少量疑问句，不能分布于表达主观情感或意志的感叹句和祈使句；二是从近义词对比来看，"几乎"与强调主观夸张的"简直"存在着一定的对立，如（19a/b）；三是与主观副词的同现来看，"万万、竟然、幸好、刚巧、果真、总算、分明、的确"等情态副词必须置于"几乎"前，否则不合法，如（19c/d）。

（19）a. 这<u>简直</u>太奇妙了！

　　　——*这【几乎】太奇妙了！

　　b. 我的心情<u>简直</u>糟糕透顶。

　　　——*我的心情【几乎】糟糕透顶。

　　c. 他<u>竟然</u>几乎成功了。

　　　——*他【几乎】<u>竟然</u>成功了。

　　d. 你<u>的确</u>几乎陷害了我。

　　　——*你【几乎】<u>的确</u>陷害了我。

四是与话语标记的搭配上看，"准确地说、确切地说、严格地说、毫不夸张地说、据我所知、据说、据悉、其实、据了解、据统计、据报道、听说、众所周知、有人说"（刘简，2011：12）等强调准确性和依据性的客观性话语标记都可以与"几乎"句组配，凸显了"几乎"句"言以求精、言有所据"的客观性，如（20）：

（20）a. <u>准确地说</u>，史前人类<u>几乎</u>就要灭亡了。

　　b. <u>可以毫不夸张地说</u>，译本从头至尾<u>几乎</u>每页都有一二处错误。

　　c. 这种事<u>据说几乎</u>每天都会发生。

　　d. <u>据我所知</u>，这<u>几乎</u>是她身边的绝大部分积蓄。

通过对比可以看到，"几乎"或者排斥主观性较强的感叹句、祈使句、陈述句，或者在陈述句中被主观性较强的情态副词所修饰，或者与准确性和据实性的客观性话语标记组配，从而凸显出"几乎"的客观性语义特征。

第二，估测性。

从话语来源来看，"几乎"语义既不是毫无依据的主观"臆想"，也不是基于认知经验的心理"揣测"，而是有所依凭的客观"估测"，这一点可以通过估测性话语标记"看来、看起来、看上去、看样子、从……看、在……看来、乍看、说起来、听起来"与"几乎"句的同现关系而提取出来，如（21）：

（21）a. 你们的革命，在我看来，几乎是可有可无的。

　　b. 孙小红嘟起嘴，看样子几乎要哭了出来。

　　c. 杀人动机呢？说起来几乎简单得有些难以置信。

　　d. 看上去他们几乎快要打了起来。

可以看出，"几乎"句与估测性话语标记的同现说明，"几乎"语义中带有说话者的估测性特征。

第三，界极性。

从指向对象来看，指向对象具有显示副词语义的作用（邵敬敏，2016：13），副词"几乎"语义所指对象都具有"有界性、极值性"的语义特征，否则，"几乎"无法合法地进入到句子中，如（22）：

（22）a. *他几乎没走访所有的农户。

　　——他几乎走访了所有的农户。

　　b. *这件事几乎可能。

　　——这件事几乎不可能。

　　c. *她几乎又吃又喝。

　　——她几乎不吃不喝。

　　d. 他几乎睡着了。

　　——他几乎没睡着。

（22a）对"所有的农户"的肯定既是有界的，也是极值的，对其否定却只是极值但无界；（22b）中的"可能"是一个开放的集合，是无界无极，而"不可能"则是一个封闭的有界集合，因此，对"可能"的肯定则有极无界，对其否定则有界有极；（22c）的"有吃有喝"和"不吃不喝"的区别就是：前者无界无极，后者有界有极；而（22d）中的"睡着了"和"没睡着"是两个有界极值，不存在"有点睡着"的分级和程度。可以说，必须是有界极值才有资格成为"几乎"的所指对象，从对指向对象的要求来说，"几乎"的语义具有界极性。

第四，近极性。

从指向关系来看，副词"几乎"的语义是无限接近"有界极值"而未达，这一"接近极值而未达"的"近极性"语义特征可以解释"几乎"与对象之间能否同现的原因，如（23）：

（23）a. *我【几乎】有一个贡献。

　　　——我几乎只有一个贡献。

　　　b. *他【几乎】玩儿。

　　　——他几乎天天玩儿。

　　　c. *两人【几乎】抬起头。

　　　——两人几乎同时抬起头。

　　　d. *他【几乎】吃下了饭。

　　　——他几乎吃不下饭。

（23a）中"有一个贡献"与"只有一个贡献"的区别就在于：前者有界但非极值，而后者既有界也是极值；（23b）中"玩儿"与"天天玩儿"的区别是：前者既无界也非极值，后者通过"天天"将整个事件变成了有界极值，也可以通过时量补语"一天"而变为有界极性的事件，即"他几乎玩儿了一天"；（23c/d）中"抬起头、吃下了饭"都是有界非极值，"同时抬起头、吃不下饭"就因为基于关系比较的"同时"和"否定"而变为有界极值。从标记性角度看，"都、完全、只、不、没、非、快要"等副词以及重叠等形式都是将句法成分有界化和极值化的基本手段（袁毓林，2007：308，2014：579）。

总的说来，"几乎"的语法意义、语法性质和句法地位都可以得到界定。

第一，从语法意义来看，把从基调、来源、对象和关系角度分别提取的"客观性、估测性、界极性和近极性"综合起来，就可以界定"几乎"的语法意义：客观估测接近有界极值的极度。

第二，从语法性质来看，"几乎"表示的是无限接近一个范围性"有界极值"的"接近程度"。一方面，副词"几乎"主要用来修饰带有"所有、完全、全部、任何、一切、每、全、总、都、只"等范围副词的有界极值，说明其本身不是范围副词；另一方面，极性敏感副词"几乎"很少与带有"很、十分、非常、最、绝对、老、极"等程度副词的有界极值同现，且不能与带有"挺、略、颇、格外、相当、极其、分外、特别、颇为、万分"

等程度副词的结构同现（24），既说明这些结构不具有"有界极值性"，因此"几乎"对此不敏感，也说明"几乎"本身具有了极性程度，把"几乎"归入程度副词可能更具合理性。

（24）a.* 他们俩交谈的声音【几乎】很低。

b.* 法国的损失【几乎】最少。

c.* 天气【几乎】挺热的。

d.* 情况【几乎】万分危急。

第三，从句法地位来看，与语义相近的"简直、差（一）点儿、险些"相比，"几乎"低于主观性较强的"简直"而高于事件性较强的"差一点儿、险些"，即"简直＞几乎＞差一点儿（险些）"（石定栩、孙嘉铭，2016：300），这一句法地位的排序可以通过CCL实例来证明，如（25）：

（25）a. 女人们的裙子简直短得几乎看不见。

b. 构图的精致简直都几乎到了无可挑剔的境地。

c. 小姐太激动了，几乎差一点儿栽下楼梯去。

d. 今晚的奇才队几乎险些再次陷入深渊。

e. 她儿子满脸污泥，简直差一点儿认不出来了。

5. 结语

每一个副词都具有自己独特的语法意义，本章根据语义语法理论（邵敬敏，2004；赵春利，2014），采用从句法分布到语义指向再到语义特征的研究思路，一步一步地提取并力求验证副词"几乎"的语法意义、语法性质和句法地位。

第一，精确定位研究对象是任何一项科学研究的前提条件，为了准确定位副词"几乎"的分布规律，本章主要从句子功能选择、句法位置分布和关联句法成分三个层面逐层定位。"几乎"主要进入陈述句，极少进入疑问句，不能进入感叹句和祈使句，其句法功能主要做谓语的状语，也可以做定语的状语和补语的状语，定语状语和补语状语都可以移位到句子状语而命题意义不变。制约"几乎"能否入句的关联句法成分主要是数量义成分，但这只是从形式角度提出的关联成分制约条件，因为根据语言事实，有些没有数量义成分的句子也可以插入"几乎"，这说明决定"几乎"能否合法入句的条件是深层次的语义条件而不是句法形式，句法形式可以反映并制约"几乎"的分布规律，但决定和解释"几乎"分布规律的因素是语义：有界极值。

第二，准确提取决定"几乎"分布规律的语义指向类型，按照空间、时间、关系和模态，分别是存量满空值、时量高低值、比量异同值、能量偏常值。四种语义指向类型的共同语义特征是有界极值，也就是说，有界极值不仅是决定并解释"几乎"分布规律的语义条件，而且也是提取"几乎"语法意义、语法性质和句法地位的重要手段。

第三，验证"几乎"的语义特征，并据此界定其语法意义、语法性质和句法地位。从基调、来源、对象和关系上看，"几乎"具有客观性、估测性、界极性、近极性四个语义特征，据此可以提取其语法意义，即客观估测接近有界极值的极度，并界定其具有程度副词的语法性质，句法地位介于"简直与差一点儿（险些）"之间，从而为近义副词的辨析奠定基础。

第二节　极度副词"简直"的分布验证与语义提取

本章根据语义语法理论，按照从精确定位句法分布，到正反验证语义指向，再到科学提取语义特征及其语法意义的研究思路，把有界极度敏感副词"简直"界定为"主观夸张性地评判事物直至有界极度的'虽非极是义'"。第一，从共时比较和历史演变两个方面评述前人关于"简直"的基本观点，并指出三点不足：对"简直"的句法分布描写缺乏精确定位、对"简直"的语义指向缺乏系统分类、对"简直"的语义特征缺乏科学验证。第二，基于 CCL 语料库的调查，精确定位副词"简直"的句法位置分布、句类选择限制和句法成分同现，并指明"有界极性程度义"决定了"简直"能否分布于陈述句和感叹句的状位。第三，根据"简直"的句法分布，并结合句法特征和逻辑关系把"简直"的语义指向分为四种语义类型：性质隶属度、数量多少度、关系相似度、情态偏离度。第四，根据"简直"四种语义指向，提取"简直"的语法意义，并正反验证"简直"的语义特征：[＋主观评判性]、[＋情态夸张性]、[＋有界极度性]、[＋虽非极是性]。第五，简单论证"简直"具有感叹情感和两极态度。第六，阐明语义语法理论对提取副词的功能性语法意义的重要性。

"语法意义决定语法形式，语法形式制约语法意义"（赵春利，2014：11），副词的语法意义不仅决定其在句法形式上选择什么句子功能类型而排斥什么句子功能类型，也解释其语义指向什么句法成分而排斥什么句法成分。

反过来说，副词的句法分布、语义指向等语法形式制约并反映副词的语法意义及其语义特征。因此，沿着语法形式反映语法意义的归纳性研究路径，从正反两个方面精确定位副词的句法分布，廓清其分布规律，并准确概括其语义指向类型，是形式验证其语义特征和准确提取其语法意义的一条捷径。

1. 前人关于副词"简直"的研究

"简直"是口语使用频次较高而语义内涵难以界定的副词。前人分别从共时与历时层面并结合对比法，较为全面地分析了副词"简直"的语义语气、句法分布、组配成分、历时演变，取得了丰硕的成果，但也存在着亟待解决的争议。

第一，前人对"简直"语气语义的研究表现出一种从传统语法的"语义语气分开说"到描写语法的"语义语气合一说"，再到认知语法的"主观评价情感说"的变化发展态势。（1）传统语法分别界定"简直"的语义和语气。关于语义，分别有"强调完全如此"（吕叔湘，1980/1999：296；中国社会科学院语言研究所词典编辑室，2012：635）、"达到的程度非常高"（北京大学中文系 1955/1957 级语言班编，1982：270）、"接近于所说的情况、程度、状态"（卢福波，2000：297-298）等。关于语气，主流观点认为表达夸张语气（吕叔湘，1980/1999：296；齐春红，2007：60），有的细化为"强调夸张语气"（北京大学中文系 1955/1957 级语言班编，1982：270），有的增加情感成分而成"不满语气"（卢福波，2000：297-298）。（2）描写语法根据"简直"分布于结论句的句法表现，着眼于语义和语气的统一，提出"简直"表示"肯定（强调）"的语法意义和"确认语气"（张明莹，2000：22）。（3）认知语法则逐渐关注"简直"的主观性，认为"简直"是"表达主观情感的""评注性副词"（冯传强、方颐，2002：9），是"情感强烈的时候主体对客体的主观评价"（丁险峰，2002：88），是"一种主观限量强调标记……强调情状已经接近某种程度的极限量"（李泉，2014：50）。那么，究竟表述语义和语气的"强调、夸张、肯定、确认、主观、评价"等核心概念之间存在着什么关系呢？就需要根据句法分布来界定和验证。

第二，关于"简直"句法分布的研究主要有两个角度。一是复句关系，张明莹（2000：23-24）认为"简直"主要分布于因果关系的结论句、理由句、条件句和添加句，而吴德新（2011：111）认为主要分布于递进复句和结论性条件复句。二是句子功能，不同的学者观点不同。冯传强、方颐（2002：8）认为主要分布于评论句，很少用于陈述句；而韩娟（2007：8）和焦一和（2012：112）认为主要分布于陈述句和感叹句，有的还可以分布反问句（相亚华，2015：17-20）；李泉（2014：54）则认为"简直"不具有陈述性，而是分布于表示比拟性、描写性、主观意愿等非现实的虚拟句。可以看出，前人对"简直"的句法分布研究还存在着较大争议，其原因就在于没有使用大型语料库进行大数据统计和精确定位。

第三，"简直"的组配成分一直备受关注，从最早的"是"字句和"得"字句（吕叔湘，1980/1999：296）和"像……、跟……"（北京大学中文系1955/1957级语言班编，1982：271），到张明莹（2000：24-26）把组配成分细致地划分为夸张成分（像、是、有、比、成、到、情态动词、结果补语、程度补语）和非夸张成分（心理动词、程度副词、否定成分），一直到丁险峰（2002：85）、齐春红（2007：61-62）、李泉（2014：50-52）等对部分搭配成分的使用频次进行了统计。可以说，前人对"简直"的组配成分研究非常细致，但既没有从逻辑上进行系统的语义分类，也没有从认知上论证"简直"的组配成分与其句法分布、语法意义的关系。

第四，前人对"简直"从唐宋时期到清末民初由形容词短语经过方式副词逐渐演变为语气副词的演变路径认识得越来越清楚，并基于句法分布的结论性语境（魏兆惠、宋春芳，2012：31；于立昌，2016：109）、重新分析和相似性原则（吴德新，2016：122）来解释演变机制，通过历史考察、搭配动词类型（位移动词、处置动词、言说动词）（魏兆惠、宋春芳，2012：31）和现存的方言事实（于立昌，2016：109）来证明这一演变路径（焦一和，2012：111；魏兆惠、宋春芳，2012：31；于立昌，2016：109；吴德新，2016：122），具有较强的可信度。

可以说，前人对"简直"研究取得了丰硕的成果，但也存在着一些尚未解决的问题。一是句法分布的定位缺乏精确性；二是组配成分的分类缺乏系统性；三是语法意义的提取缺乏验证性。本章试图以北京大学中国语言学研究中心的CCL语料为主要数据来源，并参考北京语言大学的BCC现代汉语语料库，在对"简直"的句法分布精确定位及其组配成分准确定性的基础上，勾勒出副词"简直"的语义指向类型，从而提取并界定"简直"的语法意义。

2. 副词"简直"的句法分布

要准确定位副词"简直"的句法分布，就必须从句法位置限制、句子功能限制和同现成分限制三个形式层面设置一个筛选程序，从而逐渐确定"简直"的分布规律。

2.1 句法位置分布

根据调查，作为副词的"简直"主要分布于主句的动词谓语前的状语位置（1a/b）；也可以分布于"得"字补语的状语位置，如（1c），还可以分布于嵌套宾语小句的状语位置，如（1d）。

（1）a. 老天，这……这简直是奇迹啊！

　　　b. 我简直迫不及待地想问："怎么卖？多少钱？"

　　　c. 她们长得简直一模一样。

　　　d. 他才明白这么做简直就是玩火。

副词"简直"有时貌似可以分布于句子主语前，如（2），根据语境可以发现，"简直"与小句之间都可以插入一个判断标记词"是"，表示前面的话题或主语达到了小句所指的程度，如（3）。

（2）a. 披着羊皮的狼，简直人人得而诛之。

　　　b. 这一下她可真火了，简直浑身直抖！

　　　c. 这是男人吗？简直禽兽不如哇！

　　　d. 那次用兵，简直孙武再世，孔明重生。

（3）a. 披着羊皮的狼，简直【是】人人得而诛之。

　　　b. 这一下她可真火了，简直【是】浑身直抖！

　　　c. 这是男人吗？简直【是】禽兽不如哇！

　　　d. 那次用兵，简直【是】孙武再世，孔明重生。

当"简直"与单个名词毗邻同现时，二者之间隐含的判断词"是"更容易被激活，凸显"简直"的状语性质，如（4）：

（4）a. 出事前三天就知道他们超载！简直【是】屁话！

　　　b. 被人说了，还去做，简直【是】流氓！

　　　c. 吓死我了，简直【是】魔鬼一个！

　　　d. 昨天网上我就觉得这个人简直【是】极品啊！

可以说，状语是副词"简直"的唯一句法功能，那么，是不是任何一个句子的谓语前都可以插入"简直"来做状语呢？并非如此。

2.2 句子类选择限制

根据 CCL、BCC 的语料库调查，对副词"简直"与四种句子类型的选择关系进行一一甄别，就会发现："简直"不能进入任何一种祈使句的状位，但可以进入部分感叹句、陈述句和极少量的疑问句的状语位置。

第一，祈使句。无论是命令、禁止、请求还是关照，任何一类祈使句都不能插入副词"简直"，如（5）：

（5）a. 站起来！　　　　　——*【简直】站起来！

　　　b. 严禁吸烟！　　　　——*【简直】严禁吸烟！

　　　c. 帮帮我吧！　　　　——*【简直】帮帮我吧！

　　　d. 小心啊！　　　　　——*【简直】小心啊！

第二，感叹句。根据调查，由"多么、好、真"以及名词形成的典型感叹句的状位不能插入"简直"，如（6）；但带有"太……了、极了、至极、透顶"等有界极度标志的感叹句，其状位就可以插入"简直"，如（7）。

（6）a. 多么漂亮啊！　　　——*【简直】多么漂亮啊！

　　　b. 好！　　　　　　　——*【简直】好！

　　　c. 天哪！　　　　　　——*【简直】天哪！

　　　d. 我的妈呀！　　　　——*【简直】我的妈呀！

（7）a. 太好了！　　　　　——【简直】太好了！

　　　b. 棒极了！　　　　　——【简直】棒极了！

　　　c. 荒唐至极！　　　　——【简直】荒唐至极！

　　　d. 愚蠢透顶！　　　　——【简直】愚蠢透顶！

第三，疑问句。根据调查，"简直"通常不能进入到一般的特指问、选择问、正反问和是非问的状语位置，如（8）：

（8）a. 你要买什么？

　　　——*你【简直】要买什么？

　　　b. 他去北京还是回上海？

　　　——*他【简直】去北京还是回上海？

　　　c. 我父亲是不是太劳累了？

　　　——*我父亲【简直】是不是太劳累了？

　　　d. 你知道吗？

　　　——*你【简直】知道吗？

在 CCL 语料库中，"简直"共出现 13313 例，其中，形式疑问而命题意义陈述的句子有 11 例，一是包孕式反诘问，二是组合式附加问。前者本质上属于被疑问形式内嵌的陈述性"简直"句，可通过把"简直"句提升到主题句位置而命题意义不变而得到证实，如（9a/b）；后者是与陈述性"简直"句组合形成的附加问，如（9c/d）。

（9）a. 你不觉得这简直有点像拍卖奴隶吗？

　　　　——这简直有点像拍卖奴隶，你不觉得吗？

　　　b. 这不简直是在抢买卖吗？

　　　　——这简直在抢买卖，不是吗？

　　　c. 做妈妈的简直太高兴了，是不是？

　　　d. 简直是个大笑话，是吗？

其实，真正具有疑问功能的"简直"句极少，仅有 16 例，占所有"简直"句的 1‰。一是 5 例"为什么、怎么"来提问的寻因性特指问（蔡维天，2007：199），如（11a/b）；二是 10 例带有有界极度标志"太……了、不知道……、不相信……、怀疑……"的是非问，如（10c/d）。但即使这两类疑问性"简直"句，也都是以其陈述形式的合法性为前提的。只有陈述形式的"简直"句合法，才可以变为疑问性的寻因特指问或是非问，也可以说，"简直"能分布于"寻因特指问和是非问"与疑问功能无关，而与陈述形式中的成分有关。

（10）a. 为什么我会对跑步简直有些厌倦了？

　　　　——我会对跑步简直有些厌倦了。

　　　b. 你怎么和从前简直有点两样了呢？

　　　　——你和从前简直有点两样了。

　　　c. 你这么一说，这个人简直太坏了？

　　　　——这个人简直太坏了。

　　　d. 他简直不知道自己心中是恨是悲？

　　　　——他简直不知道自己心中是恨是悲。

　　第四，陈述句。并非任何一个陈述句的状位都可以不受限制地插入"简直"，如（11）；但有的陈述句却可以在状位插入"简直"，如（12）。

（11）a. 他是个人。　　　　——*他【简直】是个人。

　　　b. 我们有办法。　　　——*我们【简直】有办法。

　　　c. 人与动物不同。　　——*人与动物【简直】不同。

d. 孩子们看了。　　　　　　——*孩子们【简直】看了。

（12）a. 他是个罪人。　　　　　——他【简直】是个罪人。

b. 我们没有办法。　　　　——我们【简直】没有办法。

c. 人与动物迥然不同。　——人与动物【简直】迥然不同。

d. 孩子们看呆了。　　　——孩子们【简直】看呆了。

可以说，句子功能对"简直"的限制主要表现在：只有部分感叹句、陈述句（极少量疑问句）的状语位置可以插入"简直"，那么，这些感叹句、陈述句有什么特征呢？

2.3 同现成分限制

从同现成分看，无论是感叹句还是陈述句，其述语前后的补语、状语、定语等位置都带有表达有界极性程度的标记词，如：太……了、极了、神了、绝了、之极、至极、透顶、无比、要命、极其、无比、万分、完全、毫无、没有、不可、不能、无法、很难、迥然、透了、呆了、疯了、死了、绝了、到了……极点 / 顶点 / 地步 / 境界 / 程度等，感叹句如（13a/b）和陈述句如（13c/d）：

（13）a. 简直太棒了！

b. 简直是荒谬之极！

c. 您的预测简直绝妙无比。

d. 这简直要把我气死了。

这样，从"状位"句法位置的限制到"感叹句、陈述句"的句子功能的限制，再到"极性程度标记"同现成分的制约，逐渐廓清了"简直"的分布规律。如表 4-3 所示：

表 4-3　副词"简直"的分布规律

分布视角	选择	排斥
句法位置	状语	主语、谓语、宾语、补语、定语
句类选择	部分陈述句、部分感叹、极少量寻因特指问和是非问	所有祈使句、大多数疑问句、部分陈述句和感叹句
同现成分	有界极性程度标记词	非有界极性程度标记词

但是，形式标记上的同现成分对"简直"的制约只具有充分性，不具有必要性。也就是说，如果感叹句和陈述句中存在着有界极度标记词，那

么，"简直"就可以插入该句子的状语位置，但如果没有典型的有界极度标记，有的感叹句和陈述句的状位就不可以插入"简直"，如（14a/b），但有的却可以，如（14c/d）。

（14）a. 聪明！　　　　　　　——＊【简直】聪明！

　　　 b. 他做事可靠。　　　　——＊他做事【简直】可靠。

　　　 c. 胡闹！　　　　　　　——【简直】胡闹！

　　　 d. 他做事可笑。　　　　——他做事【简直】可笑。

为什么呢？这是因为"简直"所指向的对象在语义上必须具有"有界极度义"，而"聪明、可靠、可信、可能"等词语有极度义，但不是有界的，必须与有界极性标记"极了、太……了、之极、不"等组合才能变成"有界极度"而成为"简直"语义的指向对象，如（15a/b）；而"胡闹、可笑、可耻"等词语本身就具有有界极度义，直接可以成为"简直"的指向对象，也可以与有界极度标记组合成为"简直"的指向对象，如（15c/d）。

（15）a. 聪明极了！　　　　　——【简直】聪明极了！

　　　 b. 他做事太可靠了。　　——他做事【简直】太可靠了。

　　　 c. 胡闹之极！　　　　　——【简直】胡闹之极！

　　　 d. 他做事太可笑了。　　——他做事【简直】太可笑了。

所以说，有界极度标记的形式只是反映并制约语义，真正决定"简直"能否进入陈述句和感叹句状位的内在因素是陈述句和感叹句的述语是否或明或暗地具有有界极度义。那么，处于状位的"简直"，其语义后指的述位"有界极度义"具体表现为哪些语义类型呢？

3. 副词"简直"语义后指的语义类型

　　情态副词"简直"之所以能够进入到一定陈述句和感叹句的状语位置，是因为该句子述语结构中存在着"简直"可以指向包含"有界极度"的语义类型。那么，作为一个对"有界极度"敏感（Ladusaw, 1979, 1996）的副词，"简直"可以指向哪些具体的语义类型呢？

　　根据 CCL 和 BCC 语料库的调查和统计，可以发现"简直"所分布的陈述句和感叹句，其核心谓语动词主要是静态动词，可以分成四类：是否类、有无类、像似类和能否类。根据动词类型结合整体的述语句法语义，可以将"简直"所指向的"极性程度义"具体划分为四种语义类型：性质上的有界极性隶属度、数量上的有界极性多少度、关系上的有界极性相似度、情态上的有界极性偏离度。

第一，在性质上的有界极性隶属度。"简直"可以表达说话者主观评判某种事物在性质上"是否"隶属于某个类别或状态的有界极度，也就是"极近隶属某个有界极性类别或状态但未达"的"虽非极是或虽是极非"。常见的动词有：是、不是、达到、到了、等于、属于、处于、近于、算得上、称得上、够得上、说得上、当得起等。在整个述语结构上，有的在形式上有"极了、透顶、至极"等有界极度标记，如（16）；有的没有形式标记但在语义上包含有界极度义，如（17）。

（16）a. 他公开侮辱顾客，<u>简直到了无法无天的地步</u>。

b. <u>您简直神了</u>，什么都知道！

c. <u>我的心情简直糟糕透顶</u>！

d. <u>她简直苦恼极了</u>。

（17）a. <u>这种人简直是笨蛋</u>。

b. <u>那小伙子简直不属于人类</u>！

c. <u>这桩事件简直就等于一次暴乱</u>。

d. <u>她已经有好几天简直处于某种狂热状态</u>！

如果谓语是形容词，通常具有极性标志。如果谓语是动词，做宾语的名词都是极性类别，比如：天才、铁人、神仙、混蛋、坏蛋、土匪、强盗、傻瓜、疯子、妖孽、野人、奇迹、魔术、艺术、童心、神话、疯话、地狱等；做宾语的动词也是极性行为，如：失职、放屁、受罪、玩命、胡说、胡闹、威胁、诽谤、犯罪等；做宾语的成语也是极性状态，如：一塌糊涂、乱七八糟、娇小玲珑、活灵活现、惟妙惟肖、南辕北辙、愚不可及、惊天动地、厚颜无耻、怒发冲冠等。

第二，在数量上的有界极性多少度。"简直"可以表达说话者主观估测事物在数量上"有无"的有界极性多少程度，也就是"虽有近无或虽无还有"。常见的动词如：没、没有、无、毫无、一无等。有的在形式上有"一……不 / 没……、没有什么……、什么 / 谁 / 哪儿……也……、尽、光、满、个个、人人"等有界极度标志，如（18）；有的在语义上包含极性多少度，如（19）。

（18）a. <u>他简直一无所有了</u>。

b. <u>简直人人都是这样</u>。

c. <u>简直谁也没有罪</u>。

    d. 公园里<u>简直没有什么游客</u>。

（19）a. 外人<u>简直无门可入</u>。

    b. 她<u>简直毫无见识</u>。

    c. 我所受过的苦，<u>简直数不胜数</u>。

    d. 彭刚<u>简直万念俱灰</u>。

常见的词语有：滴水不进、屈指可数、微乎其微、五花八门、千奇百怪、十全十美、一塌糊涂、铺天盖地、万事俱备、无恶不作、不胜枚举、比比皆是、一无所知、无所不知、无所不在、无奇不有、不可胜数、不计其数、人山人海等。

  第三，在关系上的有界极性相似度。"简直"可以表达说话者主观比喻事物之间在关系上"像比"的有界极性相似度，也就是"虽异近同"。常见的像比类动词有：像、不像、好像、如、如同、恍如、似、不似、好似、类似、似乎、形同、不同、不亚于、无异于、仿佛、若、比……还、V过、把……当作等。有的在形式上有"一样、一般、似的、完全、迥然"有界极度标记，如（20）；有的在语义上包含有界极性相似度，如（21）。

（20）a. 洪水<u>简直像野马一样</u>东奔西窜。

    b. 他心里<u>简直像火烧一般</u>。

    c. 这声音<u>简直跟老母鸡叫似的</u>。

    d. 她的态度是那么安详，<u>简直和美国女子完全不同</u>。

（21）a. 她是那么平易简陋，<u>简直如同上一个世纪的手工作坊</u>。

    b. 这次公司的人事变动，<u>简直不亚于一次地震</u>。

    c. 他是无影人，<u>简直比白骨精还妖道</u>！

    d. 在这里潜游<u>简直无异于"盲人骑瞎马，夜半临深池"</u>。

常见的成语更多，如：晴天霹雳、铁石心肠、恍如隔世、心如刀割、了如指掌、易如反掌、如坐针毡、如履薄冰、如获至宝、如释重负、如临大敌、如鱼得水、如出一辙、一模一样、无与伦比、如虎添翼、多如牛毛、堆积如山、如痴如醉、如饥似渴等。

  第四，在情态上的有界极性偏离度。"简直"可以表达说话者主观判断某个主体应对某种境况时在情态上"能否"胜任的有界极性偏离度，也就是"极近失却或偏离能力"的"虽有近失"。常见的动词有：不、不能、不知、不可、不会、不敢、无法、难以、令、使、叫、让、气、发，和可能补语否定式"V不C"等，还常见"把、将、拿、为、给、被"等介词。

有的在形式上有"不能、无法、死了、呆了、疯了、傻了、透了、晕了、坏了、住了、入迷"等有界极度标志，如（22）；有的本身在语义上具有有界极性偏离度，如（23）。

（22）a. 他简直不能相信自己的眼睛。

b. 舱内气温陡然升高，热得简直无法忍受。

c. 他简直气得要发疯了。

d. 这个老头儿简直叫人腻烦死了。

（23）a. 我想吃些辣椒，不然我简直吃不下饭去。

b. 你怎么这么老了，我简直认不出来了。

c. 这简直把我弄得六神无主。

d. 这位小姑娘说起话来就像百灵鸟，简直让人招架不住。

常见的词语有：不可思议、不可理喻、不知所措、不知所云、妙不可言、莫名其妙、难以置信、束手无策、怒不可遏、手足无措、无能为力、苦不堪言等。

可以说，从动词的分布、极性程度标志以及整个动词结构的语义来看，"简直"语义所指向的语义类型可以通过表 4-4 表现出来：

表 4-4　副词"简直"的语义指向类型

逻辑标准	动词类型	有界极度语义类型	有界极度标志	典型词语
性质	是否类	隶属度	极了、透顶、至极	混蛋／胡闹／胡说八道
数量	有无类	多少度	什么／谁……也……	一无所有／屈指可数
关系	像似类	相似度	一样、一般、似的	一模一样／易如反掌
情态	能否类	偏离度	不能、无法、疯了	不敢相信／无法想象

4. 副词"简直"的四个语义特征

由于副词"简直"在句法上做陈述句和感叹句的状语，在语义上后指陈述句或感叹句具有"有界极性程度义"的述语成分，因此，一个陈述句和感叹句的述语成分是否具有"有界极性程度义"是副词"简直"能否进入其状位的决定因素，是制约"简直"分布规律的充要条件，体现了语义对句法分布的决定作用。换句话说，如果一个句子具有体现"有界极性程度义"的四种语义类型之一，那么，"简直"就可以分布于其状语位置。在提取出制约"简直"分布规律的语义条件"有界极性程度义"的基础上，从认知上看，副词"简直"具有什么语义特征呢？可以从话语基调、言者方式、指向对象和语法意义上分别提取并验证其主观评判性、情态夸张性、有界极度性和虽非极是性。

第一，从话语基调来看，"简直"具有主观评判性，可以从四个层面得到证明。一是从宏观的句类选择上看，"简直"主要分布于说话者表达评判估测信息（冯传强、方颐，2002：8）的陈述句和抒发主观感情的感叹句（韩娟，2007：8；焦一和，2012：112），而不能分布于客观叙述信息的陈述句、索取信息的疑问句以及索取行为的祈使句。二是从评判估测陈述句来说，"简直"分布于"主观评判"的陈述句，与此相比，近义词"几乎"却分布于"客观评判"的陈述句，否则不合法，如（24a/b）。三是从语气副词的同现顺序来看，除了"也许、似乎、恐怕"等估测副词和"反倒、其实、的确、本来"等转折副词之外，"简直"通常位于"竟、竟然、居然、到底、根本、从来、只好、真、干脆、几乎、差一点儿"等副词前面，如（24c/d/e）。

（24）a. 她的举动简直愚蠢透顶！

　　　——*她的举动【几乎】愚蠢透顶！

　　b. *今年学费【简直】比去年翻了一番。

　　　——今年学费几乎比去年翻了一番。

　　c. 这在出版界看来，似乎简直是不可能的。

　　d. 他简直不敢相信竟会有这事。

　　e. 他毫无还手之力，简直根本就不是对手！

四是从搭配的话语标记来看，"简直"句主要搭配"看来、看起来、看上去、看样子、你看、我看、这样来看、乍一看、乍看、表面看来、说来、说起来、觉得、认为"等强调评判性和估测性的主观性话语标记，如（25a/b），而不能搭配"准确地说、客观地说、确切地说、严格地说、毫不夸张地说、据我所知、据说、据悉、据统计"等强调准确性和依据性的客观性话语标记，如（25c/d）。

（25）a. 在我看来，那简直是个奇迹。

　　　——*【据我所知】，那简直是个奇迹。

　　b. 乍看上去，简直像一支外国队。

　　　——*【确切地说】，简直像一支外国队。

c. 说来，这简直叫人难以置信。

　　——*【据说】，这简直叫人难以置信。

d. 看样子，他简直连站都站不稳了。

　　——*【客观地说】，他简直连站都站不稳了。

总的说来，从宏观的句类选择到微观的语气副词对比排序、话语标记选择，都可以看出，"简直"的话语基调具有主观评判性。

第二，从言者方式看，"简直"具有情态夸张性，可以从三点得到证明。一是从句类分布来看，"简直"可以分布于具有极性程度的感叹句，而极性程度与抒发情感的结合就凸显了较强的情态夸张性，如（26a/b），还有表示情感的"啊、啦、呀、哇"等句末助词，如（26c/d）。

（26）a. 简直可恨极了！

　　　b. 他简直是畜生！

　　　c. 这简直是数典忘祖啊！

　　　d. 简直好极啦！

二是从同现叹词来看，表示夸张情态的"啊、哎呀、啊呀、嘿、天哪、天啊、好家伙"等叹词经常出现在"简直"句前面，如（27a/b）。三是从主句述语的状语来看，情态状语"愤怒、气愤、愤慨、忿忿、惊异、吃惊、伤心、感慨、激动、兴奋、急切、高兴、愤愤不平、兴奋不已"可以从话语情态层面衬托出说话者在使用"简直"时的夸张情态，如（27c/d）。

（27）a. 啊呀，我简直认不出来是你啦！

　　　b. 我的天哪，简直糟透了！

　　　c. 伊拉克人愤怒地说："这样的审判简直荒唐！"

　　　d. 工地医生吃惊地对人说："他，简直是个筑路狂！"

可以说，"简直"对感叹句、叹词以及主句情态状语的选择证明：话语的情态和命题的极性程度组合形成了强烈的情态夸张性。

第三，从指向对象来看，"简直"表现出有界极度性。"简直"语义后指的对象具有三个特征：程度、极性、有界。"可能、好"有程度和极性却无界，"简直"无法与之组配，分别通过否定词"不"或极性标记"太……了"赋予其边界，就可以了，如（28a/b）；"将军"无程度、无极性、无界，而"一个将军"是有界却无程度和极性，无法与"简直"组配，通过比喻词"像"建立事物之间的相似关系从而赋予其"程度和极性"，就可以了，如（28c）；"变化"有极性无界、无程度，无法与"简直"组配，通过否定词"没有"赋予其程度和边界，就可以了，如（28d）。

（28）a.*这件事简直可能！　　　——这件事简直不可能！

　　　b.*味道简直好！　　　　　　——味道简直太好了！

　　　c.*他简直是一个将军！　　　——他简直像一个将军！

　　　d.*他这几年简直变化！　　　——他这几年简直没有变化！

"几乎"和"简直"都倾向于选择"极性、有界"，但有意思的是："几乎"选择"数量"却排斥"程度"，而"简直"排斥"数量"而选择"程度"，如（29）：

（29）a.先生几乎跑了一天。

　　　　——*先生【简直】跑了一天。

　　　b.婴儿死亡率几乎是千分之一。

　　　　——*婴儿死亡率【简直】是千分之一。

　　　c.*这个念头【几乎】荒谬透顶！

　　　　——这个念头简直荒谬透顶！

　　　d.*【几乎】太妙了！

　　　　——简直太妙了！

　　　第四，从逻辑关系来看，"简直"具有"虽非极是性"。"简直"句本身的内在逻辑关系就是"虽然'非'某个有界极性程度但可以主观夸张地评判为已经极近于'是'了"。这种"虽非极是"的"极"主要通过"极为、极其、要、快、都要、都快、就要、快要、就快要、都快要、完全、有点儿、有些、都有点、都有些、已经、已经快要、越来越、足以"等即将义副词表现出来，如（30）；而"是"则是通过"是、不是、有、没有、毫无、一无、等于、属于、处于、近于、到、成、算得上、称得上、好像、像、仿佛、如同、不能、不知、不会、无法"一系列等静态义动词表现出来，如（31）。

（30）a.他简直要跳起来了！

　　　b.简直都有点儿喘不过气来了。

　　　c.人简直就快要累得发疯了。

　　　d.他简直完全着迷了。

（31）a.这种人简直是笨蛋。

　　　b.他们简直毫无顾忌了。

　　　c.大院简直如同迷宫一般。

　　　d. 其灾难性的后果简直无法想象。

以（31a）为例，"虽非极是"的解释就是"虽然事实上'非'笨蛋，但极为接近'是'笨蛋"。

　　把从不同认知视角提取出来的"简直"语义特征综合起来，可以界定出"简直"的语法意义：情态夸张地评判事物虽没有达到有界极度但极为接近的"虽非极是义"，并据此可以从词类性质上把"简直"归入"主观副词"。通过表4-5表现出来：

表 4-5　副词"简直"的语义特征与语法意义

认知视角	语义特征	语法意义
话语基调	主观评判性	从情态上夸张性地主观估测事物虽没有达到有界极性程度但极为接近的"虽非极是义"
言者方式	情态夸张性	
指向对象	有界极度性	
内在逻辑	虽非极是性	

5. 副词"简直"句的情感特征和态度取向

　　作为主观副词，从情感表达和态度取向角度看，"简直"语义所指向的四种语义类型决定了其语义特征，而语义特征又蕴含着"简直"句的感叹情感和两极态度。

　　首先，感叹情感。说话者在运用"简直"对事物接近有界极性程度做出夸张性主观评判时都会表现出一定的感叹情感，其中，极性程度是引发说话者发出感叹情感的语义动因。从验证角度看，"简直"的"情态夸张性"证明同时是感叹情感的证明。因为，从情感表达的角度说，"简直"对感叹句句类、同现叹词及主句述语的选择都带有感叹特征，而主句的"感叹、惊叹、赞叹、慨叹、悲叹、哀叹、感慨、感觉"等谓语动词更为直接地证明了说话者的感叹情感，如（32）。换句话说，就是说话者主观认为某种事物达到了某种有界极性程度而发出了"简直"感叹。

　　（32）a. 一位外国代表惊叹："这简直太不可思议了！"

　　　　　b. 陆小凤叹了口气道："简直喜欢得要命。"

　　　　　c. 老人多次感慨："那简直就是原始社会。"

　　　　　d. 一名老资格的飞行员赞叹说："简直不相信，世界上还有这样美妙的飞机。"

其次，两极态度。事物的极性程度本身都具有相互矛盾的两极性质。从态度取向上看，两个矛盾的极性程度可能会得到说话者认可，也可能受到说话者的厌恶，因此，可以把引发说话者发出感叹的有界极性程度分成两极。一是倾向积极肯定的喜好态度，常见的极性程度有：太好了、太漂亮了、聪明极了、幸运、奇迹、艺术、神话、天才、享受、绝配、一模一样、日新月异、欣喜若狂、喜出望外、如鱼得水、料事如神、易如反掌、登峰造极、妙不可言、爱不释手、乐不可支、数不胜数、美不胜收、心花怒放、出神入化、栩栩如生、惟妙惟肖、完美无缺、惊天动地、脱胎换骨等，如（33a/c）；一是倾向消极否定的厌恶态度，常见的极性程度有：太坏了、太丑陋了、愚蠢极了、灾难、笑话、笨蛋、傻瓜、饭桶、胡闹、玩命、耻辱、废话、荒谬、判若两人、惨不忍睹、天壤之别、目瞪口呆、惊恐万分、悲痛欲绝、胡说八道、一塌糊涂、无法无天、束手无策、万念俱灰、狼狈不堪、十恶不赦、莫名其妙、微不足道、怒不可遏、天理难容、罄竹难书、一文不值、不可救药、不知所措、惨无人道、度日如年等。如（33b/d）。

（33）a. 这个人简直太好了！

　　　b. 这个人简直太坏了！

　　　c. 这种人简直是天才！

　　　d. 这种人简直是笨蛋！

6. 结语

受制于一定语法理论和研究方法，副词的语义提取无法满足汉语教学和词典编纂在概括的精确性、论证的严谨性上的要求。语义语法理论在吸取传统语法、描写语法、认知语法、功能语法和生成语法思想和方法的基础上，以"语法形式反映并制约语法意义，而语法意义决定并解释语法形式"的认识论基础，以"虚词的语法意义是反映关系的功能性语法意义，而实词的语法意义是指称事物的概念性语法意义"为本体论基础，以"从形式到语义，从句法分布精确定位到语义指向科学分类，再到语义特征正反验证的原则"为方法论基础，从正反两个层面逐层剥离干扰性句法分布而准确定位"简直"的分布规律，科学剖析语义指向类型，精确提取语义特征，最终形成对"简直"功能性语法意义的认知描述：夸张性地评判事物与有界极性程度之间的"虽非极是义"，并说明其感叹情感和两极态度。

第三节　估危副词"险些"的话语关联与语义情态

本章以语义语法为理论指导，按照从话语、句法到语义的逻辑顺序，提取出估危副词"险些"的"危未暗庆义"。第一，前人的研究可分成比附解释和独立研究两个阶段，并取得了丰硕成果，但受制于理论方法，没有把话语关联、句法分布、语义类型结合起来准确提取语法意义。第二，从话语的因果性来看，"险些"句的话语功能是"因情估危"，而所因之情主要有被动遭受类、应急行为类、意外事故类、主动对抗类四个语义类型。第三，从单句分布来看，副词"险些"在句法位置上遵循"已前将后"的排序规则，其谓语动词具有"结果性、非控性、违愿性、危急性"四个语义特征，整个"险些"后果句大致可分为：生命丧失类、能力失控类、事故引变类、关系失衡类。第四，提取估危副词"险些"的"危而未发"的认知义及其暗含"庆幸"的情态义。

正如陆俭明、马真（1985/1999：19）所言："把握虚词的意义和考察虚词的用法是虚词研究的两项重要内容。"但二者并非毫无关系的两张皮，而是意义决定并解释用法，用法反映并制约意义。离开用法的精确定位和正反验证，虚词意义的提取容易陷入单凭语感的主观主义的泥潭，而缺乏科学性；离开意义的准确界定和认知解释，虚词用法的分类容易陷入单凭逻辑的机械主义的泥潭，而缺乏系统性。

本章试图根据 CCL 和 BCC 语料库的调查，采用归纳主义与正反对比相结合的研究思路，通过精确定位估危副词"险些"句的话语关联以及"险些"的句法分布，来提取并验证其语义指向类型及其语法意义。

1. 前人关于副词"险些"的研究

"险些"并不是汉语口语中使用频率高的副词，前人的研究大致可以分成两个阶段：一是比附解释阶段，即 1965 年开始通过比附"差一点（儿）、几乎"来解释"险些"的语义情态及其羡余否定；二是独立描写阶段，即 2009 年开始从历时与共时角度描写"险些"的句法和语义。

首先，比附解释阶段。朱德熙（1959：435；1980：90）最早从"说话人的企望或不企望"角度解释"差一点"的语法意义及其肯定与否定的对称与不对称，以此为比附对象，引发学者们对"险些"语义情态和羡余否定的解释。

（1）在语义情态上，《现代汉语词典》（1965/1973：1114）认为"险些"的语义是指"差一点（发生不如意的事）"，马黎明（2000：33）则根据吕叔湘（1980/1999：112）对"差点儿"语义与"庆幸"情态的界定，把"险些"定义为"表示后边的动作几乎实现而没实现，有庆幸的意思"，而陈荣（2004：45）、杨红梅（2010：8）则把"不如意"与"庆幸"结合起来，提出"只表示庆幸没有发生不如意的事情"。无论是比附还是语感，"险些"语义的提取必须根植于整个命题及其话语关联，而情态的验证则必须植根于认知语义。

（2）在羡余否定上，石毓智（1993：14）根据述补结构之间是否存在可分离性来区分积极成分和消极成分，并解释"消极成分"所引发的羡余否定现象，后来张谊生（2005：323）把"险些"类羡余否定归入"表回顾与表推测"，而陈秀清（2017：127）借鉴袁毓林（2012：99）的动词内隐性否定理念，提出当 VP 只能单向可测时就与"险些"组合形成羡余否定。无论说话人企望说、积极消极说或者双向单向说，都必须植根于"险些"在实际口语中的句法分布并能得到形式上的正反验证，否则就只是一种语用层面的认知解释。比附"差一点（儿）"而顺带性地讨论"险些"并不能揭示其独立的句法语义特征，相反，可能会掩盖其真实的存在状态。事实上，"险些"的羡余否定现象在实际语料库中缺乏普遍性，比如，"险些"在 CCL 语料库中共出现 1362 例，而"险些 + 没"羡余否定形式只有 11 例，仅占 0.8%，且都带有夸张性，如：她险些没把鼻子气歪了。而一个词的语义性质反映在其普遍的分布规律上而非特殊的个性组合上。

其次，独立描写阶段。自 2009 年前人开始从历时和共时两个角度把"险些"作为独立的研究对象来描写其语义句法。

（1）在历时方面，陈霞（2009：147；2010：36）和邵则遂（邵则遂、陈霞，2011：98）主要考察"险些"类句式的形成历史，并认为"险些"一词和"险些 + 否定式"最早见于宋代，而肯定式在元代比较普遍，但清代以前都"不接如意的结果"，清代可接"如意结果"，并认为"险些"类句式有非常强的接消极结果的倾向。而杨红梅（2010：31）则认为"险些"最早出现于元代，车录彬（2017：43）认为"明代以前……'险些'只限于接消极义的谓语"。最近，陈秀清（2018：139）考察了"险"模仿"争些"而双音节化为"险些"的词汇化过程。可以说，"险些"句式的历时形成过程较为清晰，但对句法、语义、语用的关联性还赖于共时研究的成果。

（2）在共时层面，杨红梅（2010：10）认为"险些""要求后面的 VP或者包含结果义，或者表述一个完整事件"，但（2010：8）"一般不能用于说话人期望发生的事情"，并（2010：9-24）从短语选择、句法位置、副词同现角度描写其分布规律。而姜庆玲（2016：8）强调"险些"的语义是"对结果的主观推测"，具有"[＋感叹]"、"[＋接近]"、"[＋可能]"、"[＋推测]"的语义特征，并（2016：20-38）从句法位置、副词同现、句类选择和语体分布角度描写其句法分布。可以说，她们都是按照从语义到句法的顺序对"险些"进行了全面细致的考察。可惜的是，既没有把句法和语义结合起来，把句法分布作为验证手段从正反角度提取语义，也没有从话语层面验证分析"险些"的语用选择。

总的说来，在早期的比附解释阶段，无论是仅凭语感的语义情态界定，还是比附羡余否定的解释，都缺乏对"险些"句法分布的全面调查和正反验证；而在近期的独立描写阶段，无论是历时句式和词汇化的追溯，还是共时句法分布的细致描写，也都缺乏对"险些"句法选择的深入分析和系统解释，没有把话语关联、句法分布、语义特征和语法意义结合起来。因此，本章试图以语义语法理论为指导，根据语料库的调查，按照从宏观到微观的研究思路，逐层定位"险些"句的话语关联和"险些"的句法分布，据此揭示"险些"句谓语动词结构的语义特征及其语义类型，再综合"险些"后果句的后续话语关联，提取估危副词"险些"的语义情态。

2. 副词"险些"句的话语关联

话语关联是由一组存在着一定语义功能与逻辑关系而线性排列的句子构成的交际单位，一方面，具有一定语义功能的句子与前后句子能组成什么语义关系的话语关联是有规律的；另一方面，反映一定语义关系的话语关联会对其中各个句子的话语分布及其语义功能具有制约性。如果能提取出"险些"句的话语关联，就可以从宏观话语层面直接约束"险些"句的话语分布及其语义功能，而从微观句法层面间接定位副词"险些"的句法分布及其语义特征。

根据 CCL 和 BCC 两大语料库的调查，可以从因果关系角度把"险些"句的话语关联概括为"因情估危"，这可以从线性排序、逻辑关系的形式层面和时体特征、语义功能的语义层面得到验证。如表 4-6 所示：

表 4-6　副词"险些"的话语关联

话语关联		因情估危	
形式层面	线性排序	前句	后句（"险些"句）
	逻辑关系	原因命题	结果命题（"险些"句）
语义层面	时体特征	已然正然	未然将然（"险些"句）
	语义功能	情状	危险后果（"险些"句）

首先，从形式层面看，"险些"句的前后线性排序与因果逻辑关系通常是一致的。从正面来说，"险些"句在排序上通常作为后句，与前句构成话语关联，前句命题表示原因，而后置的"险些"句则表示结果，前后句子构成因果关系。"险些"句因果关系可以表现为包含原因或"使、让、叫、把、将"等致使关系的单句形式（1），但多数表现为因果复句形式（2a），可带有"因、因为、由于、为了、若不是、因此、结果、以致"等因果标记（2b/c/d）。

（1）a. 记者一个不经意的动作却险些酿成大错。

　　　b. 小船被水浪摇曳得险些翻了。

　　　c. 在一次井下事故中，他险些丢了性命。

　　　d. 剧烈的疼痛使她好几次险些昏死过去。

（2）a. 全斗焕的左腿突然一软，险些摔倒。

b. 因为吸毒，我险些丧命。

c. 这个配电箱由于超负荷，险些酿成火灾。

d. 柳德米拉想借此敲他一笔钱，结果险些引来杀身之祸。

从反面来说，"以便、以免、借以、旨在、目的"等引导的后置性目的关系（3a）、"无论、不论、不管、任凭、假如、只有、只要、除非"等引导的条件关系（3b）、"一边……，一边……"所表示的并列关系（3c）、"或者、要么、与其……不如"所表示的选择关系（3d）等非因果关系都不能插入"险些"句，否则不合法。比如：

（3）a. 不要发电报，以免泄露。

　　　——* 不要发电报，以免【险些】泄露。

　　　b. 只有倾听客户意见，才能卖掉产品。

　　　——* 只有倾听客户意见，才能【险些】卖掉产品。

c. 他一边叩头，一边道歉。

　　——*他一边叩头，一边【险些】道歉。

d. 他或者提前退休，或者接受审查。

　　——*他或者提前退休，或者【险些】接受审查。

即使是因果关系，也并非所有的因果关系都可以在结果句上插入副词"险些"，如（4）是不合法的，这是因为"险些"因果句还受到时体特征和语义功能等因素的制约。

（4）a. 因为他有钱，所以她嫁给他了。

　　　——*因为他有钱，所以她【险些】嫁给他了。

b. 两队实力接近，故而争夺非常激烈。

　　　——*两队实力接近，故而争夺【险些】非常激烈。

c. 学校管理科学，因此能发展壮大。

　　　——*学校管理科学，因此【险些】能发展壮大。

d. 她受伤了，所以必须休息。

　　　——*她受伤了，所以必须【险些】休息。

其次，从语义层面看，时体特征和语义功能会对"险些"因果句构成一定的约束性。一般来说，原因命题是已然或正在存在的情状，而作为结果命题，"险些"句则表达一种通过动作而导致的未然或将然的危险性后果。因此，原因句与结果性"险些"句所构成的因果性话语关联可以概括为：因为已然正然的原因性情状而估测未然将然的危险性后果的"因情估危"，如（5）。当然，整个"险些"句因果事件如果发生在过去，那么，在时态上，原因句属于过去完成体，而"险些"句则是过去未然体，如（6）。

（5）a. 他曾因社会关系问题，险些被清洗出军工企业。

b. 他为这个案子奔走，险些遭到暗杀。

c. 他身子摇晃了几下，险些要倒下了。

d. 巧巧觉得膝盖发软，险些就要站不住了。

（6）a. 为了恢复非洲大陆的和平，他奔走于各战乱国家，曾经三次险些付出了生命。

b. 马尔蒂奇半年前险些被装在汽车里的炸弹炸死。

c. 在这十年当中，我起码有三次险些结婚。

d. 健二幼年时曾经患大病，险些被病魔夺去生命。

那么，在"因情估危"话语关联中，引发说话者"估危"判断而指称

"原因情状"的原因句可以分成哪些语义类型呢?

3. "因情估危"中原因句的语义类型

无论是客观世界处于一定时空的事物行为,还是主观世界的心理活动,因果关系是呈现和维系世界有序性的根本逻辑链条。那么,从表达客观世界和主观世界的语言层面来看,一般说来,引发说话者运用"险些"对人、事、物做出"濒危判断"的原因有哪些语义类型呢? 根据 CCL 语料库的统计和调查,以"被动性、主动性"为两极,以外因驱动还是内因驱动为参照标准,根据原因句的动词、介词、副词、名词等,可以把引发"险些"后果句的原因概括为四个语义类型:被动遭受类、应急行为类、意外事故类、主动对抗类。

第一,被动遭受类。通常情况下,主体或物体因遭受某一动作行为的影响而极易处于危险境况。根据调查,原因句中经常出现标记"被动"的介词或动词:被、遭、受、给、让、叫、挨、遭到、遭遇、受到等,如(7);常见的短语有:被否决、被引诱、被出卖、被拦劫、被干扰、被洪水围困、被暴徒砍伤、遭雷击、遭遇伏击、遭到反对、遭人绑架、受到警告、受了重伤、挨打、挨了一顿好揍等,动词具有自主性。就受事来说,其被动经受的动作通常会出乎意料而具有较强的意外性。

(7)a. 宣传部长<u>被叛徒出卖</u>,险些被敌人抓住。

　　b. 近日,总统连续两次<u>遭到袭击</u>,险些丧生。

　　c. 散打王一上场便<u>受到外国选手的冲击</u>,险些大意失荆州。

　　d. 有一回他<u>让仇家给暗算了</u>,险些赔上老命。

第二,应急行为类。主体会对内外的各种危险情状做出一定的应急性反应,从而导致自身处于一定的危险境地,常见的有:发抖、大叫、惊叫、躲避、一跳、一红、一塞、一晃、一仰、一个趔趄、一个踉跄、大叫一声、气得、恶心等,如(8a/b),这种应急反应以非自主动词为主,体现了被动险境中的一定能动性。即使是主体主动实施或有意为之的行为也会导致意外的危险后果,常见的有:生孩子、攀岩、布置、上山采药、收拾房间、建定居点、出席会议、使用电脑、吸毒、拖欠学费等,如(8c/d)。

(8)a. <u>灭绝师太身子一晃</u>,险些摔倒。

　　b. <u>小凤一个趔趄</u>,险些晕倒。

　　c. <u>她上山采药</u>,险些丧命。

　　d. 单收拾这间厨房，险些没累断了我的腰。

　　第三，意外事故类。主体或物体会因发生意外事故而处于危险境地。根据 CCL 统计，原因句中突显"意外"的词语主要有两类[①]：一是意外副词，如：竟、竟然、突然、猛地、不慎、不小心、不经意、不曾想、不料等；二是不定数量词，如：一次、一场、一宗、一顿、一阵、一下、一个等。而常见的事故名词或动词有：事故、车祸、大病、大火、重伤、噩耗、故障、剧痛、发软、贫寒、险恶中毒、休克、爆炸、走火、地震、漏电、缺氧、倒塌、失误、失足、失事、打滑、跌落、踏空、出错、走投无路、昏迷等，其中动词具有非自主性，如（9）。就事故主角来说，意外事故类因出乎预料而本质上都具有较强的被动性。

　　（9）a. 球队在 2 比 0 领先的情况下，竟然连失两球，险些被对手反超。

　　　　b. 他不慎跌入江中，险些丧命。

　　　　c. 不料，他回到家来生了一场大病，险些死去。

　　　　d. 他因一宗小手术出错，险些不能离开医院。

　　第四，主动对抗类。主体之间的对抗行为因目的性和主动性最强，也非常容易导致某种危险性后果，体现目的性的主要是介词"为、为了、怕VP、舍不得 VP"等，体现主动性的就是自主动词，如：进攻、歼灭、击中、追查、追击、反击、反攻、反对、对峙、争执、争吵、抗争、抢救、破坏、违反、诱捕、开火、批斗、斗殴等。如（10）：

　　（10）a. 为了抢救书籍，他险些被烧死。

　　　　b. 我因为怕耽误工作，险些把她送给了别人。

　　　　c. 皇马队一开始就发动了猛烈进攻，两次险些攻破对方球门。

　　　　d. 各成员国因农业补贴问题激烈争吵，险些酿成欧盟的重大政治危机。

　　可以说，被动遭受类和意外事故类在语义上倾向于被动，主要是意外的外因驱动而导致危险后果的，而应急行动类和主动对抗类在语义上倾向

---

① "意外"与转折关系有一定的关系，即"险些"因果句通常占据转折关系的焦点性后句，如：

　a. 昆贾拉尼是个新手，可她在挺举中却险些将关虹逼到尴尬境地。

　b. 尽管罗切斯特先生有着运动员的体质，但不止一次险些儿被她闷死。

　c. 卡车司机虽然没有在事故中受伤，但随后遭到愤怒人群的痛打，险些送命。

　d. 一个多小时的奋战，险情排除了，他却因劳累着凉胃病发作，险些晕倒。

于主动，主要是能动的内因驱动而导致危险后果的。因此，原因句的四种
语义类型的逻辑关系如表 4-7 所示：

表 4-7 "险些"前原因句的四种语义类型及其逻辑关系

语义倾向	被动性←——————→主动性			
动因来源	外因驱动←——————→内因驱动			
动词特征	自主性←——非自主性——→自主性			
语义类型	被动遭受类	意外事故类	应急行为类	主动对抗类
典型标记	被、围困	竟、车祸	发抖、上山	为了、反击

无论原因句的哪种语义类型，都可以导致说话者用副词"险些"表达
危险后果。那么，就"险些"后果句而言，"险些"在"险些"句中的句法
分布如何呢？"险些"选择什么语义特征的谓语动词呢？"险些"句有哪
些语义类型呢？

4. 副词"险些"的分布规律

要精确定位副词"险些"的句法分布规律，就需要按照从外到内、从
大到小的逻辑顺序，从句子功能、句法位置、状位排序角度设计一个筛选
程序，逐层定位副词"险些"的句法位置。

第一，副词"险些"的句子功能分布。

从句子功能的选择来看，姜庆玲（2016：33-34）认为副词"险些"
可以分布于陈述句、疑问句[①]、感叹句，排斥祈使句。但是，根据 CCL 和
BCC 的调查，可以发现，"险些"只能分布于陈述句（11），排斥感叹句
（12）、祈使句（13）、疑问句（14），如：

（11）a. 她回到家来生了一场大病，<u>险些死去</u>。

    b. 因装扮丑女，<u>女王险些进不了王宫</u>。

    c. 这个配电箱由于超负荷，<u>险些酿成火灾</u>。

    d. 韦庭锋开场一个冲天炮，<u>险些击倒对手</u>。

（12）a. 多么难过啊！   ——*【<u>险些</u>】多么难过啊！

[①] 姜庆玲（2016：33）认为"险些"可以用于疑问句，举的例子是："歹徒也没抓住，自己
<u>险些</u>送了命，值不值得？"从小句功能来看，其中的"险些"句与"值不值得"不存在
结构关系，因此并不是疑问句。

      b. 真糟糕!   ——*【险些】真糟糕!

      c. 腻烦透了!   ——*【险些】腻烦透了!

      d. 太惨啦!   ——*【险些】太惨啦!

（13）a. 滚开!   ——*【险些】滚开!

      b. 快跑!   ——*【险些】快跑!

      c. 进来吧!   ——*【险些】进来吧!

      d. 禁止吸烟!   ——*【险些】禁止吸烟!

（14）a. 他身无分文，险些饿死。

        ——*他身无分文，险些饿死【吗】?

      b. 张无忌一腿扫去，险些踢中了她小腿。

        ——*张无忌一腿扫去，险些踢中了【什么】?

      c. 这一决策险些酿成大祸。

        ——*这一决策险些酿成大祸【还是人命】?

      d. 他们险些打起来。

        ——*他们险些【打没打】起来?

在两个语料库中，包含"险些"的疑问句共有 4 例，其中（15a）做宾语小句,（15b）做定语小句,（15c）和（15d）都属于反问句，可以说，都不是典型的疑问句。

（15）a. 您以为自己险些毁灭了一个东方古国?

      b. 莫非这就是险些沉没的那条船?

      c. 何以今日他一掌击下，自己竟会险些儿招架不住?

      d. 当你以为仰仗着橡皮鸭蹼和鱼枪便足以和火石湾较量时，你不是险些夭折吗?

因此，从副词"险些"的句子功能分布来看，"险些"只能用于说话者提供"以之为险"信息的陈述句，而不能用于直抒胸臆的感叹句、祈使行为的祈使句或索取信息的疑问句。那么，副词"险些"在陈述句中处于什么句法位置呢?

第二，副词"险些"的句法位置选择。

    关于句法位置，杨红梅（2010：17-18）和姜庆玲（2016：20-22）都做过比较全面的描述，但还不够细致。根据调查，可以发现，副词"险些"在陈述句中可做三个位置的状语，按照频次从高到低来说：一是主谓之间的状语；二是"得"字补语的状语；三是主语前句首状语。首先，96.7%

在主谓之间做状语，无论谓语是动词结构（16a/b）还是主谓结构（16c/d）。其次，4.3% 分布于组合式"得"字补语的状语位置，如果补语是主谓结构，"险些"则在主谓之间（17a/b），如果补语是动词结构，则在动词结构前（17c/d）。最后，在主语前句首位置的"险些"只有 4 例（18a1/b1），且都可以在不改变命题意义的前提下，移位到主谓之间的状语位置（18a2/b2），因此，本质上还是状语。

（16）a. 在一次井下事故中，他险些丢了性命。

　　　b. 敏菊一个踉跄，险些跌倒。

　　　c. 为了拍好此戏，小齐付出了很大的努力，险些脸部受伤。

　　　d. 照片主角险些家庭破裂，照片泄露者只能远走他乡。

（17）a. 38 摄氏度的气温热得他几次险些晕倒。

　　　b. 一只狗呼地向楼梯冲来，吓得我的老板险些跌倒。

　　　c. 张群气得险些破口大骂。

　　　d. 林母一听，高兴得险些晕了过去。

（18）a1. 车祸！车祸！亲爱的们！险些你们就再也见不到我了！

　　　a2. 车祸！车祸！亲爱的们！你们险些就再也见不到我了！

　　　b1. 险些你的小命就完了。

　　　b2. 你的小命险些就完了。

无论副词"险些"在"得"字补语的状语位置，还是主语前句首位置，本质上都是状语性质，即使"险些"与动词结构组成的状中短语做定语，依然是状语性质，如（19）：

（19）a. 一个险些散伙的合唱团，在文化市场的波浪中却奇迹般地生存下来。

　　　b. 他对自己险些丧生的这件往事永志不忘。

　　　c. 警察们制止了险些酿成悲剧的一场斗殴。

　　　d. 抢险队昼夜施工，使这个险些夭折的项目起死回生。

　　然而，当一个陈述句有多个状语时，状位的副词"险些"与其他状语的排序有什么规则呢？

　　第三，副词"险些"的状位排序规则。

　　当一个陈述句的状语位置有多个状语时，副词"险些"与其他状语的相对排序位置能准确地反映"险些"的句法地位。根据语料库的调查并结合杨红梅（2010：21）的研究，可以发现，"险些"前主要有意外义、真确义、曾经义、频量义四类副词，"险些"后主要有行将义、再复义、否定义和当场义四类副词。其中，前置的意外义和真确义副词属于表述整个命题的情态副词，曾经义和频量义则属于表述事件的已然副词，而后置的否定义和当场义是引入动作对象或方式的关涉副词，行将义和再复义属于突显动作时间的临然副词。一句话，针对命题事件的副词前置，针对动作行为的副词后置，可总结为"已前临后"规则。

总体上来看，"险些"在多种状语位置上的排序如下：情态副词＞已然副词＞"险些"＞关涉副词＞临然副词，整体排序及其典型词语如表4-8所示：

表 4-8　副词"险些"与其他副词的前后排序

先后位置	前置副词					后置副词			
排列顺序	情态副词＞已然副词					关涉副词＞将然副词			
副词类型	意外义	真确义	曾经义	频量义	险些	当场义	否定义	行将义	再复义
典型词语	竟、竟然、居然、忽然	真、真是、确实、的确	曾、曾经、已、刚刚、一度	又、常、几次、几度、总是、还		当场、当堂、当众、立刻	没、没有、不	就要、便要、要、便、就	再、再次、再度、

当然，事实上，八类副词不可能同现，但"险些"与八类副词的相对位置是一定的，与意外义和真确义的同现，如（20a/b），与曾经义和频量义的同现，如（20c/d）；与行将义和再复义的同现，如（21a/b），与否定义和当场义的同现，如（21c/d）。

（20）a. 他左足落地时小腿一麻，竟然险些摔倒。

　　　b. 我真险些儿晕了过去。

　　　c. 闫文清1998年曾险些夺得全国冠军。

　　　d. 科斯塔又险些把球挡进自家大门。

（21）a. 若不是我见机得快，险些就要被活活压死。

　　　b. 在最后几分钟时间里，几度险些再次失手。

　　　c. 由于宇航服的膨胀，他险些没能爬回舱内。

　　　d. 张无忌"啊哟"一声大叫，险些当场便晕了过去。

无论"险些"与哪类副词同现，表示过去时间的名词或短语都位于状语的最前面，如：今天、前些天、今年、去年、当年、X 前（半年前、此前、不久前、终场前）、X 后（听后、输液后、行完礼后）、X 时（降落时、下台阶时）等，如（22）。可见，从同现的时间状语来看，"险些"陈述句是针对一个已然情状而做出的危情估测判断。

（22）a. 中美之间 1996 年险些爆发贸易战。

　　　b. 一架泰国客机不久前曾险些撞上日本首都地标建筑东京塔。

　　　c. 中学生输液后险些失明。

　　　d. 卡莲生产第一个孩子时险些丧命。

可以说，"险些"的单句分布规律可以归纳为：位于陈述句的"已前将后"的状语位置，前置的是命题层面的意外性、真确性、频量性副词，后置的则是动作层面的当场性、行将性、再复性副词。

那么，为什么副词"险些"在句法形式上与其他语义类型副词会呈现出"已前将后"的排序规则呢？这是由其所选择的谓语动词结构的语义特征与自身的语义所决定的。

5. 副词"险些"句的谓语语义特征

并不是任何一个动词结构都可以进入到副词"险些"所修饰的谓语位置，换句话说，副词"险些"对自身所修饰的动词结构具有选择性和限制性。根据 CCL 和 BCC 调查，可以发现，做谓语动词结构主要有四个特征：结果性、非控性、违愿性、危急性。

第一，从认知上看，谓语动词结构所指行为具有结果性。

首先，从正面来看，"险些"所修饰的谓语主要采用结果补语、趋向补语、可能补语否定式、得失动宾四种动词结构方式来显示结果义，把指称结果义的语法成分"补语或宾语"去掉就不合法，依次如（23）：

（23）a. 他身无分文，险些儿饿死。

　　　——*他身无分文，险些儿饿［？］。

　　　b. 老人脚下一滑，险些掉下去。

　　　——*老人脚下一滑，险些掉［？］。

　　　c. 我刚才险些把持不住。

　　　——*我刚才险些把持［？］。

　　　d. 开场不久 AC 米兰就险些失球。

　　　——*开场不久 AC 米兰就险些失［？］。

其次，从反面来看，副词"险些"所修饰的谓语动词结构，既不能带表示持续体的"着"、经历体的"过"（24a/b），也不能带非结果性的"时量补语、可能补语肯定式"（24c/d）：

（24）a. *四战四平，他又险<u>些</u>当【着】烈士。

  ——四战四平，他又险<u>些</u>当了烈士。

  b. *他险<u>些</u>脱【过】<u>一层皮</u>。

  ——他险<u>些</u>脱了<u>一层皮</u>。

  c. *我真险<u>些</u>儿便晕了【三个小时】。

  ——我真险<u>些</u>儿便晕了过去。

  d. *他连球棒也险<u>些</u>拿【得】稳。

  ——他连球棒也险<u>些</u>拿不稳。

值得注意的是：动词结构的结果义不是命题层面表示事件完成的结果，而是行为层面表示动作达成的结果，这一点可以通过动词结构带结构助词"了1"而不能带语气助词"了2"显示出来，如（25）。表面上看，当某些动词结构在句末位置带了"了"时，要么采用被动句（26a/b），要么采用"把字句、连字句"（26c/d），其实，无论哪种，这个"了"只能是"了1"而不是"了2"，因为无法把受事宾语移到"了"前。

（25）a. 他误入隧道，险<u>些</u>丢了性命。

  ——*他误入隧道，险<u>些</u>丢性命【了】。

  b. 法师脚步一个不稳，险<u>些</u>倒了下来。

  ——*法师脚步一个不稳，险<u>些</u>倒下来【了】。

  c. 臭贼秃，险<u>些</u>上了你的鬼当。

  ——*臭贼秃，险<u>些</u>上你的鬼当【了】。

  d. 他险<u>些</u>撞翻了牛肉汤。

  ——*他险<u>些</u>撞翻牛肉汤【了】。

（26）a. 他的耳朵险<u>些</u>儿<u>被</u>吵聋了。

  ——*险<u>些</u>儿吵聋【他的耳朵】了。

  b. 她险<u>些</u>儿饿死了。

  ——*险<u>些</u>儿饿死【她】了。

  c. 杰尼索夫险<u>些</u>儿把桌子捶倒了。

  ——*杰尼索夫险<u>些</u>儿捶倒【桌子】了。

  d. 他险<u>些</u>连命都丢了。

——*她险些丢【命】了。

从语义来说，"了2"表示的"事件完成"是带有时空特征的已然存在命题，具有交际的完句性，"他中枪了"；而"了1"表示的"动作达成"是不带时空特征的概念性动作结果"，如"*他中了枪"，需要插入一定的句法成分才可完句，如"她险些中了枪"。正因为如此，副词"险些"与其谓语动词结构之间才可以容纳未然而将然的副词，排斥已然性副词。

第二，从意志上看，谓语动词结构所指结果具有非控性。

所谓的非控性是指谓语动词结构所指的动作结果并非施事或受事所能控制的（张黎，2012：156），主要体现在两点：要么动作及其结果都不可控，即受事的动作"摔"及其结果"倒"都不可控，如：摔倒、晕倒、栽倒、跌伤、滑入、掉进、坠落、撞上、失去、出错、酿成、累断、破门、丧命等（27）；要么动作可控，但其结果不可控，即施事的"抓不抓"可控，但其结果"碎不碎"却不可控，如：战胜、战败、炸毁、烧毁、敲开、攻破、击中、打败、打入、打碎、抓碎、扒掉、杀掉、吓死等（28）。

（27）a. 他没有防备，打个趔趄，险些栽倒。

　　　b. 他没有抓住老狐狸，却险些撞翻了牛肉汤。

　　　c. 中国队曾在预赛中因交接棒失误，险些失去决赛资格。

　　　d. 虚竹"啊"的一声大叫，险些晕倒。

（28）a. 在一次抢救人质的战斗中，他险些被暗枪击中。

　　　b. 她惨叫一声，使劲想甩脱鬼爪，肩胛骨险些被抓碎。

　　　c. 之前一位同事跳槽去淘宝，据说第一天裤子险些都被扒掉。

　　　d. 我把手从键盘上抬了起来，给了自己一个双峰贯耳，险些打聋了。

第三，从情感上看，谓语动词所指结果具有违愿性。

谓语动词结构所指的结果是当事者无法控制的，因此，说话者做出"以之为危"的评判而体现了违背说话者情感意愿的"违愿性"，即说话者不希望造成这一结果。这一有违说话者意愿的后果可能是由承受者无意造成的，主要体现为承受者做句法主语，而谓语为"造成、酿成、失去、摔倒、饿死、遇难、引发、断送、丢掉、滑倒、沦入"等非自主动词（29）；也可以体现承受者做被动介词"被、给、让、叫"的主语（30a/b）或者直接做致使介词"把、给、让、将、使"的宾语（30c/d）等得到证明。

（29）a. 他玩弄后座上的香烟点火器，险些酿成一场火灾。

　　b. 他还是重重地跌了一跤，<u>险些摔断腿</u>。

　　c. 詹森在比赛中动作变形，<u>险些滑倒在弯道上</u>。

　　d. 2000 年因为巨大的财政亏损，它<u>险些倒闭</u>。

（30）a. 为收集花棒、柠条等沙生植物，他<u>险些被群狼吃掉</u>。

　　b. 宴会后突然有火星溅到衣服上烧了起来，<u>我险些给烧死</u>。

　　c. 昨晚间冷寒宫起了大火了，<u>险些把皇娘烧死</u>。

　　d. 一阵气流的冲击，<u>使她们险些跌倒</u>。

　　第四，从事态上看，谓语动词所指结果具有危急性。

　　一种后果不可控且违背受事意愿的动作行为通常会导致危急感。这种危急感主要源自动作行为的当场性和行将性。从正面来看，"险些"句的谓语动词经常有"当场、当堂、当众"当场义副词和"要、就要、便要、便、就、快、立刻、立即、一头、一屁股、一巴掌、一脚、一鼻子"行将义副词，这两类副词都显示了事件的危急性，如（31）；从反面来看，"险些"与谓语动词之间不可以插入"一会儿、三天后、很久、慢慢"等时长短语、因推断而耗时的"也许、大概、可能"等揣测副词、"一定、必定、务必、应该、必须"等推定副词或能愿动词，否则不合法（32）。

（31）a. 张无忌"啊哟"一声大叫，<u>险些当场便晕了过去</u>。

　　b. 若不是我见机得快，<u>险些就要被活活压死</u>。

　　c. 十几年的训练与本能，使得灭明<u>险些立刻采取行动</u>。

　　d. 我心中一寒，急忙向后退了一步，<u>险些一屁股坐倒在地</u>。

（32）a. 我慌了神，一害怕，<u>险些跌倒</u>。

　　　　——我慌了神，一害怕，*<u>险些【一会儿】跌倒</u>。

　　b. 路途险恶，几次<u>险些翻车</u>。

　　　　——路途险恶，*几次<u>险些【也许】翻车</u>。

　　c. 他听得鼻子一酸，<u>险些掉下泪来</u>。

　　　　——他听得鼻子一酸，*<u>险些【一定】掉下泪来</u>。

　　d. 她跌了一跤，<u>险些翻下桥去</u>。

　　　　——她跌了一跤，*<u>险些【应该】翻下桥去</u>。

　　可以说，能够进入到"险些"句谓语位置的动词性结构一般应该具有认知的结果性、意志的非控性、情感的违愿性和事态的紧急性四种语义特征，如表 4-9 所示：

表 4-9　副词"险些"句谓语的四种语义特征

逻辑范畴	认知	意志	情感	事态
语义特征	结果性	非控性	违愿性	危急性

这些特征合在一起就是后果性，那么，说话者"因情估危"而做出的"险些"评价一般具有哪些语义类型呢？

6. "险些"后果句的语义类型

从理论上讲，说话人有可能把任何一件结果性事件都评价为"危险情形"，但是，根据 CCL 和 BCC 语料库的调查并结合谓语动词的句法特征，可以发现，"险些"后果句所指的违反意愿且不可控的紧急后果也并不是无限的，主要分为四种语义类型：生命丧失类、能力失控类、事故引变类、关系失衡类。

第一，生命丧失类。

说话者所认为的最大危险就是主体生命的丧失，在"险些"后果句中，表达生命丧失的动词短语在句法上主要有两种形式：动宾式（丧命、丧生、送命、丢命、送命、毙命、要命、遇难、窒息、丢掉性命、葬身海底、命丧他手等）、动结式（憋死、冻死、压死、淹死、饿死、烧死、毒死、打死、呛死等）、动趋式（死去、昏死过去等）。动结式与被动或主动介词标记结合，形成被动式（给烧死、让 NP 踩死、遭擒、被杀、被错杀、被炸、遇害、遇刺等）和主动式（把 NP 烧死、将 NP 打死等）。如（33）：

（33）a. 一次，露西误吃了一种有毒植物，<u>险些丧命</u>。

　　　 b. 快乐鸟又懒又馋，不爱劳动不做窝，<u>险些寒冬里冻死</u>。

　　　 c. 有一夜，因抽烟草棚起火，<u>险些被烧死</u>。

　　　 d. 他们用两层被子蒙得严严实实听有无串音，<u>险些将人憋死</u>。

第二，能力失控类。

说话者认为主体的自身动作行为一旦失去控制能力就会陷入险境。在"险些"后果句中表达动作失控的以非自主动词为主，其句法形式主要有三类：动趋式（摔下来、滑下去、昏过去、晕过去、冲上去、跳起来、掉下去、冲进、跌进、跌入、坠入、倒下、跌落、摔落、栽下马来、翻下桥去、掉到沟里、叫出声来等）、动结式（晕倒、瘫倒、栽倒、跌破、滑倒、撞倒、撞上、绊倒、气晕、吓哭等）和可能补语否定式（拿不稳、回不来、

忍不住、走不掉、出不了、过不了、经受不住、把持不住、喘不过气来等）
为主，以及"无法、不能、忘记、吐血、流产、上当"等。如（34）：

（34）a. 她保持不住精神与身体的平衡，<u>险些从马上跌下来</u>。

　　　b. 魏惠王突然一阵晕旋，<u>险些摔倒</u>。

　　　c. 他又瘦又弱，戴着一副眼镜，<u>连球棒也险些拿不稳</u>。

　　　d. 鲍尔被一把小刀所累，<u>险些不能登机</u>。

第三，事故引变类。

说话者认为事物自身的变化或者引发其他事物的变化而造成危险性的
事故，其动词结构采用动结式（造成、酿成、变成、说成、当成、改写、
引发、改变、沦为、成为、打翻、踩坏、砸坏、错过等）、动宾式（出
事、出轨、出错、翻船等）和动趋式（沦入、闹出、引起、引来等）。如
（35）：

（35）a. 这个配电箱由于超负荷，<u>险些酿成火灾</u>。

　　　b. 那个红皮大萝卜<u>险些砸破他儿子的头</u>。

　　　c. 客车在公路上左拐右拐，走得像个"S 型"，<u>险些出事故</u>。

　　　d. 安为了追求理想的爱情，与传统势力进行抗争，历经坎坷，<u>险
　　　　些沦入娼门</u>。

第四，关系失衡类。

说话者往往站在受事立场或者某种价值立场面，而认为矛盾双方的关
系平衡可能会发生失衡而有危险性，常见的动词主要是自主动词，其动词
结构主要是动结式（击中、击败、逼平、战平、战胜、攻破、敲开等）和
动宾式（得手、扭转、打架、动粗、动武、动摇、破裂等）。如（36）：

（36）a. 他在八运会上<u>险些战胜当时的世界羽坛大满贯组合</u>。

　　　b. 法国队发起的几次快速反攻，<u>险些再次攻破对方球门</u>。

　　　c. 双方一度发生争执，<u>险些动粗</u>。

　　　d. 反对势力的干扰，致使谈判一波三折，<u>险些破裂</u>。

可以说，从说话者的角度看，"险些"句的四个语义类型都带有消极
负面的后果性主观特征。那么，如何界定"险些"的语义及其与情态的关
联呢？

7."险些"的认知、情态及其语法意义

第一，从认知上看，我们可以根据"险些"句的话语关联、语义特征

和语义类型，把副词"险些"的语义界定为：说话者主观估测事物的已然情状将引致危险后果的"危而未发"，可以简称为主观性"估危副词"。

第二，从情态上看，马黎明（2000：33）、陈荣（2004：45）和杨红梅（2010：8）都认为"险些"具有"庆幸"情态，但"险些"的"庆幸"情态并非空穴来风，而是以其"危而未发"的语义为认知基础的。其实，根据话语关联的考察，可以通过"脱落"的三个步骤清晰地看到，"险些"的"危未暗庆"中已经蕴含了情态的"庆幸义"。

第一步，"危但庆未"的话语结构。"险些"后果句与后续句构成的是转折关系，整体转折话语关联是"危险后果—（但）庆幸原因—危险未发"，"危险未发"是对"危险后果"的一种回应，其中表达庆幸的标记词有：幸亏、幸好、幸而、幸得、多亏、亏得、好在、庆幸的是等，如（37）：

（37）a. 醉汉睡觉吸烟点燃被子被烧成重伤，险些丢了性命，幸亏医院及时救治，才使他脱离了生命危险。

　　 b. 他在那次旅途中翻了车，险些丢了命，幸好汽车卡在两棵大树间，算他命大，没有坠入万丈深渊中。

　　 c. 泰山队险些被赶出体育场，多亏教练采取了强硬态度，才得以完成训练。

　　 d. 她险些挨上一次伏击，亏得那天带了几个队员没走老路，才算没遇险。

其实，即使没有"庆幸"标记词，也可以从后续的"避险措施＋危险未发"中解读出原因性的庆幸义来，如（38）：

（38）a. 双方险些大打出手，最后防暴警察的介入才平息了两队的争执。

　　 b. 她的一只脚踏空了，险些掉进海底，是一个年轻的水兵迅速地抓着她的衣领，才挽救了母子俩的生命。

第二步，"危未因庆"的果因话语结构。当"未发危险"句省略时，"未发危险"义就可以漂移到"危险"句，而"未发义"融入"危险"而成"危而未发—庆幸原因"的由果及因的话语关联，如（39）：

（39）a. 她儿子险些儿做出糊涂事来，幸亏他拦住了。

　　 b. 她险些儿饿死了，幸好前天白雄鹅听到了她的悲鸣，闻声赶来寻找她。

　　 c. 因装扮丑女，王后险些进不了王宫，多亏美玉留下了王后。

　　 d. 赛后，瑞典队队长和中场球星永贝里险些起"内证"，好在两

　　人并未动手。

　　第三步，"危未暗庆"的语义情态。当"庆幸原因"隐而未现时，被省略的"庆幸"情态就会漂移到"险些"的"危而未发"中，形成蕴含"庆幸"的"危未暗庆"，如（40）：

　　（40）a. 他的脚下被冰淇淋一滑，险些摔倒。

　　　　　b. 热浪扑来，他一下子晕了过去，险些落进了滚滚的钢水中。

整个演化逻辑如表4-10所示：

表4-10　副词"险些"话语结构的演变逻辑

步骤	第一步	第二步	第三步
话语层面	危却庆未	危未因庆	危未暗庆
逻辑层面	转折关系	果因关系	蕴涵关系

　　第三，从语法意义上，根据"险些"的"危而未发"的认知及其"庆幸"的情态，结合话语关系，就可以把"险些"的语法意义界定为：表达说话者对事物情状将引发危险后果所做出的"危未暗庆"。把"险些"句前后的话语关系结合起来，其整个话语关联及其语义类型可以通过图4-1完整地表现出来：

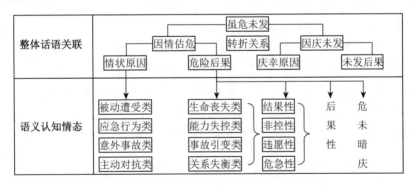

图4-1　副词"险些"的话语关联与语义类型

第五章　因果类情态副词研究

第一节　溯因副词"毕竟"的话语关联与语义提取

本章主要根据语义语法理论精确定位并验证副词"毕竟"句的话语关联"势转溯因"及其语法意义"据实释转"。第一，综述前人的研究成果，并指出三点不足：话语关联缺乏形式验证、句法定位缺乏逻辑流程、语义提取缺乏正反验证。第二，总结归纳与形式验证"毕竟"句的"势转溯因"话语关联。第三，按照句子功能、句法位置和句法地位的逻辑顺序逐层精确定位"毕竟"的句法分布。第四，根据话语关联与句法分布，从话语基调、话语方式、话语内容三个角度提取并正反验证"毕竟"的语法意义"据实释转"。可以说，话语关联、句法分布与副词语义息息相关，话语关联、句法分布是呈现、提取、验证副词语法意义的自然形式，而副词的语法意义则是解析、概括、决定话语关联的语义支点。

副词语法意义的提取离不开其分布的句子，而句子的精确定位又离不开前后句子所形成的话语关联。话语关联直接制约着各个句子的分布，并通过句子间接制约着副词的分布，可以说，话语关联与句法分布为提取并验证副词语义铺设了桥梁，正如张伯江（2005：45）所言，"强行分开词法与句法、句法与篇章的做法"将无法看到"更全面的语法事实"。

1. 前人关于副词"毕竟"的研究

副词"毕竟"作为语法研究对象始于黎锦熙（1924/1992：127），根据理论方法、句法分布和语义解释的差异，前人关于"毕竟"的研究大致可以分为以下四类。

第一，传统语法基于单句语感的追究事因义。黎锦熙（1924/1992：125-127）最早根据语感把"毕竟"归入表示"事变之流极"的"不以时限"时间副词，而《现代汉语词典》（1973：52）虽举例转折复句却仍释义为"追根究底所得的结论"。后来，吕叔湘（1980/1999：78）根据"不管、不论"与"毕竟"的呼应而增补了"充分肯定重要的或正确的事实，暗含否定别人的不重要的或错误的结论"。可贵的是，《现代汉语词典》（2005：74）追加了"强调事实或原因"，但传统语法囿于单句而没有理清"事实、结论、原因"三个概念之间的关系，更没有把语义的界定、提取、验证与其分布，特别是转折联系起来。

第二，描写语法基于复句关系的禁否原状义。《现代汉语虚词例释》（1982：82）根据转折复句把"毕竟"释义为"即使出现了新情况，原有的状况也不容否认"。后来，侯学超（1998：35-36）则分别基于转折和因果增补了"强调结论或原因"，从而将分布类型与语义联系起来，并对高书贵（2000：108-109）、高文利（2004：46）、张秋杭（2006：74）、侯远航（2019：84-86）等产生了积极影响。这一"两种复句、两种语义"做法重视了分布与语义的对应性，然而不仅忽略了复句套叠而造成了"依句释义"，而且还掩盖了传统语法强调的"事实"。

第三，功能语法基于语义结构的释因辩驳义。祖人植、任雪梅（1997：43）以功能语法为理论框架首次从"转折"与"因果"套叠形成话语的角度提取出了"毕竟"的因果转折与转折因果两类语义结构模式：虽然A+［（但是）B+（因为）毕竟C］、［（虽然）A+（但是）毕竟C］+（因此）B，并分别释为"解释原因"和"辩解反驳"，直接启发了董付兰（2002：69）、郑雷（2007：79）、王瑞峰（2011：68）、吕海燕（2011：62-63）、储泽祥（2019：28）等学者，但对"转折关系"的互折性缺乏认知而没能精确概括和验证统一的话语关联，对其释因辩驳的"事实"基础缺乏论证。

第四，语法化理论基于句法分布的推定辩驳义。顾海芳（2002：44）、孙菊芬（2002：79）、史金生（2003a：61）、陈群（2007：91）、陈祥明（2009：75）、张秀松（2015：111）等先后根据"毕竟"在近代中古和汉语疑问句、陈述句、转折复句中的分布情况，逐步厘清了其先从东汉时的"并列短语"词汇化为"完毕义"动词，再演变为"最终义"时间副词，至唐代语法化为"疑问义（明清时逐渐消失）、推定、辩驳义"语气副词。历时梳理为共时分析提供了演变线索，但明显受到了吕叔湘（1980/1999）、祖人植和任雪梅（1997），以及董付兰（2002）等学者观点的影响。可以说，现代共时研究是历时演变研究判定其语义内涵、成词与否、如何演变的基石。

　　总的说来，前人的研究已经使"毕竟"的句法语义与演变路径逐渐清晰起来，但仍存在着三点不足：一是话语关联的建构缺乏综合概括与形式验证；二是句法分布的定位缺乏逻辑流程与准确定位；三是语法意义的提取缺乏正反验证和系统解释。本项研究以语义语法为理论基础，以 CCL 语料库为调查对象，通过归纳并论证"毕竟"句的话语关联，精细定位"毕竟"的句法分布，提取并验证"毕竟"的语法意义。

2. 副词"毕竟"句话语关联的提取与验证

　　廖秋忠（1986：419、413）最早发现：情态副词"真的、的确、原来、果然"等作为"连接成分是用来明确表达语言片段之间在语义上的种种转承关系"，因此，要提取副词"毕竟"的语法意义就要定位其在"毕竟"句中的句法位置，要定位其在"毕竟"句中的句法位置，就要定位"毕竟"句所处的话语关联。可以说，话语关联是精确定位句法分布的逻辑起点和先决条件。

　　祖人植和任雪梅（1997：43）最早把"毕竟"句的话语关联分成了层次不同的两类：强调原因的因果转折和强调情况的转折因果，后来储泽祥（2019：28）也依据转折与因果两类复句分布来解释"毕竟"。这种"依据复句提取意义"的思路就跟"依句释义"一样，容易造成"分而不合"的多义性，但可贵的是，高书贵（2000：107）的让转预设、董付兰（2002：69）的标示原因、吕海燕（2011：64）的关键事件等都试图给多种多样的复句分布以统一解释。

　　根据前人的研究和 CCL 的调查，可以发现："毕竟"句只选择两类复句关系：转折和因果，只担任转折或原因两类语义角色，而当这两个语义角色在"外在"转折与"内在"因果的话语中重合时，就形成了基于外在转折的情势变化而基于内在因果的追溯原因合二为一的"势变溯因"话语关联。下面分别从复句关系的选择、复句角色的选择、话语关联的提取三个角度分别论述。

第一，"毕竟"句对转折和因果复句关系的选择。

　　"毕竟"句并非可以自由地分布于任何一个复句关系，从正面来看，它只能分布于由标记待转句的"虽然/虽说/虽/尽管/即使/就算/哪怕/纵然/固然/无论/不论"和标记转折句的"但/但是/然而/可是/不过/却"等组合而成的转折关系（1），或由标记原因句的"因/因为/由于/鉴于"和标记结果句的"所以／故此／因此／因而／以致"等组成的因果关系（2）。

（1）a. 难熬虽然难熬，可毕竟还是熬过来了。

　　b. 传说尽管很诱人，但它毕竟不是历史。

　　c. 即使将来很渺茫，毕竟还是有机会的。

　　d. 不管那个事情该不该发生，但它毕竟发生了。

（2）a. 因为这毕竟不是坏事，所以不好直接表示反对。

　　b. 由于毕竟是高龄老人，医生嘱咐他，每次作画不得超过20
　　　分钟。

　　c. 鉴于他毕竟是烈士之子，对他进行了宽大处理。

　　d. 这三位英烈毕竟是幸运的，因为他们留下了姓名。

从反面来看，"毕竟"句既不能选择由"如果／要是／假如／倘若／要不是……，那么／就……"标记的假设关系，如（3）；也不能选择由"只要……，就……；只有……，才……；除非……，才……"标记的条件关系，如（4）；既不能选择由"不但……，而且……；不仅……，还……"等标记的递进关系（姚双云，2017：3）[①]，如（5）；还不能选择由"与其……，不如……、或者……，或者……；要么……，要么……；不是……，就是……"标记的选择关系，如（6）；更不能选择由"也……，也……；又……，又……；既……，又／也……"等标记的并列关系（马真，2014：40），如（7）。

（3）a. 如果你真想做，就能做到。

　　　——＊如果你真想做，【毕竟】就能做到。

　　b. 假若我说痛了，你就停止手术。

　　　——＊假若我说痛了，你【毕竟】就停止手术。

　　c. 倘若依靠兵力，那么我们就会亡国。

　　　——＊倘若依靠兵力，那么我们【毕竟】就会亡国。

　　d. 要不是抢救及时，我早就没命了。

　　　——＊要不是抢救及时，我【毕竟】早就没命了。

（4）a. 你只要参加学习，就一定有收获。

---

① 根据调查，"而且、何况"后面都可以带"毕竟"句，但都不是表示递进关系，而是进一步解释原因，如：（1）他表示自己当然希望能来个开门红，但这就是足球，而且他毕竟刚刚开始。（2）可是你没有必要迁怒于父亲，更何况他毕竟给了你生命。

———*你只要参加学习，【毕竟】就一定有收获。

  b. 只要你有勇气，那么就来参加比赛。

———*只要你有勇气，那么【毕竟】就来参加比赛。

  c. 只有认识世界，才能改造世界。

———*只有认识世界，【毕竟】才能改造世界。

  d. 除非你结婚了，否则我不会放弃的。

———*除非你结婚了，否则我【毕竟】不会放弃的。

（5）a. 他不但活着，而且活得很好。

———*他不但活着，而且【毕竟】活得很好。

  b. 荔枝不仅含铁，还含有蛋白质。

———*荔枝不仅含铁，还【毕竟】含有蛋白质。

  c. 他不只讲自由，也讲自律。

———*他不只讲自由，也【毕竟】讲自律。

  d. 不独死者亲属哭，甚至可以雇人哭。

———*不独死者亲属哭，甚至【毕竟】可以雇人哭。

（6）a. 与其不战而悔，不如先战再悔。

———*与其不战而悔，不如【毕竟】先战再悔。

  b. 你或者接受，或者拒绝。

———*你或者接受，或者【毕竟】拒绝。

  c. 他宁可战死，也不肯投降。

———*他宁可战死，【毕竟】也不肯投降。

  d. 不是你看不上他，就是他看不上你。

———*不是你看不上他，【毕竟】就是他看不上你。

（7）a. 人们又吃，又喝。

———*人们又吃，【毕竟】又喝。

  b. 他也急了，我也急了。

———*他也急了，我【毕竟】也急了。

  c. 我们既不捧杀，也不棒杀。

———*我们既不捧杀，【毕竟】也不棒杀。

  d. 既赚了钱，又学了技术。

———*既赚了钱，【毕竟】又学了技术。

可以说，从复句关系的选择上，"毕竟"句的复句分布是有限的，也是有规律的，即只选择转折关系和因果关系，可通过表 5-1 表示出来：

表 5-1　副词"毕竟"对复句关系的选择与排斥

分布规律　复句类型	分布与否	复句关系	典型标记
"毕竟"句	选择	转折	虽然 / 尽管 / 即使 / 无论 / 不管……，但 / 但是 / 可……
		因果	因为 / 由于 / 鉴于……，所以 / 故此 / 因此 / 因而 / 从而……
	排斥	假设	如果 / 要是 / 假如 / 倘若 / 要不是……，那么 / 就……
		条件	只要……，就……；只有……，才……；除非……，才……
		递进	不但……，而且……；不仅……，还……
		选择	与其……，不如……；或者……，或者……；不是……，就是……
		并列	也……，也……；又……，又……；既……，又 / 也……

那么，"毕竟"句是不是在转折关系和因果关系中可以不受限制地占据任何位置呢？并非如此。根据调查，从语义角色来看，可以发现，"毕竟"句要么承担转折复句的转折角色，要么承担因果复句的原因角色。

第二，"毕竟"句对转折和原因两类语义角色的选择。

转折复句包括待转命题和转折命题两个角色，而因果复句包括原因命题和结果命题两个角色。根据调查，"毕竟"句或者选择转折关系的转折角色，以表达因情势变化而引发转折的势变性，如（8）；但若把"毕竟"插入到待转位置，则转折关系不合法，如（9）；或者选择因果关系的原因角色，以表达追溯原因以推断结果的溯因性，如（10）；但若把"毕竟"插入到结果位置，则因果关系不合法，如（11）。

（8）a. 虽然对方是异教徒，但是恩情毕竟就是恩情。

　　b. 尽管不是亲生女儿，可毕竟抚育过她。

　　c. 就算乔治不好，但他毕竟是孩子的父亲。

　　d. 无论他有怎样的肺，这毕竟是人的肺。

（9）a. *虽然对方【毕竟】是异教徒，但是恩情就是恩情。

　　b. *尽管【毕竟】不是亲生女儿，可抚育过她。

　　c. *就算乔治【毕竟】不好，但他是孩子的父亲。

　　d. *<u>无论他</u>【毕竟】有怎样的肺，这是人的肺。

（10）a. <u>因为毕竟有电视直播，所以</u>要考虑电视观众的口味。

　　　b. 女儿<u>毕竟很年轻，因此</u>不同意他落发。

　　　c. <u>由于管理岗位毕竟有限，</u>满足不了发展要求。

　　　d. 我们很高兴，<u>因为我们毕竟能够自己做网页了</u>。

（11）a. *<u>因为有电视直播，所以</u>【毕竟】要考虑电视观众的口味。

　　　b. *女儿很年轻，<u>因此</u>【毕竟】不同意他落发。

　　　c. *<u>由于管理岗位有限，</u>【毕竟】满足不了发展要求。

　　　d. *我们【毕竟】很高兴，<u>因为我们能够自己做网页了</u>。

根据调查，除了"虽然／即使／无论"等标记的单句能与"毕竟"句组成转折复句之外，"因果、假设、条件、递进"等诸多复句，也可以与之组成以一层转折的多重复句，如（12）；同样，"假设、条件、递进、选择"等简单复句同样可以与之组成一层因果的多重复句，如（13）。

（12）a. <u>这点钱只能勉强维持教师工资，所以还买不起桌椅</u>，但毕竟我们已开始上课了。

　　　b. <u>如果硬要去办演艺经纪人公司，也可能会成功</u>，但毕竟风险太大。

　　　c. <u>只要继续下去，本来也可以得到更多收获</u>，但毕竟还得踏上归途。

　　　d. <u>这不仅不能获得可靠的答案，而且助长了无知</u>，但他毕竟开了实验研究的先河。

（13）a. <u>金子如果比黄土多，那么反倒不如黄土值钱了</u>，因为黄土毕竟还能出粮食。

　　　c. 这毕竟是自己的家园，<u>只要把根留住，任何风浪也冲不倒我们</u>。

　　　d. 儿子毕竟大了，<u>他不但没有埋怨妈妈，还知道说："您为我辛苦了！"</u>

　　　b. <u>与其把它卖了，不如拿来防身</u>，毕竟命是不能用钱买的。

其实，从实际语料来看，"毕竟"句所选择的转折关系和因果关系通常不是割裂的、孤立的，而是关联的、有机的，二者存在着逻辑层次性和语义关联性，从而形成对"毕竟"句具有约束性的话语关联。

第三，"毕竟"句"势转溯因"的话语关联。

根据调查，从逻辑层次来看，"毕竟"的话语关联是由外层的"待转"与"转折"组成的转折关系，内层是由"原因"与"结果"组成的因果关系；从语义角色来看，"毕竟"句既承接了转折关系的势变转折义，又开启了因果关系的终极溯因义；从语义功能来看，待转句、转折句/原因句、结果句分别表达了"将转情势义、承转溯因义、已转推果义"三个概念，结合逻辑层次、语义角色和语义功能，可以把"毕竟"句的话语关联概括为"势转溯因"。典型的话语排序如图 5-1 所示：

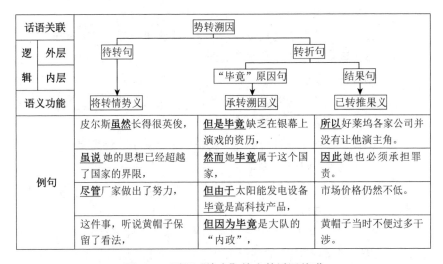

图 5-1　副词"毕竟"的完整话语关联

从语言表达层面看，内层的因果排序常常是"前因后果"，但也存在着"前果后因"，如（14）；甚至有时内层的"原因"毕竟句会独立出来而排在外层"转折关系"的前面，如（15）；而由于转折关系中"待转句"与"转折句"之间存在着"互折性"，"毕竟"句还可以为"待转句"释因，尽管使用频次不高，如（16）。

（14）a. 我原本可以以运动员的身份来雅典的，但是我拒绝了，因为毕竟我已 42 岁了。

b. 虽然做好了准备，但双方都不愿意开战，因为战争毕竟是很残酷的事。

c. 即便是现在治好，也肯定无法重返赛场，毕竟大病初愈需要休养一段时间。

d. 这种做法固然好，但却不宜大加宣传，因为这里毕竟是中国的政治中心。

（15）a. 英格兰队毕竟非常年轻，虽然这届世界杯的梦想结束了，但这是未来的开始。

b. 我们毕竟有了小家庭，尽管房间很小，但有老婆儿子，得享天伦之乐。

c. 人毕竟要睡觉，无论你怎样设法控制不睡，但最终眼皮还是会不由自主地闭上。

d. 这个厂毕竟有优良传统，即使困难重重，管理仍然有序。

（16）a. 中国队似乎有了些进步，毕竟进世界杯了，可是和日韩相比，这进步黯淡无光。

d. 诚然，不重视包装是不对的，草纸包肉毕竟不雅、不便，但只重视包装可能更糟。

b. 我不知能不能再来看你，我毕竟七十岁了，但我相信，只要我走得动，就来看你。

c. 虽然艾灸不如按摩那么方便，毕竟需要用到点小工具，但确实是大补的好方法。

其实，无论"毕竟"句的话语排序如何纷繁复杂、变化多样，"毕竟"句本身始终受制于"势转溯因"的话语关联，始终处于外层转折和内层因果的话语逻辑中。那么，如何验证这一"外转内因"的话语逻辑呢？"转折"与"原因"两类连词的自然排序是最直接的证明。在"毕竟"句的话语关联中，转折连词"但、但是、不过"与原因连词"因为、由于"毗邻同现时总是前置，如（17）：

（17）a. 本书写的是边防部队的管理，但因为它毕竟出自一个基层，对全局有借鉴意义。

b. 我真想去见见他那哥们儿，不过因为心里毕竟还装着老Q，就告辞了。

c. 天然气的"寿命"约为60年，但由于毕竟是可尽资源，因此只能作为过渡产品。

d. 中国队失误导致对手打出一个小高潮，不过由于对手毕竟逊色一筹，因此中国队很快调整过来。

　　并非任何一个句子都可以不受限制地插入副词"毕竟"，而进入"势转溯因"的话语关联中以承担起"承转溯因"的语义功能，那么，溯因副词"毕竟"可以选择什么句子功能类型、分布于什么句法位置、具有什么句法地位才可以成为"承转溯因"的"毕竟"句呢？

3. 副词"毕竟"的句法分布

　　只有设计逻辑清晰的流程才能精确定位并正反验证副词"毕竟"的句法分布，我们按照句子功能、句法位置和句法地位的筛选程序逐层定位"毕竟"的句法分布，就能据此剖析"毕竟"句在"势转溯因"中所具有的具体功能，从而提取副词"毕竟"的语法意义。

　　第一，副词"毕竟"的句子功能选择。

　　从句子功能来看，吴林方（1998：17）曾宽泛地认为"毕竟""只能用于非疑问句"，而根据调查，事实上，溯因副词"毕竟"不能选择祈使句（18）、疑问句（19）和感叹句（20）[①]，否则不合法，只能选择提供信息的陈述句（21）（高书贵，2000：106；董付兰，2002：67）：

（18）a. 请进。　　　　　　——*【毕竟】请进！

　　　 b. 滚开！　　　　　　——*【毕竟】滚开！

　　　 c. 别吵！　　　　　　——*【毕竟】别吵！

　　　 d. 禁止吸烟！　　　　——*【毕竟】禁止吸烟！

（19）a. 你春节回家吗？　　——*你【毕竟】春节回家吗？

　　　 b. 我们去哪儿？　　　——*我们【毕竟】去哪儿？

　　　 c. 你来还是我去？　　——【毕竟】你来还是我去？

　　　 d. 你打没打电话？　　——*你【毕竟】打没打电话？

（20）a. 多么漂亮啊！　　　——*【毕竟】多么漂亮！

　　　 b. 好极了！　　　　　——*【毕竟】好极了！

　　　 c. 真好看！　　　　　——*【毕竟】真好看！

　　　 d. 天哪！　　　　　　——*【毕竟】天哪！

（21）a. 他们是孩子。　　　——他们【毕竟】是孩子。

---

① 吕海燕（2011：66）认为"毕竟"可以进入反问句和感叹句，反问句的语用功能本质上等同于提供信息的陈述句，但其说的"毕竟"感叹句都是判断性的陈述句，如"毕竟太可怕啦！"，尽管合法，但在本质上已经不是感叹句，而变成了"带有感情色彩"的陈述句（吕叔湘，1942/1982：267）。

     b. 法律不同于经济。　　——法律【毕竟】不同于经济。

     c. 书记吃过人家的包子。——书记【毕竟】吃过人家的包子。

     d. 我才来了两天。　　　——我【毕竟】才来了两天。

这是因为受"势转溯因"话语关联的约束，溯因副词"毕竟"所能插入的陈述句必须表达说话者向听话者提供情势转变的原因信息，而不是向听话者要求做出动作行为、询问原因，或者单纯地抒发感情。

    第二，副词"毕竟"的句法位置分布。

    从句法位置来看，"毕竟"在提供势转原因信息的陈述句中只能做状语，通常位于主谓之间的状位，如（22）；也可以位于主语前的状位，此时其可以修饰单句，如（23a/b）；也可以修饰复句，如（23c/d）。

（22）a. 我国目前毕竟还处于社会主义初级阶段。

      b. 冠军毕竟只有一个。

      c. 他毕竟已经长大了。

      d. 这类变故毕竟从来没有发生过。

（23）a. 我不想让公司为难，毕竟公司培养我多年。

      b. 抽空去外面透透气，毕竟，春天来了。

      c. 毕竟，总公司的会计部门不仅人员配备不精，而且全部自动化。

      d. 毕竟，如果我们把他当娱乐明星的话，也就不必计较了。

    第三，副词"毕竟"的句法地位排序。

    同现副词及其先后排序是描述溯因副词"毕竟"句法地位的基本手段。根据语料库的调查，可以发现，可与"毕竟"同现且影响"毕竟"句法地位的副词主要有三类：一是只能出现在"毕竟"前具有较强关联功能的"当然、显然、自然"等信实副词，如（24a/b）；二是主要出现在"毕竟"后面的两类副词（少量可前置），既有"或许、大概、似乎、好像"等估测副词（24c），也有"最终、原来、最初、终于、终归、终究、到底"等极点副词，如（24d）；三是只能出现在"毕竟"后的有三类副词，既有"真、确实、的确"等真实副词（25a），也有"一直、仍然、从来、还是、永远、向来、一向"等恒常副词（25b），还有"已经、曾经、快要、即将"等时体副词（25c）和"不、没、不是、不曾、从没"等否定副词（25d）。

（24）a. 当然，船长毕竟还是船长。

     ——*【毕竟】，船长当然还是船长。

     b. <u>显然</u>，这毕竟是属于思想问题。

     ——*【毕竟】，这<u>显然</u>是属于思想问题。

     c. <u>毕竟</u>，这孩子<u>或许</u>不是弱智。

     ——<u>或许</u>这孩子【毕竟】不是弱智。

     d. <u>毕竟</u>老板<u>最终</u>看的还是能力。

     ——<u>最终</u>老板【毕竟】看的还是能力。

（25）a. 妈妈<u>毕竟真的</u>走了。

     ——*妈妈<u>真的</u>【毕竟】走了。

     b. 真理<u>毕竟永远</u>是如此。

     ——*真理<u>永远</u>【毕竟】是如此。

     c. 她<u>毕竟已经</u>长大了。

     ——*她<u>已经</u>【毕竟】长大了。

     d. 我们<u>毕竟不</u>知道真相。

     ——*我们<u>不</u>【毕竟】知道真相。

    可以说，除了表达主观相信真实的信实副词"当然、显然"之外，溯因副词"毕竟"的句法地位比较高。根据同现副词的相对位置，就可以勾勒出溯因副词"毕竟"的句法地位，即信实副词＞溯因副词"毕竟"＞估测副词＞极点副词＞真实副词＞恒常副词＞时体副词＞否定副词。[①]如图5-2所示：

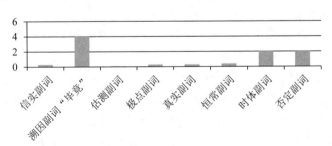

图 5-2 溯因副词"毕竟"的句法地位

---

① 张谊生（1996：91）曾提出评注副词在其他类副词的前面，符合语言事实，而史金生（2003b：22）则细致考察了 9 类语气副词的排序，即"证实＞疑问＞或然＞关系＞特点＞断定＞必然＞意志＞感叹"，也基本符合语言事实，但就作为特点类之一的"毕竟"而言，其主要分布于表达"或然"的估测副词"也许、大概"之前。

从句法分布来看，溯因副词"毕竟"主要分布于为情势转变提供原因信息的陈述句的"信实副词"与"估测副词"之间的状语位置。那么，如何根据这一句法分布来提取"毕竟"的具体语法意义呢？或者说，什么样的语法意义决定了溯因副词"毕竟"这样的句法分布呢？

4. 副词"毕竟"的语义提取与正反验证

根据"毕竟"的同现副词，并结合话语标记和句法结构，可以从"毕竟"句的话语基调、方式、内容三个角度提取并正反验证出"毕竟""据实释转"的语法意义。

第一，从话语基调来看，溯因副词"毕竟"句具有实事求是地表达势转原因的据实性。即说话人使用"毕竟"句追根溯源地解释势变时，据实陈述毋庸置疑的事实性原因。因此，"毕竟"句前可以出现"其实、实际上、事实上、实事求是地说、这也难怪、从现实来看、从历史的角度来看、从根本上来说、从整体来说、从本质上说、对 X 来说、诚然"等实事求是、具体问题具体分析的据实性话语标记，如（26）；但不能出现"按理说、从理论上说、据说、听说、按照 X、根据 X、依据 X、凭借 X"等推断性话语标记，否则不合法，如（27）。从这一点可以看出，"毕竟"句是据实陈述原因而不是据情推断或道听途说。

（26）a. 其实，股票本身毕竟包含了太多市场经济的成分。

　　　b. 这也难怪，彩色毕竟比黑白好看。

　　　c. 从现实来看，民工潮毕竟带来了许多一时不能解决的具体问题。

　　　d. 对我来说，那毕竟是小儿科的玩意儿。

（27）a.*【按理说】，股票本身毕竟包含了太多市场经济的成分。

　　　b.*【从理论上说】，彩色毕竟比黑白好看。

　　　c.*【据说】，民工潮毕竟带来了许多一时不能解决的具体问题。

　　　d.*【听说】，那毕竟是小儿科的玩意儿。

第二，从话语方式来看，溯因副词"毕竟"句具有理所当然的信实性，即说话人主观相信所陈述的势变原因是真实可信的，这一点可以通过句首出现"当然、显然、自然"等认定性信实副词（28a/b）、句末助词"嘛"（28c/d）以及"毕竟"后同现的"真、真的、真正、确实、的确、实在、根本"等真实副词（28e/f）而得到证明（赵春利、杨才英，2016：37）。

尽管"毕竟"前后会低频次地出现"似乎、大概、也许、或许、好像、可能"等估测类副词（29a/b/c/d），但这并非说明说话人说话方式的不确定性，因为"大概说来、粗略地说"等估测话语标记都不能在"毕竟"句前（29a/b），而是从据实性角度实事求是地评估原因信息的可能性，具有据实性态度。

（28）a. <u>当然</u>，文学<u>毕竟</u>是文学。

　　　b. <u>显然</u>，关山月的功力<u>毕竟</u>有限。

　　　c. 她<u>毕竟</u>也是女人嘛。

　　　d. <u>毕竟</u>言教不如身教嘛!

　　　e. 可是妈妈<u>毕竟</u>真的走了。

　　　f. <u>毕竟</u>我的确打破过一个操龙法珠。

（29）a. 她<u>毕竟似乎</u>可以好好地驾驭尤金的。

　　　b. <u>毕竟</u>，<u>也许</u>我不应该提到这个。

　　　c. <u>毕竟</u>美国人<u>好像</u>从上到下都在批评自己的政府。

　　　d. 谈判的实际情况<u>毕竟可能</u>是复杂多变的。

　　　e. *【<u>大概说来</u>】，谎言<u>毕竟</u>是谎言。

　　　f. *【<u>粗略地说</u>】，新加坡国力<u>毕竟</u>有限。

　　第三，从话语内容来看，溯因副词"毕竟"句表述事件发生的事实性。可以通过副词"毕竟"后出现的三类时间性副词而得到证明。一类是极点副词，表示原因性事件发生的"最初"和"最终"两个极性时点，如"最初、本来、最终、最后、终于、终究、到底、总归、总算"等，如（30）。二类是恒常副词，表示原因性事件持续的恒常性，如"还、还是、仍、仍然、依然、依旧、始终、一直、一向、一度、向来、从未、生来、永远、常常、往往、总是、迟早"等（31a/b）。其实，"毕竟"句常做无条件前提句"不管/不论/无论……"的结论句，也表现出其不为所动的恒常性（31c/d）。此外，从句法结构上看，"毕竟"句通常采用"A 是 A"这一"同一律"句法格式，表现的也是概念不变的恒常性，而"是（不是）……啊/呀"判断性句式也体现出事物属性的稳定性（31e/f）。三类是时体副词，表示事件发生时间的客观性，如"已、已经、曾、曾经、业已、早已、正、正在、将、即将、快要、就要、马上"等，如（32）。

（30）a. 因为他<u>毕竟最初</u>参加过翻译的。

　　　b. <u>毕竟</u>你<u>本来</u>就没有感情。

  c. 毕竟，他最终当了叛徒。

  d. 毕竟，今天我到底执笔了。

（31）a. 但政府本身毕竟仍然是一个公共机构。

  b. 他毕竟一直生活在城市里。

  c. 无论如何，摆事实与讲道理毕竟是两回事。

  d. 不管怎么样，她毕竟还是关心他的。

  e. 事实毕竟是事实。

  f. 可我毕竟是他的妻子啊！

（32）a. 毕竟战争已经结束了。

  b. 我毕竟曾经写过像《走向旷野》那样的作品。

  c. 毕竟，大众正在失去对职业拳击的兴趣。

  d. 他毕竟快要接近这个目标了。

  总的说来，话语关联"势转溯因"直接制约"毕竟"句的句法分布，而"毕竟"句则间接制约着溯因副词"毕竟"的句法分布及其语法意义。根据"毕竟"句所具有的话语基调的据实性、话语方式的信实性、话语内容的事实性三个"实"之特征，可以把"毕竟"的语法意义界定为"据实溯因释转"，简称"据实释转"。"据实"是从"毕竟"所处的单句句法分布及其同现成分来看的，"释转"则是从"毕竟"句所处的"势转溯因"话语关联来说的。

  既然"毕竟"语法意义是"据实释转"，具有客观事实性，那么，从方法论的角度看，与之语义相反的主观意志性副词则不能进入到"毕竟"陈述句中，这样就可以从反面证明"毕竟"所释原因的客观事实性。根据调查，确实有四类强调"主观意志"的副词不能进入到"毕竟"句中，否则不合法。一是"竟然、竟、居然、难怪、敢情、果然"等意外副词，如（33）；二是"幸亏、幸而、亏得、正好、正巧、恰巧、恰恰、刚好、偏巧、刚巧"等意幸副词，如（34）；三是"索性、干脆、偏偏、偏生、硬是、宁肯、宁可"等意择副词，如（35）；四是"千万、万万、务必、必须"等意愿类副词，如（36）。

（33）a. 乌云毕竟没有完全散去。

  ——*乌云毕竟【竟然】没有完全散去。

  b. 雅尔塔时代毕竟已经过去了。

  ——*雅尔塔时代毕竟【居然】已经过去了。

  c. 我们<u>毕竟</u>不知道真相。

   ——＊我们<u>毕竟</u>【难怪】不知道真相。

  d. <u>毕竟</u>他已经 29 岁了。

   ——＊<u>毕竟</u>他【果然】已经 29 岁了。

（34）a. <u>毕竟</u>我们赢了。

   ——＊<u>毕竟</u>【幸亏】我们赢了。

  b. <u>毕竟</u>她已尽了力。

   ——＊<u>毕竟</u>【亏得】她已尽了力。

  c. 他们<u>毕竟</u>走了过来。

   ——＊他们<u>毕竟</u>【刚好】走了过来。

  d. 他<u>毕竟</u>还太年轻。

   ——＊他<u>毕竟</u>【偏巧】还太年轻。

（35）a. 企业<u>毕竟</u>要讲效益。

   ——＊企业<u>毕竟</u>【索性】要讲效益。

  b. 女人<u>毕竟</u>与男人不同。

   ——＊女人<u>毕竟</u>【偏偏】与男人不同。

  c. 宋子文<u>毕竟</u>看到了希望。

   ——＊宋子文<u>毕竟</u>【硬是】看到了希望。

  d. 酒店<u>毕竟</u>不拒绝客人的进出。

   ——＊酒店<u>毕竟</u>【宁肯】不拒绝客人的进出。

（36）a. 你<u>毕竟</u>收了。

   ——＊你<u>毕竟</u>【千万】收了。

  b. 题材<u>毕竟</u>不能决定一切。

   ——＊题材<u>毕竟</u>【万万】不能决定一切。

  c. 你<u>毕竟</u>要对学生负责。

   ——＊你<u>毕竟</u>【务必】要对学生负责。

  d. 我们<u>毕竟</u>坚持了下来。

   ——＊我们<u>毕竟</u>【必须】坚持了下来。

  可以说，句法反映语义而语义决定句法，"毕竟"选择客观叙实副词与主观信实副词，排斥主观意志副词，这一"选择事实排斥意志"的句法现象反映了"毕竟"具有"据实释转"这一强调"事实性"的语法意义。反过来说，恰恰是这一"事实性"语法意义决定了"毕竟"具有选择事实性副词而排斥意志性副词的句法分布，从反面证明了溯因副词"毕竟"自身具有"据实释转"的语法意义。

5. 结语

第一，副词研究要基于正确的认识论和科学的方法论。每个副词的句法分布都比较复杂而语法意义也比较空灵，语义语法理论既要从认识论角度论证"句法分布与语法意义之间制约与决定的关系"，也要从方法论角度设计出"调查精密、描写精细、提取精准、解释精确"这一科学有效的论证程序。本文就是在全面调查语料库的基础上，按照话语关联到复句分布再到单句分布的逻辑顺序，精细描写并形式验证副词"毕竟"的句法分布，然后据此精准提取并正反验证副词"毕竟"的语法意义"据实释转"，从而精确解释"据实"基于单句而"释转"基于话语。

第二，副词研究要基于整体决定部分的哲学原则（方梅，1994：137）。副词"毕竟"的话语关联"势转溯因"制约着其话语关系"转折、因果"，而话语关系又制约着其话语角色"转折角色、原因角色"，话语角色深深影响着其单句分布规律"陈述句的高状语位置"，单句分布规律反映并制约着其语法意义"据实溯因释转"。可以说，从话语关联到复句分布再到单句分布，甚至到副词、话语标记、句末助词等同现成分，逐层细化并精细定位"毕竟"的句法分布，从而为语义提取、正反验证和认知解释奠定形式基础（吴婷燕、赵春利，2018：369）。因此，只有把话语关联、句法分布、同现成分等有机整合起来才能精确提取副词的语法意义。

第三，副词研究要注意形式印证、正反验证和逻辑论证。形式印证比较适合副词"毕竟"对话语关联和复句关系的选择和排斥，正反验证比较适合副词"毕竟"与其他类别的副词、动词、句末助词、话语标记等的选择与排斥，而逻辑论证则适合两个句法成分之间的隐现规律以及涉及充分条件、必要条件的制约关系（赵春利、钱坤，2018：86）。

第二节　悟果副词"怪不得"的话语关联与语义情态

本章以语义语法为理论基础，按照从话语关联再到句子类型的逻辑顺序逐层递减分析并确定原因句与"怪不得"结果句的话语分布和语义类型，并提取"怪不得"结果句的叙实话语、醒悟语义和惊叹情态。第一，在从语义情态、复句关系、句式句义和语义演变四个角度综述前人研究成果的基础上，本章提出：只有准确定位"怪不得"的分布规律才能把形式和语义结合起来提取并验证其语义情态。第二，本章根据认知逻辑、语言事实、形式标记和语义性质论证了"怪不得"所标记的"奇疑—醒悟"因果性话语关联。第三，根据副词分布规律，提取并验证了原因句三种醒因语义类型：新知类、确知性和估知性。第四，根据命题意义，把"怪不得"结果句分成了三种悟果语义类型：性状类、行为类和能力类。第五，提取并验证了"怪不得"结果句的叙实性、醒悟义和惊叹义。最后，勾勒出完整的"怪不得"话语关联图。

正如金岳霖（1979：15）所言："一个事物的性质与关系，都叫作事物的属性。"其中，性质决定关系，而关系反映性质。就副词的语义属性而言，可以通过揭示副词"在句中出现的语义背景"（马真，1983：172）、"句子之间的内在逻辑联系"（方梅，1994：137）等话语关系来提取其语义性质，从而系统深入地解释副词的属性。

1. 前人关于副词"怪不得"的研究

自吕叔湘1980年首次界定副词"怪不得"的语义以来，诸多学者先后从语义情态、复句关系、句类句义和语义演变四个方面展开了较为深入细致的研究，并取得了丰硕的成果。

第一，在语义情态上，吕叔湘（1980/1999：239）最早把副词"怪不得"的语义界定为"表示醒悟（明白了原因，不再觉得奇怪）"，既首次提出了"醒悟义"，也蕴含了"有如此结果是不足为奇的、完全可以理解的"（廖秋忠，1986：420；张谊生，1996：131）、"有所醒悟而不再觉得奇怪"（肖奚强，2003：15）、"对某种情况出现的原因恍然大悟"（张富翠，2009：287）和"领悟口气"（王纯，2006：24），还启发了"醒悟因果句"（刘畅，2011：12），更为陈宝珠（2010：86）的"说话人对于已知信息的立场、态度和情感"和张淑敏（2013：84）的"表示醒悟之后的惊讶和感叹"等情态特征奠定了基础。可以说，后来的学者都是以"醒悟义"为基点展开多维研究的，但既没有明确说明醒悟义所指的对象究竟是原因句、结果句还是因果关系①，也没有进行有效验证与解析，更没有把基于"感叹句"的"惊叹"情态与醒悟义的因果关系联系起来。

第二，在复句关系上，如果说吕叔湘（1980/1999：239）的"明白了原因，不再觉得奇怪"暗含着"前因后果的因果关系"，那么，北京大学中文系1955/1957级语言班编（1982：217）则明确提出"用于因果复句中，表示事后发现了原因而使结果得到了验证"。根据"因果关系"，诸多学者不仅提出了语篇连接功能（廖秋忠，1986：420；张谊生，1996：131；肖奚强，2003：15；王纯，2006：24；陈宝珠，2010：86；张薇、李秉震，2011：109；李雁婷，2013：12；张舒雨，2016：15），而且逐渐注意到了"怪不得"结果句中"用来指代前文所提到的事情的结果"的"这样、如此、什么"的代词功能（杨晓丹，2014：8），甚至提到了"语义结构模式：A已实施的行为—B发现事实或真相—C不再觉得奇怪"（郑晓蕾，2005：7）和"语篇表达模式'很奇怪……，为什么呢？原来……'"（尹海良，2015：97）。可以说，宏观的话语关联呼之欲出，但始终没有把"不再觉得奇怪"的预设"曾经奇怪过"和"事后发现了原因"的预设"事前曾追问过"放在话语层面进行研究，导致无法系统地解读醒悟义"因果关系"及其句式特征。

第三，在句类句义上，同现副词、句式语义和句类分布先后成为关注焦点。一是同现副词，郑晓蕾（2005：37）、李雁婷（2013：11）和张舒雨（2016：23）等详细地考察了"怪不得"前分句中出现的"竟、竟然、居然、果真、果然、实在、确实、的确、看来、大概、好像、也许、一定"等各类副词。二是"怪不得"的句式语义，郑晓蕾（2005：15-16）提出了"叙实性、表达性、指明性"，孙胜男（2013：26）认为"表达各种容易引起说话者疑问的情况，比如不合常理、比较夸张的状态，或者频繁发生的现象，或者突然变化的情况等"，而杨晓丹（2014：11-14）概括为"醒悟义、已然性、自足性、因果逻辑关系"，张舒雨（2016：35）认为是"醒悟义、述果义、证实义和委婉义"等。三是句类分布，孙胜男（2013：29-31）、杨晓丹（2014：17）和张舒雨（2016：42）一致认为"怪不得"分布

① 由于与副词"怪不得"经常搭配的"原来"也被吕叔湘（1980/1999：639）解释为"发现从前不知道的情况，含有恍然醒悟的意思"，肖奚强（2003：15）和张舒雨（2016：15）都坚持"原因"和"结果"都表示"醒悟"或"领悟"，但需要深入研究"怪不得"与"原来"在"醒悟或领悟"上的联系与差异。

于陈述句和感叹句，排斥祈使句和疑问句。可以说，考察比较全面，描写非常细致，但既没有把副词的能否同现作为验证手段提取醒悟义的来源，也没有从话语关联的层面统一解释并验证其句类分布、句式语义。

第四，在语义演变上，一是语义来源，主流的观点认为"醒悟义"副词"怪不得"直接来源于"不能责怪义"动词"怪不得"（董玲玲，2009：14；张富翠，2009：289；陈宝珠，2010：86；张薇、李秉震，2011：107；张淑敏，2013：83；王利，2014：29-20；尹海良，2015：97；李宗江，2016：7；张舒雨，2016：31），而郑晓蕾（2005：41）认为从"不能责怪"到"不再觉得奇怪"再到"领悟义"；二是演变路径，主流观点认为"怪不得"从动补结构词汇化为动词，带动词 VP 后动词性减弱再语法化为副词（董玲玲，2009：21-23；张薇、李秉震，2011：107-108；尹海良，2015：97）；三是认知动因，主要有后接成分、重新分析、语义虚化、语用推理等（郑晓蕾，2005：41-45；董玲玲，2009：21-23；陈宝珠，2010：86；张薇、李秉震，2011：107-108；王利，2014：30-31）。争论的焦点是：副词"怪不得"的"醒悟义"是直接源自动词"怪不得"的"不能责怪义"还是以"不再觉得奇怪义"为过渡桥梁抑或直接来自"不觉得奇怪义"（谢晓明、左双菊，2009：33）？副词"怪不得"在话语关联、复句关系、句类选择上的准确定位和语义情态的准确提取可以为解决历时来源问题提供参照标准。

本章以现代汉语情态副词"怪不得"为研究对象，以北京大学中国语言学研究中心的 CCL 网络版语料库为调查对象，以语义语法为理论指导，按照话语关联、句类分布再到同现成分的逻辑顺序，提取并验证"原因句"的语义类型和"怪不得"结果句的语义类型、话语特征、语法意义及其情态类型。

2. 副词"怪不得"的整体话语关联

正如哲学家伽达默尔（1999：396）所言："应用是一切理解的一个不可或缺的组成要素。"而句子与句子连接所形成的话语关联不仅是还原并呈现副词应用本真状态的一面镜子，而且是准确理解和验证副词语义的一把钥匙，而"在实际口语中，哪些句子之间的内在逻辑联系表明它们可以构成一个"话语关联（方梅，1994：137），既需要得到认知逻辑的分析与语言事实的证实，也需要形式标记的印证与语义性质的验证。

第一，从认知逻辑上看，吕叔湘（1980/1999：239）认为副词"怪不得""表示醒悟（明白了原因，不再觉得奇怪）"，那么，"醒悟"的认知预设就是"新奇、惊奇、奇怪、疑惑、奇疑"，而"不再觉得奇怪"的逻辑前提就是"曾经对某种事物觉得奇怪过"。后来，郑晓蕾（2005：7）从语段角度提出了领悟类语气副词的语义结构"A 已实施行为—B 发现事实或真相（补叙原因）—C 不再觉得奇怪"，她已经关注到了"寻求因果"的行为表现"A 已实施行为"，但尚未触及"因果关系"的认知动因。而尹海良（2015：97）提出了"语篇表达模式'很奇怪……为什么呢？原来……'"，并极其敏锐地把"怪"看作是"信息传疑的引导词"。其实，准确地说，"很奇怪"并非"引导词"而是直接表达"醒悟"的认知动因"奇疑"，而"奇疑"本身也是"因奇而疑"。可以说，从认知上看，"醒悟"因果关系是以"奇疑"为前提的；从因果逻辑和语义功能上看，因对某事物奇怪而寻因的"奇疑句"会引发具有释疑醒悟特征的"原因句"，而"原因句"又会激活因回忆该新奇信息而醒悟的"结果句"，"结果句"与"奇疑句"之间存在着一定的照应关系。整个话语关联的"因果链条"如图 5-3 所示：

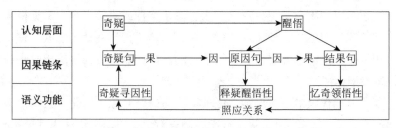

图 5-3　副词"怪不得"的完整话语关联

那么，这一认知逻辑分析能得到语言事实的证实吗？

第二，从语言事实上看，根据语料库的调查，可以发现，无论"怪不得"标记的结果句与"原来"标记的原因句之间的先后排序如何，在上文的话语中通常都有表达"奇疑"的信息，而后才有表示"醒悟"的因果句。整体的话语关联是由认知上的"奇疑"与"醒悟"组合而成的，而"醒悟"则是由"醒因句"和"悟果句"组合成因果关系。表 5-2 是"原来"标记的原因句先于"怪不得"标记的结果句；表 5-3 是"怪不得"结果句先于"原来"原因句。

表 5-2 "原来"标记的原因句先于"怪不得"标记的结果句

认知	奇疑	醒悟	
语言	奇疑句	醒因句	悟果句
例句	这是谁?这么在行,又觉得好面熟。	演出结束后,教师通知我们:叶帅对演出很满意。啊!**原来**是名震天下的叶剑英元帅,	**怪不得**那么面熟。
	她破口骂人,把这几天的无名火全发泄到唐纳身上,完全丧失了理智。……他拉起她的手劝她,想让她消消气。	一摸手很烫,再摸摸头,呀!【**原来**】她在发高烧,	**怪不得**邪火这么大!

表 5-3 "怪不得"结果句先于"原来"原因句

认知	奇疑	醒悟	
语言	奇疑句	悟果句	醒因句
例句	这些日子来,我一直觉得你们三个人怪怪的,	现在我全明白了!**怪不得**绍谦每次来找你,世纬总跟着来,一副老大不痛快的样子!	**原来**,原来他根本在吃醋呀!
	也不知是什么时候去世的,怎么从未听公墓有人说过呢。	**怪不得**好几年听不见贺老总的消息了,	**原来**他早已离开了人间。

第三,从形式标记上看,"怪不得"所标记的悟果句中大量出现"这、这么、这样、这般、如此、那么、那样"等指称旧信息的回指代词,来前指照应包含在奇疑信息中的旧信息,却不能插入"多么、极其、真、很、非常、太……了"等引出新信息的程度副词,否则不合法,如(1);除了代词回指外,由于"怪不得"后续成分的承前省略所造成的空位回指,也可以证明"奇疑点"的存在,如(2)。

(1)a. 叶君健同志写出了一本《鞋匠的儿子》,更激发了他的好奇心。原来他小时候也挺可怜,**怪不得**他的故事那么【*多么】好听!

b. 何家柱:宋队,今天面色这么好,一定是有什么喜事吧?

宋振义:是啊,昨天见到失散多年的亲哥哥了。

何家柱:可喜可贺啊,**怪不得**这么【*非常】兴奋。

c. 颂莲说,我还没去问问那两个鬼魂呢?她们为什么投井?陈佐千说,你别胡说了,以后别上那儿去。颂莲沉吟良久,突然说了一句，怪不得这院子里修了这么【*很】多井，原来是为寻死的人挖的。

d. 教室里竟出乎意料的安静……我纳闷着，一眼就瞥到了他们这不经意间的小动作，心里暗暗偷笑，怪不得他们今天表现那么【*极其】好，原来一个个都是被这突然而来的降温给冻到了，悄悄地躲着在捂手呢。

（2）a."先生，我可以替她唱吗？""哟，怎么心疼了？怪不得……原来你爱她这么深。好，她可以不唱。"那个人阴阳怪气地说。

b. 上回我在你们这儿吃了一回饭，回去我扒了仨月，怪不得呢，净给我苍蝇吃呀！

c. 医生发现富翁的心脏不在应在的位置，弹头并未伤及心脏。"怪不得呢！"医生说，"原来其心不正。"

d. "你怎么会趴下啦？噢！怪不得哪，八成是西瓜皮给滑趴下啦。"

"悟果句"中出现的代词回指或者空位回指本质上都是在"醒因"后对"奇疑句"的照应性补充或说明，通常发出带有情态意义的感叹。

第四，从语义性质来看，一方面，"奇疑"信息或显或隐地存在着。"奇疑句"所传达的信息一般都具有难以理解的异常性、新奇性，从而容易令说话人产生"奇怪、好奇、疑惑"。这些信息通常直接通过疑问句来表现出来，如（3a）；也可以采用表达奇怪疑虑的陈述句，如（3b）；甚至隐含"奇疑"而传达新信息的陈述句，如（3c）；但可以通过插入"为什么呢、怎么会这样"来激活因新奇而产生的疑惑，但不改变命题意义，如（3d）。但无论如何，令人"奇疑"的语义信息要么被直接表达出来，要么隐含但可以被激活。

（3）a. 怎么回事儿？您是个作家。呕，怪不得如此旁征博引哪。

b. 每天天还没亮，教练就把我从床上拉起来，下楼就开始跑，也不知跑了多长时间，怎么也到不了头……原来我脚下是工人体育场的圆形跑道，怪不得没有终点。

c. 消费者看好国产大屏幕彩电是有道理的。……与国外同类产品相差无几，但价值只有国外同类产品的70%左右，怪不得受到国人的如此青睐。

d. 这股火光升到天空中并不落下，却在黑暗里盘旋，【怎么会这样？】……"原来他们是在船上放的，怪不得我看见在移动。"

四太太王氏领悟似地对克安说。

另一方面，"醒因句"是不可或缺的。在整个"奇疑—醒悟"的话语关联中，"醒因句"是维系"前奇疑"和"后悟果"的纽带，因此，"怪不得"标记的悟果句在语义上必须以"原来"标记的醒因句为前提，否则，语义不自足，试比较（4a）和（4b）；在话语上要以"奇疑"为照应成分，否则，衔接不连贯，请比较（4c）和（4d）。这说明从"奇疑"到"醒因"再到"悟果"构成一个完整的话语关联。

（4）a. 王老汉听了，心不由一沉，生出一股说不出的滋味：怪不得他比那小胡子还冲，原来是邪道上的。

b. * 王老汉听了，心不由一沉，生出一股说不出的滋味：怪不得他比那小胡子还冲，[？]。

c. 见甬路边上围着好多人，崇祯踮起脚跟往里一看……原来这位就是邵康节，怪不得这么多人围着看哪！

d. * [？]原来这位就是邵康节，怪不得这么多人围着看哪！

可以说，无论是认知逻辑分析还是语言事实证明，也无论是形式标记还是语义自足，从对某新奇信息的寻因而产生的"奇疑"，到释疑醒悟性的"醒因"，再到回顾领悟性的"悟果"，形成了一个比较完整的话语关联。那么，因解释"奇疑"而醒悟的"原因句"具有哪些语义类型呢？或者说，哪些语义类型的原因可以进入到"原因句"而起到释疑醒因的作用呢？

3. 原因句的三种语义类型

根据 CCL 语料库的调查，从同现副词来看，可以发现，在"奇疑—醒悟"话语关联中，能够释疑而导致醒悟的"原因句"可以分为三种醒因语义类型：新知类、确知类、估知类。

第一，新知类。从获知时间上看，原因句的原因信息具有新知性而非早知性。造成某种新奇事件或情状的原因，如果是早已知道的旧信息，就很难令说话者产生"惊奇、疑惑"而激活"奇疑"，如果是"奇疑"后才知道的新信息，就会因无法早知而恍然才知的较大心理落差激活"醒悟感"，具有最高的醒悟度。因此，在"奇疑—醒悟"的话语关联中，常常进入到"原因句"中而表示新知信息的标记词，主要是意外类副词"竟、竟然、居然、敢情"等，也有高谓语动词结构"想不到、没想到、未料到、才知道、才明白、才想到、才发现",如（5）；而早知类高谓语动词结构"早知道、早料到、早听说、早就明白、早就发现"就不能进入"原因句"，如（6）。如果原因句中没有任何语气副词，一般都可以插入表示新知信息的"副词或高谓语"而命题意义不变，如（7）。可以说，新知类是醒因句的典型形式。

（5）a. 徐义德<u>竟然</u>想在马丽琳身上打主意，<u>怪不得</u>迟到哩。

b. 她发现山上还有个小庙，<u>居然</u>香火鼎盛，<u>怪不得</u>她常听见钟声。

c. <u>想不到</u>小管这么厉害，<u>怪不得</u>车间里的人叫她小辣椒哩。

d. 跑堂的这<u>才明白</u>，<u>怪不得</u>刚才听到咔吧一响哪，这是捏在酒壶脖儿上啦。

（6）a. *【<u>早知道</u>】徐义德想在马丽琳身上打主意，<u>怪不得</u>迟到哩。

b. 她发现山上还有个小庙，*【<u>早就发现</u>】香火鼎盛，<u>怪不得</u>她常听见钟声。

c. *【<u>早就听说</u>】小管这么厉害，<u>怪不得</u>车间里的人叫她小辣椒哩。

d. *跑堂的【<u>早就料到</u>】，<u>怪不得</u>刚才听到咔吧一响哪，这是捏在酒壶脖儿上啦。

（7）a. 你们不做善事，不敬神，<u>怪不得</u>外邦人会诽谤我们。

——你们【<u>竟然</u>】不做善事，不敬神，<u>怪不得</u>外邦人会诽谤我们。

b. 您的脾气可太拧了，怎么劝都不行，<u>怪不得</u>人家和您离婚。

——【<u>没想到</u>】您的脾气可太拧了，怎么劝都不行，<u>怪不得</u>人家和您离婚。

第二，确知类。从获知方式上看，原因句的原因信息具有隐蔽的确知性而非显而易见的显知性。在"奇疑—醒悟"话语关联中，某种事物或情状之所以令人觉得奇怪、新奇或疑惑，其原因一般不是显而易见、通俗易懂或众所周知的，否则就很难产生疑惑或新奇感，而是隐而不显、难以捉摸的，需要一个思考、确认、印证"虚实、真假"的确知过程，在从"不知"到"确知"原因信息的获取过程中，因"不知"与"确知"的心理落差而产生"醒悟感"，印证过程需要时间而导致醒悟度中等。表示确知类的"原因句"中经常出现副词"是、真的、真是、实是、确实、的确、果然、实在、其实、根本"等，如（8）；如果把确知副词换成"明明、显然、分明、明显、显而易见、明摆着"等显知类副词，处于"奇疑—醒悟"

话语关联中的"原因句"就不合法了，如（9）。

（8）a. 什么？百丽挑拨离间？<u>怪不得</u>高太太也说百丽对安妮不好，原来百丽<u>真的</u>这样坏。

　　b. <u>怪不得</u>你一直推三阻四，原来你<u>果然</u>有苦衷。

　　c. 像你这么清高的<u>实在</u>少有，<u>怪不得</u>这样令人倾慕。

　　d. 她<u>真的</u>被俘了，<u>怪不得</u>敌人在被俘的女红军中查她。

（9）a. 什么？百丽挑拨离间？<u>怪不得</u>高太太也说百丽对安妮不好，*原来百丽【明明】这样坏。

　　b. <u>怪不得</u>你一直推三阻四，*原来你【显然】有苦衷。

　　c. *像你这么清高的【明摆着】少有，<u>怪不得</u>这样令人倾慕。

　　d. *她【明显】被俘了，<u>怪不得</u>敌人在被俘的女红军中查她。

第三，估知类。从获知情态上看，原因句的原因信息具有基于估测的估知性而非推理的必知性。如果一个事物或情况产生的原因是必然可知的，那么，事物本身就难以产生奇疑，就无须释疑了；如果原因未定却能估测可知，那么，就可以激活一定的醒悟感。由于估测出的原因信息具有一定的可能性，"不知"到"估知"的心理落差较小而醒悟度较低。常见的估知类副词"大概、也许、好像、似乎、八成、一定"和估知动词结构"猜想、看来、看上去"都可以进入到"原因句"中，如（10）；与之对立，必知类副词"必然、势必、必定、当然"就很难进入到"原因句"中，如（11）。

（10）a. 我想北美名校想要的<u>大概</u>就是女儿这样的好学生吧？<u>怪不得</u>，有的大学不但给女儿奖学金，还提供宿舍和停车位。

　　b. 这一切<u>似乎</u>都与营养（保）健食品有关，<u>怪不得</u>有人说：保健食品是 21 世纪食品的新秩序。

　　c. 从爹的口音里，<u>猜想出来一定</u>是因为没有回乡下去，引起爹的不满，<u>怪不得</u>复了他的信过后，一直没有信来哩。

　　d. <u>看来</u>此人<u>一定</u>是林大发请回来对付自己的高手！<u>怪不得</u>刚才自己买什么那老头也跟着买什么。

（11）a. *北美名校想要的【必然】就是女儿这样的好学生吧？<u>怪不得</u>，有的大学不但给女儿奖学金，还提供宿舍和停车位。

　　b. *这一切【当然】都与营养（保）健食品有关，<u>怪不得</u>有人说：保健食品是 21 世纪食品的新秩序。

c. *从爹的口音里，【势必】是因为没有回乡下去，引起爹的不满，怪不得复了他的信过后，一直没有信来哩。

d. *此人【必定】是林大发请回来对付自己的高手！怪不得刚才自己买什么那老头也跟着买什么。

总的看来，通过正反验证，可以发现，在"怪不得"的"奇疑—醒悟"的话语关联中，能够进入到"原因句"中的原因信息从获知的时间、方式和情态上看，分别具有新知性、确知性和估知性，而不能具有早知性、显知性和必知性，否则，解疑释惑的原因信息就起不到"醒悟"的效果。"原因句"的语义类型可以通过表 5-4 表现出来：

表 5-4 "原因句"的语义类型

原因	逻辑	醒悟程度	选择的语义特征与标记词		排斥的语义特征与标记词	
释疑	获知时间	高■■■	新知类	竟然 / 居然 / 才知道	早知性	早知道 / 早料到 / 早发现
	获知方式	中■■	确知类	真的 / 确实 / 的确	显知性	显然 / 明明 / 分明
	获知情态	低■	估知类	大概 / 也许 / 看来	必知性	必然 / 势必 / 必定

可以说，受"怪不得"标记的"奇疑—醒悟"话语关联所约束，释疑指因的原因句必须具有三种原因语义类型：新知类、确知类、估知类，其醒悟度也随着心理落差的大小而依次递减。那么，在这一因果链条中，由原因句的"醒因"所引发的悟果句的"悟果"具有哪些语义类型呢？

4. 悟果句的语义类型

从话语关联来看，"怪不得"结果句所要表达的是：醒悟原因后对回忆起的曾经引发"奇疑"的旧信息"不再觉得奇怪"（吕叔湘，1980/1999：239），即对以往引发"新奇、疑惑"的新奇信息在"知因"后幡然醒悟。那么，从"怪不得"所标记的悟果句看，说话者究竟对哪些新奇信息因醒悟原因而不再觉得奇怪呢？根据 CCL 语料库的调查，可以发现，"结果句"所回忆的信息主要包括三种悟果语义类型：性状类、行为类、能愿类。

第一，性状类。悟果句通常会描述说话者对事物及其事物之间的新奇性质或状态不再觉得奇怪，有的通过回指代词"这么、这样、这般、如此、那么、那样"等与一定的形容词"神气、精致、深厚、灵通、高明、苦恼"

等组合，如（12a/b）；有的则是通过"像、没、比、一样"等，如（12c/
d）。说话者对该类性状因醒悟其原因而醒悟结果。

（12）a. 怪不得你的烟长得这么好，光是耘地就有这么多讲究！

　　　b. 怪不得它那么小，原来只有四十天。

　　　c. 吃了好多 babyfood，怪不得他肥得像只小猪。

　　　d. 她那只就叫西施，没有贵族两个字，怪不得没那么漂亮！

　　第二，行为类。悟果句也会描述说话者对某一行为中事物的新奇数量
或事件的新奇频次不再觉得奇怪，事物数量主要通过"这么、那么"与
"多"组合（13a），而事件频次主要以频率副词"常、经常、常常、时常、
有时、老、老是、总、总是、整天、一直、一再、连连、不常、突然、有
时"等为标记，如（13b/c/d）。

（13）a. 沟边到处是一丛一丛的野菊和金银花，怪不得飞来这么多蝴
　　　　 蝶呢。

　　　b. 镇里的小车使用控制得这么严，怪不得我经常看到书记骑自行
　　　　 车下乡。

　　　c. 才知道是两挺机枪把飞机引了来，怪不得老在头上团团转。

　　　d. 真是绝代佳人，怪不得老军长三十六岁丧妻，一直没有再娶。

　　第三，能愿类。悟果句还会描述说话者对主体实施某种行为的新奇能
力或意愿不再觉得奇怪，既可以通过可能补语否定式，如"找不到、长不
大、睡不着、看不上、算不准、得不到、想不起来、守不住、说不过、斗
不过"等表现，也可以通过能愿动词"肯、要、敢、能、会、愿意"及其
否定式等表现，如（14）：

（14）a. 怪不得说不过他呢，原来这家伙也有学位！

　　　b. 潘大庆顿时来了火，好你个阿娇，怪不得你不开门，原来是背
　　　　 着我偷养小白脸。

　　　c. 你住院竟然悟出了这么多哲理来！怪不得你愿意住院。

　　　d. 怪不得安棋不肯把家人介绍给我认识，原来她是怕我受到
　　　　 冷待。

　　总的看来，"怪不得"结果句具有三种语义类型，这些类型曾引起过说
话者的"奇疑感"，如表5-5所示：

表 5-5 "怪不得"结果句的语义类型

"奇疑 - 醒悟"话语关联	语义类型	典型表达形式
"怪不得"悟果句	性状类	回指代词 + 形容词、像、比、一样
	行为类	这么 + 多、频次副词
	能愿类	可能补语否定式、能愿动词

在"怪不得"所引导的因果性"奇疑—醒悟"话语关联中,"结果句"在话语、语义和情态上究竟具有什么特征呢?

5. 悟果句的话语、语义和情态特征

在"奇疑—醒悟"因果话语关联中,原因句的醒悟是由"奇疑"与"知因"的心理落差而引起的,而结果句的醒悟则是由"知因"与"忆果"的"回想新奇信息"而引起的。因此,说话者对回忆起的以往新奇信息不再觉得奇怪就决定了"怪不得"标记的悟果句具有三大特征:话语的叙实性、语义的醒悟性、情态的惊叹性。

第一,话语的叙实性。说话者通过"怪不得"所标记的结果句客观叙述曾经引起新奇感的信息不再觉得奇怪,这一话语基调的叙实性可以通过句类选择、动词选择、副词选择和句末助词四个角度验证出来。

其一,从句类选择来看,"怪不得"结果句对以往信息的回顾性决定了其叙实性特征,因此,其主要分布于提供以往信息的陈述句(15),而不能分布于索取信息的疑问句(16a/b)和索取行为的祈使句(16c),以及带"多么、太……了、真……"的典型感叹句(16d),如:

(15) a. 怪不得白小姐这样令人倾慕,原来白小姐有一个好母亲。

b. 原来她后台很硬,怪不得他对谁都不怕。

c. 怪不得上级让我们下海呀,这是逼着我们动脑筋,学会"游泳"。

d. 怪不得口气那么大,果然有点本事。

(16) a. *怪不得【白小姐令人倾慕吗】? 原来白小姐有一个好母亲。

b. *原来她后台很硬,怪不得【他怕谁】?

c. *怪不得【快下海呀】,这是逼着我们动脑筋,学会"游泳"。

d. *怪不得【口气多么大】,果然有点本事。

　　其二，从动词选择来看，"怪不得"结果句通常会通过"说、讲、称、问、告诉、听说、听见、想起、想到"等言说类动词来据实引述别人曾经令人称奇的观点，如（17）：

（17）a. 婆婆妈妈的。专门管女人的闲事，<u>怪不得人家说，这样的男人最没出息</u>。

　　　 b. 想不到小管这么厉害，<u>怪不得车间里的人叫她小辣椒哩</u>。

　　　 c. 卡波地在青年时期就是这个模样，<u>怪不得有人称他是"神童"</u>。

　　　 d. 啊唷，你一张嘴就是会讨好人家，<u>怪不得人人都说你好，说我坏</u>。

　　其三，从副词选择来看，能够进入到"怪不得"结果句的副词以客观叙述事件频次的"常、经常、常常、时常、有时、老、老是、总、总是、整天、一直、一再、不常、突然、有时"等副词为主，如（18）。而带有主观色彩的语气副词"明明、明显、分明、显然；确实、的确、真的、实在、根本、本来、其实；可能、大概、也许、或许、似乎、八成；必然、势必、必定、务必、愣是、断然、当然、一定、千万、万万；竟、竟然、居然、原来、果然、果真；反倒、反而、反正、偏偏、幸亏、好在、毕竟"等都不能进入到悟果句中，如（19）。

（18）a. <u>怪不得麦三总跟你闹离婚</u>，连话都不会说，你不怕烫了我，反倒先心疼汤盆。

　　　 b. 一袭旗袍勾勒出江南女子曼妙身材，<u>怪不得时常有外国女代表追问服务员哪里买的</u>。

　　　 c. <u>怪不得上次奶奶一直问东问西地盘问我</u>，我看，就是你这个丫头在我背后嚼舌根！

　　　 d. 看来我是高手高手高高手，<u>怪不得最近打麻将老是赢钱呢</u>。

（19）a. *<u>怪不得麦三【明显】跟你闹离婚</u>，连话都不会说，你不怕烫了我，反倒先心疼汤盆。

　　　 b. *一袭旗袍勾勒出江南女子曼妙身材，<u>怪不得【确实】有外国女代表追问服务员哪里买的</u>。

　　　 c. *<u>怪不得上次奶奶【必然】问东问西地盘问我</u>，我看，就是你这个丫头在我背后嚼舌根！

　　　 d. *看来我是高手高手高高手，<u>怪不得最近打麻将【幸亏】赢钱呢</u>。

其四，从句末助词来看，"怪不得"结果句通常是以"呢、哩、的"等表示叙述性的确定语气的句末助词结尾的，如（20）：

（20）a. 怪不得人家说你是铁算盘呢，在亲戚关系上也要打小九九。

　　　b. 小嘴儿甜的你看，怪不得人家都叫你桃花剑呢。

　　　c. 怪不得梅厂长态度那么强硬哩，原来他不是完全没有理由。

　　　d. 这才恍然大悟，那一身绣花的红衣，根本是农村姑娘的新嫁裳嘛！怪不得她擦胭脂抹粉的。

可以说，"怪不得"结果句在句类选择、动词选择，特别是副词和句末助词的选择上，凸显了话语基调的叙实性。

第二，语义的醒悟性。吕叔湘曾用"醒悟"分别解释了"怪不得"（1980/1999：239）和"原来"（1980/1999：639），也就是说，在"奇疑—醒悟"的话语关联中，"怪不得"标记的结果句与"原来"标记的原因句都具有醒悟义。然而，"原因句"的醒悟义源自释疑而醒因，"结果句"的醒悟义则源自"醒因而悟果"。那么，如何证明结果句的醒悟义呢？可以从主句的述语、同现叹词两个角度提取结果句的醒悟义。

其一，从话语的主句述语来看，根据CCL调查，可以发现，大量使用"恍然大悟、若有所悟、如梦初醒、恍然道、悟出一点道理来、想明白、一下子全明白、才明白、才知道、点点头、点头道、会意地说"等醒悟义词语，并将醒悟的内容快速表达出来，如（21）：

（21）a. 这个首席学者恍然大悟，怪不得他能忍受那么冗长的演讲，就为得到一个大神器师的称号。

　　　b. 他心中马上想明白：怪不得人们往城里逃，四处还都在打仗啊！

　　　c. 他忽然悟出一点道理来："怪不得有人做汉奸呢，好吃好喝到底是人生的基本享受呀！"

　　　d. 方怡默默点头道："怪不得你这么卖力游说，你们这些中国男人呀，官本位的观点太顽固了。"

其二，从话语的同现叹词来看，"怪不得"结果句前大量使用表示明白醒悟的叹词，如：啊（四声）、哦（四声）、哎（四声）、嗯（四声）、呕（四声）、噢（一声）等，如（22）；而表示迟疑的"呃（一声）"、表示鄙视的"呸（一声）"、表示招呼的"嗨（一声）"、表示唾弃的"嗤（一声）"等叹词都不能置于"怪不得"结果句前，如（23）。

（22）a. 啊！怪不得你会急速地来找安妮，原来你们也知道安妮有了孩子。

b. 哦！原来如此！一个没母亲的孩子，怪不得如此缺乏教养！

c. 噢，怪不得排队洗脸时，后面有嘀咕声，罗浩准是跟囚友探听到的。

d. 嗯，怪不得她一见我发射短箭的手法，便问“秦红棉”是我什么人，原来我师父叫秦红棉。

（23）a. *【呃】！怪不得你会急速地来找安妮，原来你们也知道安妮有了孩子。

b. *【嗨】！原来如此！一个没母亲的孩子，怪不得如此缺乏教养！

c. *【嗤】，怪不得排队洗脸时，后面有嘀咕声，罗浩准是跟囚友探听到的。

d. *【呸】，怪不得她一见我发射短箭的手法，便问“秦红棉”是我什么人，原来我师父叫秦红棉。

可以说，“怪不得”结果句的醒悟义可以直接从主句述语和同现叹词得到证明，并与同现的确定义句末助词形成一个醒悟后的肯定语气。

第三，情态的惊叹性。从因果逻辑上看，“怪不得”标记的话语关联有一个从“奇疑”到“醒因”再到“悟果”的恍然醒悟的认知过程，而从心理变化上看，说话者由奇疑到解惑的心理落差必然会引起情感状态的变化，那就是惊叹情态。“怪不得”结果句的惊叹性可以从主句述语、同现叹词和句末助词三个层面得到验证。

其一，从主句述语来看，整体的“奇疑—醒悟”因果话语关联的主句述语存在着大量表示惊叹的词语，如：吃了一惊、大吃一惊、听了大惊、略显惊异地说、暗暗心惊、慨然嗟叹、叹口气、感叹道、叹息着说、叹了一口气、叹了一声道等。如（24）：

（24）a. 我禁不住感叹，它怎么这么蓝，怪不得拜伦也迷恋着这里不羁的波涛。

b. 某君大吃一惊：呀，著名作家密尔顿还给题了词呢！怪不得这儿的厨师一个个都显得自豪呢。

c. 欢呼者慨然嗟叹：“怪不得你不知天堂何在，原来你没去过地狱！”

d. 阿士诺叹了口气："你太纯了，又这么仁慈，<u>怪不得</u>女王会这么中意你。"

其二，从同现叹词来看，"怪不得"标记的结果句前常常分布大量表示惊讶、惊叹、感叹的叹词，如：唉（四声）、哦（二声）、咦（二声）、唔（二声）、啊（一声）、呀（一声）、咳（一声）、哼（一声）、嘀（一声）、天哪、好哇、好嘛等，如（25）：

（25）a."这谷中从来没一人说过我美。"杨过长叹一声，道，"<u>唉</u>，<u>怪不得</u>这山谷叫作绝情谷"。

b. 无恤说："<u>啊</u>？你就是大名鼎鼎的范吉射？<u>怪不得</u>武功这么好。"

c. <u>天哪</u>，<u>怪不得</u>他老扣着个宽皮带，原来他腰眼伤得这么厉害。

d. <u>好哇</u>！<u>怪不得</u>昨天不赏面子了，原来跟人谈诗去了。

其三，从句末助词来看，尽管"怪不得"结果句不是典型的感叹句，但其句末却可以分布表示惊叹的句末助词"呀、啊、哪、啦"等，如（26）：

（26）a. 铁汉心想：<u>怪不得</u>他能当大哥当老板<u>呀</u>，原来这样心狠手辣。

b. <u>咦</u>，超㑇子。穿上皮鞋了，<u>怪不得</u>这么神气<u>啊</u>！

c. <u>好嘛</u>，<u>怪不得</u>这么多人念错别字<u>哪</u>，闹了半天根儿在你这儿<u>呢</u>！

d. "我认为才女包括很多条件。""<u>怪不得</u>你只认识六个才女<u>啦</u>！"

综合起来，"怪不得"所引导的"结果句"在话语、语义和情态上的特征及其形式标记上的验证手段可以通过表5-6表现出来：

表5-6 "怪不得"结果句的特征与形式标记

"奇疑—醒悟"因果话语关联	层次	特征	形式验证手段
"怪不得"结果句	话语	叙实性	句类选择 选择陈述句；排斥疑问句、祈使句和典型感叹句
			动词选择 引述性言语动词"说、讲"等
			副词分布 选择频率副词"老、总是"；排斥语气副词"明明、确实、偏偏"等
			句末助词 叙述性确定语气：呢、哩、的

续表

"奇疑—醒悟"因果话语关联	层次	特征		形式验证手段
"怪不得"结果句	语义	醒悟性	主句述语	醒悟义述语结构：恍然大悟、若有所悟、如梦初醒、一下子全明白、才明白等
			叹词选择	选择醒悟义"啊、哦、哎、嗯、噢、呕"；排斥"呃、呸、嗨、嗤"等
	情态	惊叹性	主句述语	惊叹义述语结构：吃了一惊、大吃一惊、惊异地说、暗暗心惊、慨然嗟叹、感叹道、叹息着说等
			叹词选择	选择惊叹义的"唉、哦、咦、唔、啊、呀、咳、哼、嗬、天哪、好哇、好嘛"等
			句末助词	选择惊叹义句末助词"呀、啊、哪、啦"

6. 结语

根据语义语法理论，副词，特别是情态副词属于虚词，其意义不是指称实体的概念性意义，而是指称"事物、事件、性状及其之间关系"的功能性意义。因此，要提取情态副词的语法意义及其情态类型，就必须借助于其所处的话语关联、句子类型和同现成分来准确定位其分布规律，并从正反两个角度借助形式验证手段准确提取其语法意义和情态内涵。换句话说，话语关联、句类选择、同现成分并不是副词的语法意义，但这些因素所构成的话语背景却成为描写、定位、提取和验证副词语法意义的必要手段。

情态副词"怪不得"的话语分布就是"奇疑—醒悟"因果性话语关联，在这种话语关联中，"原因句"的语义类型、怪不得标记的"结果句"的语义类型及其话语、语义和情态特征都受到严格的限制。那么，情态副词"怪不得"的"不再觉得奇怪"的醒悟义和惊叹义就有了宏观的话语关联约束、句类语义选择以及同现成分限制，这一规律的发现能够为词典编纂和汉语教学提供操作性较强的话语、语义和情态信息。整体的"怪不得"所标记的话语关联与内部语义类型可以通过图5-4完整地表现出来：

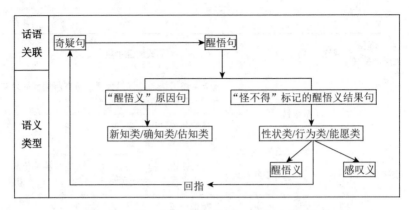

图 5-4   副词 "怪不得" 的话语关联与语义类型

第三节   顺为副词 "索性" 的话语关联与情态验证

本章以语义语法（邵敬敏，2004；赵春利，2014）为理论指导，按照从话语到句子的分析顺序，运用话语逻辑、句法验证与认知解释的方法，论证副词 "索性" 句 "势迫顺为" 的话语功能，并验证 "索性" 的情态内涵。第一，在综述前人研究成果的基础上，提出三点不足：话语关联的界定不够精准、语法意义的提取缺乏验证、情感态度的解释缺乏逻辑。第二，从话语功能、逻辑层次和语义功能三个层面勾勒 "索性" 的话语关联，并分别从形式标记和语义功能两个角度论证外层转折和内层因果及其语义。第三，从认知的势迫性、情感的不得已、态度的果断性和意向的自主性四个角度论证 "索性" 的情态内涵。最后，从系统性角度看，话语关联会从宏观角度约束小句的话语功能及其关联关系，并约束副词的情态内涵。

精确定位副词的分布规律是准确提取其情态内涵的前提，而副词分布的精确定位不仅依赖于单句，而且依赖于副词所在的句子与前后其他句子所组成的话语关联。更为重要的是，副词所蕴含的 "认知、情感、态度、意向" 等情态内涵之间的逻辑关系也必须借助于话语关联才能得以提取与验证。

1. 前人有关副词“索性”的研究

自黎锦熙（1924/1992：134；131）首次把“索性”归入“表决定”的“性态副词”以来，学者们根据不同的目的运用不同的理论方法围绕“索性”的语义情态、句法分布、话语关联和成词演变进行了比较广泛而细致的研究。

第一，在语义情态上，从黎锦熙（1924/1992：134）的“表决定”的“性态副词”和王力（1943/1985：179-180、175）的表“慷慨”的“语气副词”，到《现代汉语虚词例释》（1982：410）的表“最干脆最彻底”的“副词”，再到郑剑平（1997：64）的表“果断”的“情态副词”、张谊生（2000a：46）的“评注性副词”和邓葵、吴宝安（2004：109）的“断然”，各种观点因受制于语法理论和研究方法，基本上都是在单句范围内根据语感界定“索性”的语义情态，存在着一条从“心理”到“意志”再到“态度”的主观性线索，但没有揭示情态内部构成要素之间完整的逻辑关系。

第二，在句法分布上，根据《现代汉语虚词例释》（1982：410）对“索性”“修饰动词”的句法界定，郑剑平（1997：63）不仅在搭配组合上从正反两个角度例举了“索性”对动词谓语的选择和限制以及对结构助词和副词的同现与排斥，提取了谓语动词的语义特征［＋述人，－心理，＋及物］和主语的语义特征［＋人，＋施事］，以及本身的语义特征［＋人的主观意愿，＋干净利落，＋做某种动作行为］（郑剑平，1998：9）；而且在句类分布上还例举了“索性”对陈述句的选择和对疑问句、祈使句和感叹句的排斥，从而在动词搭配和句类选择上逐渐廓清了“索性”的单句句法分布。缺乏宏观的话语关联，也就缺乏分布规律与情态内涵之间的系统解释。

第三，在话语关联上，从最早郑剑平（1997：64）提及的“顺接”而非“反接”关系，到侯学超（1998：541）在“由于上文的行为不充分或没有办法而直截了当地采取某种行为”中蕴含的“因A而B”，再到史金生（2003c：86）指出的“因果关系”，最后到赵万勋（2015：42）提取的“递进关系”，可以说，对“索性”句的话语关联逐渐清晰。特别是史金生（2003：77）的基本语义结构模式“（先是）A+［（但是）（因为）B+（所以）（就）索性C］”，一方面，从话语分布上提出“主要用于叙述语体”的“结果分句”（史金生，2003c：79）；另一方面，从句式语义上验证“意愿性、施动性和宾语受动性"的及物性特征（史金生，2003c：79-83），极大地提升了"索性"定位的准确性和解释的可靠性。但由于把逻辑关系当作语义关系，"索性"话语关联的语义概括缺乏准确性，论证方式缺乏论证性。

第四，在成词演变上，主要有两种观点：一个是"现于宋而成于明"说（杨荣祥，1999/2005：120-121；唐贤清，2004：110），一个是"始于明而成于清"说（张明颖，2007：37）。作为副词的"索性"究竟成于哪个年代，应该以近代汉语"索性"与现代汉语"索性"在句法语义和话语上的关联度为研究视域，而现代汉语副词"索性"的句法和语义是鉴定近代汉语"索性"是否成词的参照基准和基本前提。

总体说来，无论是语义情态和句法分布，还是话语关联和成词演变，前人基本上廓清了"索性"的外延性特征，但在话语关联的准确性、语义情态的完整性及其制约关系的系统性还存在着不足。本章试图以 CCL 语料库为语料来源，以语义语法理论为指导，不仅准确提取和论证"索性"句的话语关联，而且完整地揭示副词"索性"的认知、情感、态度和意向，并据此系统解释话语关联对情态内涵的制约性。

2. 副词"索性"的话语关联

句子与句子之间基于逻辑语义关系所形成的话语关联（吴婷燕、赵春利，2018：360）并不是从微观的小句层面直接决定某个副词在句内的具体句法分布，而是从宏观的话语层面通过逻辑语义关系直接制约某个句子的分布而间接约束该句子中某个副词的分布，并且为提取、验证该副词的情态内涵奠定基础。

史金生（2003c：77）是第一个把"（先是）A+［（但是）（因为）B+（所以）（就）索性 C］"作为"索性"句语义结构的学者，这一观点基本上反映了语言事实，但准确地说，这不是语义结构，而是逻辑关系，为我们准确解析逻辑层次、提取语义功能并概括话语关联奠定了基础。

根据 CCL 语料库的调查，"索性"句的逻辑层次分为"外层转折关系"和"内层因果关系"，这一逻辑层次所反映的语义功能则是"背景意图义、无奈势变义、果断顺为义"，即"原有意图因情势变化而无奈中止，情势所迫果断顺势而为"，可概括为"势迫顺为"。整体的话语功能、逻辑层次和语义功能及其例句可以通过图 5-5 表示出来：

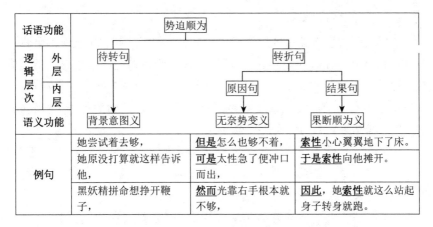

图 5-5　副词"索性"的话语功能、逻辑层次和语义功能

那么，如何鉴定区分外层与内层的逻辑层次？可以通过连词排序进行验证。在"索性"句的话语关联中，两类连词的排序规则是："但、不过、却、可是"等转折连词都位于"因为、既然、如果、若是"等因果连词的前面，因此，转折关系为外层，而因果关系为内层，如（1）：

（1）a. 他本来应该在行军时随着老营一道，<u>但因为</u>有些挂彩的步兵走得慢，时常掉队，<u>所以</u>他就索性跟着李过的后队走。

　　 b. 外文问题就此打住，<u>不过既然</u>已经开了头，索性把看到的一些差错也说一下。

　　 c. 安琪感到非常难堪，同时自尊心也受到损害，<u>不过</u>，她<u>既然</u>一心一意要向马希浩坦白，<u>因此之故</u>，她就不再犹豫，索性说下去。

　　 d. 他知当此情形，不动手是不成的，<u>但若</u>当真比拼，自然绝不是她对手，索性老气横秋，装出一派前辈模样。

按照从外到内的顺序，怎么才能证明"索性"的"势迫顺为"话语关联呢？先要验证分析外层转折关系及其语义功能，然后提取验证内层因果关系及其语义功能。

3. 副词"索性"句的外层转折与语义功能

形式层面的连词标记与意义层面的语义关系是验证"索性"句外层转折性逻辑层次及其语义功能的重要方法。

第一，外层转折关系。

连词是逻辑层次关系的形式标记，是显示句子之间逻辑层次的最直接方式。根据 CCL 语料库的调查，可以发现，原因句前经常包含"但、但是、可是、不过、然而、却、只是、反而、反之"等转折连词，如（2）。这说明原因句与前面的句子之间存在着转折关系，前面的句子为待转句，而原因句与结果句共同构成转折句。

（2）a. 杨过原不想招惹她，<u>但</u>听她说话奇怪，倒要试试她有何用意，于是<u>索性</u>装痴乔呆，怔怔地望着银子，道"这亮晶晶的是什么啊？"

　　b. 1997 年，美国克林顿政府签署了《京都议定书》，<u>然而</u>，考虑到国会的批准障碍，克林顿政府<u>索性</u>没有把《京都议定书》提交国会。

　　c. 钱伯母怂恿我答应这门亲事，<u>不过</u>我想你一定不愿意，所以<u>索性</u>谢绝了。

　　d. 当晚我在宿舍看电视，心里<u>却</u>想着白天试镜的事，想着想着，我<u>索性</u>将电视关了，一个人躺在床上蒙头大睡。

不仅如此，待转句经常出现"虽然、虽、尽管、即便"等待转连词，也可以证明这一转折关系，如（3）：

（3）a. 他自己没钱的时候<u>虽然</u>是龟孙子，<u>但</u>有钱的时候就是大老爷，他又恰巧姓孙，所以别人就<u>索性</u>叫他孙老爷。

　　b. 马光佐身躯笨重，轻功又差，跨步<u>虽</u>大，<u>却</u>不能一跨便四五尺，踏倒了几根木桩之后，<u>索性</u>涉水而过。

　　c. <u>尽管</u>已到秋天，<u>但</u>房间里好像越来越闷热。他<u>索性</u>掀开毛毯，翻身坐起来。

　　d. <u>即便</u>他会说英文了，<u>但</u>因为他知道自己在同学眼里的 STUPID，他<u>索性</u>就那么一直不开口。

可以说，从形式上看，连词标记可以证明"索性"句话语关联的第一层逻辑关系是转折关系。而从意义上看，决定这一转折关系深层次的语义功能是什么呢？

第二，外层语义功能。

从语义功能来看，待转句表达的主要是意志层面的背景意图义，而转折句中的原因句表达的是情感层面的无奈势变义，二者构成意义层面的转折关系。背景意图义的待转句主要从话语背景意义上表达某一主体试图做出某种行为，通常会出现"想、打算、为了"以及自主动词等表现主体意志的自主词语，如（4）：

（4）a. 杨晓冬<u>原想</u>插几句客气话，不料对方话板密得没一点空子，便<u>索性</u>听他讲。

　　b. 刚开始的时候，阿绿还教我唱第二部，<u>打算</u>两人合唱，但我实在是唱得五音不全，只得作罢，后来她<u>索性</u>一个人唱个痛快。

　　c. 装假辫子<u>是为了</u>避免无谓的牺牲，但终于觉得装假没有意思而<u>索性</u>不做假辫子。

　　d. 他确实<u>写出了</u>若干草稿，但写来写去，一直不满意，后来就<u>索性</u>放弃了。

从语义上反衬待转句背景意图义的是转折句中原因句表达的无奈势变义。根据 CCL 调查，原因句中大量高频出现"无能为力义"词语，既有"拉不动、睡不着、躲不过、顶不住、摊不开、跑不掉、插不上手、脱不下来、抽不出来、躲不过去、吃不下饭、说不清楚"等可能补语的否定形式，如（5）；也有"无法、没法、无力、怎么也……"等否定形式，如（6）。

（5）a. 她上去拉他，<u>拉不动</u>，<u>索性</u>坐在他旁边，哭起来。

　　b. 许多往事在他头脑里翻腾，他越想越兴奋，再也<u>睡不着</u>了，<u>索性</u>睁大了眼睛。

　　c. 马晓军绞尽脑汁，想尽各种办法来逃避，最后见实在<u>躲不过去</u>了，<u>索性</u>与父母不辞而别，来到了北京。

　　d. 我去教到学期终了，报酬虽特高，课却特重，身体也实在<u>顶不住</u>，<u>索性</u>辞职，回北京。

（6）a. 余徐军行至距客户家 6 公里处，泥泞的路面使摩托车再也<u>无法</u>行驶，她<u>索性</u>将摩托车寄存在一户农家，提着鞋艰难地向前走去。

　　b. 夜已经深了，我<u>怎么也没法</u>入睡，<u>索性</u>起来，走到楼下的咖啡座。

　　c. 杨芳的医药费 7000 多元，汤雪辉因家庭生活十分困难，<u>无力</u>承担这笔费用，便<u>索性</u>长期外出打工，逃避法院执行。

　　d. 她同意跟西蒙松结合，这究竟是好事还是坏事？这些问题他<u>怎么也</u>想不清楚，就<u>索性</u>不去想它们。

当待转句表达的背景意图不被原因句中的主体接受时，原因句还会出现"不予、不能、不想、不知、不愿、不肯"等表示势变的否定词，从而引发因势变而无奈的情感，如（7）：

（7）a. 反战派主将贝克将军再次提出辞职，勃劳希契<u>不予接受</u>，他就<u>索性</u>不再上班。

b. 主治医生终于同意给予大量输氧，但却发现床头墙上大量输氧的气源<u>不能</u>用，于是<u>索性</u>拔下小量输氧的管子，换床。

c. 奖券是商场对顾客投资的回报，既然有些消费者<u>不想</u>要他，商场<u>索性</u>收回、上交、销毁。

d. 有人曾经请他在前秦的官府里做小官吏，他也<u>不愿</u>去，后来<u>索性</u>在华阴山隐居了下来。

无奈势变义的原因句通常出现的"无能为力义"否定词，一方面与背景意图义呈语义折变关系；另一方面，又造成意志性意图势变后所形成的无奈情感，特别是可能补语否定式，更能彰显背景意图义与无奈势变义之间的转折关系。关于可能补语否定形式的语法意义，张旺熹（1997：253）在刘月华（1980：250）的"非不愿也，实不能也"基础上，提出了"愿而不能"，其实，更准确地说，是"欲而不能"。作为预设前提的意欲的"欲"隐含于表示"不能"的可能补语否定形式之中，二者构成转折关系。如"跑不掉"隐含着"欲跑掉"却"不能"的语法意义，可以把待转句隐含的"意欲"之义补充出来而不改变原来的语义关系，如（8）：

（8）a. 黑妖精眼看<u>跑不掉</u>了，<u>索性</u>停下脚步回过头来开始咏唱咒文。

——黑妖精【想逃跑，】眼看<u>跑不掉</u>了，<u>索性</u>停下脚步回过头来开始咏唱咒文。

b. 她站在沟底，怎么担也<u>担不起</u>，她<u>索性</u>放下担子，准备一筐一筐地搬过去。

——她站在沟底，【试了几次】怎么担也<u>担不起</u>，她<u>索性</u>放下担子，准备一筐一筐地搬过去。

其实，原因句中大量出现的"实在、难以、简直、反正、横竖、无论如何、非……不可"等表示几经努力而无果的副词更能直接突显其"无奈"情态，如（9）：

（9）a. 记者前门进，厂长后门出，<u>实在</u>躲不过，<u>索性</u>开门见山。

b. 他回到家里，辗转反侧，<u>难以</u>入眠，<u>索性</u>跳进游泳池畅游

"降温"。

c. 叶美兰搞不清楚孙建冬都有些什么要紧事儿，她知道<u>反正</u>问了也白问，就<u>索性</u>不问了。

d. 那天我是尾随着他而去了，他知道<u>无论如何</u>甩不掉我，<u>索性</u>也就不理我了。

总的说来，无论是形式标记还是语义功能，待转句与原因句存在着逻辑层次上的外层转折关系及其背景意图义与无奈势变义的语义功能关系。这一外层关系对"索性"句而言，属于间接性的话语关联约束，约束性较弱。而内层原因句与"索性"结果句之间的因果关系对"索性"句的约束性较强。那么，如何证明内层因果及其语义功能呢？

4. 副词"索性"句的内层因果与语义功能

话语关联外层转折句所包含的内层因果关系及其语义功能可以通过形式标记从正反两个方面来验证。

4.1 内层因果关系

从形式标记上看，根据调查，原因句的无奈势变义与"索性"句的果断顺为义之间存在的广义因果关系通过连词或副词来体现，可分为四类。一是因果关系，如："因为/因……，所以/则……"，"由于/为了……，……"，"……，所以/因此/因而/故此……"等，如（10）；二是推断关系，如："既然……，就/为什么不/何不/不如/那么……"，"既已……，便……"，"……，就/便/那么/于是……"，"就算/纵是……，……"等，如（11）；三是假设关系，如："如果/要是/倘若/若是/假使……，为何……"，"……，就/便……"，"……，否则……"等，如（12）；四是前后关系^①，如：后来、最后、终于、末了、然后等"终后义"时间副词来体现，如（13）。

（10）a. <u>因为</u>竞争的人太多，日本人索性裁撤了这个机关。

b. <u>为了</u>不影响测量的精确度，大家索性取掉了防蚊帽、手套，让蚊虫咬个够。

c. 那都是很模糊、很凌乱的片段，<u>所以</u>后来我就<u>索性</u>不想了。

---

① 从时间维度上看，广义因果关系本质上属于具有先后顺序的单向关系，因此，表示"终后义"的顺序副词可以体现前因后果的因果关系。

　　　　d. 高夫人最少要骂她五个钟头，因此，她索性不说话。
（11）a. 既然春节回不了家，就索性好好逛逛北京城。
　　　　b. 既已忍耐多日，索性便再等几天。
　　　　c. 妻子的工作不好调动，就索性辞职，到油田当合同工。
　　　　d. 无法继续养活家口，于是他索性只身来到香港淘金。
（12）a. 如果她们要杀他灭口，为什么不索性就在这里杀了呢？
　　　　b. 假使你觉得宾馆送的年夜饭还是不热乎，索性"租"个酒店大
　　　　　 厨回家来。
　　　　c. 它们要是怕冷，索性留在南方，便不用回来了。
　　　　d. 有一个好父亲是重要的，否则还是希望索性不要父亲。
（13）a. 常常连周末也不能回深圳与新婚妻子团聚，后来，他索性星期
　　　　　 日将亲人接到工地。
　　　　b. 老杜无心经营酒店，生意逐渐冷淡，最后索性关了店门。
　　　　c. 他却开始呻吟起来，末了又索性放声大哭了。
　　　　d. 他们先是行动不便，然后坐在轮椅上，然后索性不能移动了。
　　可以说，表示因果关系的连词或副词从形式层面验证了内层逻辑的因
果性，从语义功能来看，原因句的无奈势变义与"索性"句的果断顺为义
必须形成广义因果关系，即使没有因果形式标记。

4.2 内层语义功能

　　从意义层面来看，无奈势变义作为原因所引发的是"索性"句作为结
果的果断顺为义。也就是说，势变义在情感上是无奈的，情势所迫而导致
的结果则是"索性"句所表达的果断顺为义，凸显了态度的果断和语义的
顺势而为。

　　首先，从正面角度看，如果有因果形式标记，直接说明了因果关系，
如果没有因果形式标记，则可以通过添加因果性"形式标记"的方法来验
证其因果性质及其深层的语义功能，如（14）：

（14）a.【因为】被媒体拍到两人牵手的照片，周迅索性公开承认与大
　　　　　 齐的恋人关系。
　　　　b. 他见老板【既然】已能与他平等对话，索性把想说的话吐
　　　　　 出来。
　　　　c. 有些人愿意拜他做老师，【所以，】他就索性办了个私塾，收起
　　　　　 学生来。

　　　d.【由于】有些老板仓空货紧，索性租掉门面，坐收其成。

　　值得注意的是，并非"索性"句可以不受限制地进入到任何一个因果关系的结果句位置，而必须受到无奈势变义原因句的约束。换句话说，"索性"句作为结果句是在对背景意图的势变而产生无奈情感的驱动下，断然采取的顺为行为。以（15）为例，他想回家看儿子（背景意图义），但是春节回不了家（无奈势变义），所以索性逛逛北京（果断顺为义）。

　　（15）家里那七个月的儿子着实让他惦记，不过他也想得开，既然春节回不了家，就索性好好逛逛北京城。

　　因此，"索性"句所表达的果断顺为是以无奈势变为前提的。从逻辑上看，是基于转折后的因果；从语义上看，是基于势变后的顺为；从情态上看，是基于无奈势变的果断顺为。从意志的意图、情感的无奈，再到态度的果断，是一条决定"索性"使用的语义条件。

　　其次，从反面角度看，如果把复句关系分成因果、并列、转折三类（邢福义，2001：8），那么，"索性"句必须与前面句子构成因果关系，而并列关系（11a/b）、转折关系（11c/d）一旦插入副词"索性"都是不合法的，如（16）：

　　（16）a.我一边读，一边止不住掉眼泪。

　　　　——*我一边读，一边【索性】止不住掉眼泪。

　　　　b.他们不但随地大小便，而且还往桌子上吐痰呢！

　　　　——*他们不但随地大小便，而且【索性】还往桌子上吐痰呢！

　　　　c.虽然不高兴，但是他们压住了火气。

　　　　——*虽然不高兴，但是他们【索性】压住了火气。

　　　　d.我们即使吃咸菜，也要把戏唱下去。

　　　　——*我们即使吃咸菜，也要【索性】把戏唱下去。

　　其实，因果关系是使用"索性"的必要条件，不是充分条件。也就是说，如果不是因果关系，那么，一定不可以插入副词"索性"；而如果是因果关系，那么，还不一定能插入"索性"，必须符合"无奈势变的原因与果断顺为的结果"的语义条件，否则，"索性"句不能进入到结果位置，如（17）：

　　（17）a.因为胖，所以不怕冷。

　　　　——*因为胖，所以【索性】不怕冷。

  b. 我既然要这么做，就一定值。

   ——＊我既然要这么做，就【索性】一定值。

  可以说，无论是形式标记还是语义功能，原因句与"索性"句在逻辑层次上存在着内层因果关系，在语义功能上存在着无奈势变义与果断顺为义的语义关系，这一内层关系对"索性"句的分布具有直接的话语关联约束。

  总的说来，"索性"句所处的"势迫顺为"话语关联不仅直接定位了"索性"句的话语位置和语义功能，而且间接制约着副词"索性"内在的情态内涵。

5. 副词"索性"的情态内涵

  副词"索性"在话语关联中分布于表达"果断顺为义"结果句的状语位置（史金生，2003c：79）。从语体来看，既可用于叙述体（18a），也可用于对话体（18b）；从体（aspect）来看，主要选择未然体、尝试体、起始体、完成体，如（19）；而插入"过"经历体标记或者"着、正在"进行体标记，则都不合法，如（20）。

（18）a. 我这人记不住数字，更记不住名字，所以我索性不发名片，也不向别人要名片。

   b. 管家说："九爷，聂小轩要是从今后再不能烧'古月轩'，你那套十八拍的壶可就举世无双了！"九爷说："那就索性趁他昏着把手给他剁下来。"

（19）a. 我实在嫌麻烦，索性打算卖了它，图个清静。

   b. 看那人锲而不舍地追随着我们，大伙索性跟他去试试。

   c. 云秀被碰得头昏眼花，为了迷惑敌人，索性大哭大叫起来。

   d. 有些人愿意拜他做老师，他就索性办了个私塾。

（20）a. ＊我实在嫌麻烦，索性【卖过它】，图个清静。

   b. ＊看那人锲而不舍地追随着我们，大伙索性【跟他去试过】。

   c. ＊云秀被碰得头昏眼花，为了迷惑敌人，索性【大哭大叫着】。

   d. ＊有些人愿意拜他做老师，他索性【正在办私塾】。

  无论是叙述体还是对话体，"索性"在情态上不强调已然事件的经验性，也不描述当前事件的进行性，而是基于认知上的势迫性、情感的不得已、态度上的果断性，在意向上采取的自主动作。那么，如何证明呢？

第一，认知的势迫性。

从认知上看，"索性"所选取的动作行为是主体根据势变后的客观情势审时度势自主做出的选择，具有客观的势迫性，因此，与主观性副词都存在着排斥关系。无论是表达主观性质的"必须、务必、宁愿、总算、竟然、原来、果然"等副词，或者表达主观数量的"起码、最少、或许、大概、简直、几乎"等副词，还是表达主观关系的"反而、偏偏、毕竟、反正、好歹"等副词，或是表达主观模态的"必然、一定、可能、的确、根本"等副词，都不能与"索性"同现，如（21）：

（21）a. 只是身上的衣服都沾染了血迹，*他<u>索性</u>【必须】脱去了上衣。

b. 我曾经想过如果得奖了我要说什么，但是那都是很模糊，很凌乱的片段，*所以后来我就<u>索性</u>【几乎】不想了。

c. 她的鞋子还没全干，*她<u>索性</u>【反正】脱掉鞋开车。

d. 森林里阴冷怕人，*他<u>索性</u>【的确】把尖刀拿在手上。

客观的势迫义却可以与"公开、公然、大方、大声、明确、直接、假意、徒步、一同"等反映动作行为方式的方式副词同现，折射出主体行为方式的变化，如（22）：

（22）a. 先是躲着抽，后来被妻子发觉了，<u>索性公开</u>抽。

b. 去省里钱也不少花，<u>索性直接</u>奔京沪广吧。

c. 老婆先是跟他吵骂，见毫无效果，便<u>索性</u>与他<u>一同</u>吸食，成了"夫妻毒鬼"。

d. 我从马上重重地摔了下来，还好没什么大事，但我不敢再骑了，<u>索性徒步</u>爬上山去。

第二，情感的不得已。

从情感上说，"索性"所选取的动作行为是原有意图遭遇困境而"无奈势变"后，迫于情势而做出的自主选择，因此，"索性"结果句会蕴含着与原因句的"无奈情感"一脉相承的不得已义。一方面，"厚着脸皮、硬起头皮"等状语和"算了、得了、罢了、好了、倒好、也好、为好"等句末助词可以从形式上验证该不得已义，如（23）：

（23）a. 而自己却经常是有了上顿没下顿，有时饿得慌了，<u>索性厚着脸皮</u>跑到亲戚和朋友家去打游击。

b. 陈默涵觉得石云彪逼人太甚，逼得他没有退路了，<u>索性硬起头皮</u>反问了一句。

c. 你不来，我索性绝食算了。我一直捱着，捱到你来。

d. 我正无可奈何呢！既然流言可畏，倒索性由她出家也好，免得再生嫌隙。

另一方面，可以根据施事主语与动作行为的利害关系进行语义分析，揭示主语施事的不得已，如（24a），正常来说，没有人愿意死，可是，"全家人"迫于"跑不掉"的情势而不得已选择"死在一处"，可见其不得已性。又如（24b），没人愿意哭，可是"小莲花"迫于"镇长跑了，没人照顾她"而情不自禁地"哭了起来"。（24c）和（24d）也是一样。

（24）a. 反正跑不掉了，索性全家人死在一处吧！

b. 镇长跑了，还有我呢！忘了他那个没良心的人吧，丢下你跑了。小莲花索性哭了起来。

c. 皇后不敢替他说话，十分惊骇，感到绝望，病情忽重，索性吞金自尽。

d. 同你拼命也犯不着，你不爱我，我便没人爱吗？这样一来，大家索性离了婚倒好。

第三，态度的果断性。

从态度上看，尽管"索性"所选择的行为是迫于情势不得已做出的选择，但其态度却是坚决而果断的，态度的果断性主要体现在行为的直接性、快捷性、彻底性、坚决性。一是表现直接性的"直、直率、直言、径直、照直、单刀直入、直截了当、开门见山"等词语；二是表现快捷性的"一下子、一口、一把、一举、一股脑地、一跃、一屁股、一头、一招、不……就"等词语；三是表现彻底性的"到底、V个彻底、V个痛快、V个通宵、统统、全部、完全、一切、都、一……不、什么……也、哪儿也不……"等；四是表现坚决性的"尽情、狠命、大胆、横下心来、把心一横、大V起来、一不做，二不休"等词语，如（25）：

（25）a. 杜洛克有些恼怒了，他索性单刀直入：假如找不到这份新遗嘱，你那西毕就可以继承全部遗产了？！

b. 说来说去，你还是不爱我，你又何必推三推四，索性一口回绝我好了。

c. 就连这最后一块布片都觉得是一种累赘，她们索性什么也不穿，一丝不挂地下水了。

d. 实在是热得发痒闷得无聊了，崔二月索性横下一条心，四区同二区的妇抗会来一场嘴皮子快活。

第四，意向的自主性。

从意向来看，"索性"所选取的动作行为是迫于情势果断做出的不得已反应具有自主性。从正面来看，自主性主要表现在"索性"对"躲、给、骂、买、拿、跑、找、走、离开、放弃、怂恿"等大量自主动词，或"大方、小心、潇洒"等少量自主形容词、"使令结构"等自主性动词结构、"把字句、将字句、用字句"等句式的选择上，如（26）：

（26）a. 实在等得无聊，有几个人索性躲在树荫下打起了扑克牌。

b. 本来男左女右，只看一只，也索性大方些，将一双手都伸了出来。

c. 既然谈起地方出版社，就索性让我再多说几句。

d. 你如何今天存心难为我，索性先把我杀了算了！

从反面来看，主要表现在对"病、丢、怕、瘫、厌倦、明白、着急、知道"等非自主动词或"多、好、累、甜、漂亮、内向、激动"大量非自主形容词、"可能补语肯定式或否定式"等非自主性动词结构、"被动句"句式的排斥上，如（27）：

（27）a.（他）确实写出了若干草稿，但写来写去，一直不满意，*后来就索性【厌倦】了。

——（他）确实写出了若干草稿，但写来写去，一直不满意，后来就索性放弃了。

b. 既然知道这样来钱可以，又能不冒风险，*我索性就【多】点。

——既然知道这样来钱可以，又能不冒风险，我索性就多拿点。

c. 李莫愁心想，你既然知道了，*不如索性说【得】明白。

——李莫愁心想，你既然知道了，不如索性说个明白。

d. 夫妇倒是毫不反抗，*索性【被】人们涂个痛快。

——夫妇倒是毫不反抗，索性让人们涂个痛快。

总的说来，"索性"的情态可以概括为"情势所迫不得已而果断采取的自主行为"，分解为：认知的势迫性、情感的不得已、态度的果断性和意向的自主性。

6. 结语

分布规律反映语义情态，语义情态决定分布规律。因此，分布规律的准确定位是揭示并验证语义情态内涵和外延的逻辑前提和形式手段，而语义情态则是决定并解释分布规律的认知基础。

情态副词分布规律的准确定位，不能仅仅局限在其所在的单句句法位置，也不能仅仅局限在其所在单句与其他单句的复句关系，而必须按照从宏观到微观的逻辑顺序，借助话语关联定位副词所在单句的话语功能、逻辑层次及其语义情态，从而为定位情态副词的分布规律以及提取语义情态奠定基础。总的说来，就是话语关联通过逻辑层次约束了复句关系及其语义情态，复句关系又约束了单句的分布及其语义情态，而单句又约束了情态副词的分布和语义情态。从本质上，由于情态副词的语义情态不是概念性的，而是功能性的，因此，每个情态副词的语义情态都蕴含着整个话语关联的语法意义。

本章就是按照从话语关联再到表达形式再到语义情态的逻辑顺序，逐渐定位并细化"索性"的分布规律，从而准确界定副词"索性"的情态意义：因情势所迫不得已而果断顺势采取的自主行为。因此，"索性"的话语关联与情态内涵可以通过图5-6表现出来：

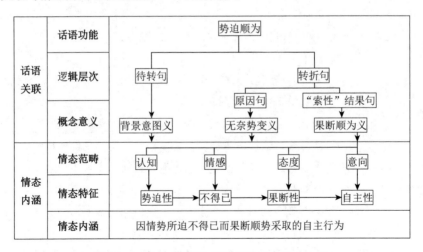

图 5-6 副词"索性"的话语关联与情态内涵

第六章　模态类情态副词研究

第一节　证信副词"确实"的句法分布与语义提取

本章按照语义语法"句法反映语义而语义决定句法"的本体论原则，从句法层面的典型话语关联、复句选择到单句分布，逐层细化并提取副词"确实"语义层面的"证知传信"的语法意义。第一，从语义界定、句法分布、功能解释和语法演变四个角度综述前人的研究成果，并指出界定语义、逻辑思路、验证方法存在的问题。第二，从话语分布角度，正反验证"确实"句在"经证知信"话语关联中具有结论性和知信性特征。第三，从复句选择角度，"确实"句的结论性知信性决定了其主要选择偏正类复句的结论句和推断类复句的前提句，排斥平行类复句关系。第四，从句法分布角度，正反验证副词"确实"对知信陈述句、是非疑问句和有界感叹句的状语位置的选择，并据此提取"确实"具有的"证知传信"义。

副词语义的提取必须基于副词分布规律的精确定位，而副词的分布规律不仅体现在单句句法位置、句子功能和同现成分的选择与排斥上，而且还体现在副词所在"句子"对复句关系和话语关联的选择与排斥上。正如清代陈澹然所言："不谋万世者，不足谋一时；不谋全局者，不足谋一域。"整体对部分具有约束作用，而"连接成分是用来明确表达语言片段之间在语义上的种种转承关系"（廖秋忠，1986：413），因此，连接成分可以显示话语关联对副词分布的定位作用。按照从大到小的顺序，话语关联、复句关系和句法位置可以逐层定位副词的分布规律并据此正反验证其语义。

1. 前人关于副词"确实"的研究

自黎锦熙（1924/1992：132）最早把"确实"作为性态副词以来，前人主要从语义界定、句法分布、功能解释和历时演变四个方面进行了比较全面的描写，取得了丰硕的成果。

　　第一，在语义界定上，前人的观点先后可分为三类。一是黎锦熙（1924/1992：132）提出的揣定动作性态说，即"从说话者的主观方面，认定或揣度某种动作的性态"而"重在事物"的性态副词。二是由中国科学院语言研究所词典编辑室（1973：851）提出而成为语法学界主流观点的肯定客观真实说，即副词"确实"是"对客观情况的真实性表示肯定"，吕叔湘（1980/1999：460）、唐启运和周日健（1989：205）、张谊生（2000a：56）、张斌（2001：447）、朱景松（2007：353）等都秉持类似观点。可贵的是，侯学超（1998：478）还增加了"往往须经验证并得到说话人认同"，极具启发性。三是根据"对命题实然性的确认"（史金生，2003b：21）由王叶萍（2008：32）提出的确认主客真实说，即"对客观的真实性和主观感受的真实性的确认"（吴志云，2010：14；刘金枝，2017：10）。三种观点不仅显示出"揣定、肯定、确认"等逐渐精确化的话语行为和"动作性态、客观真实、主观真实"等逐渐具体化的话语内容，而且都隐含着话语主体"人"，但是，"确实"语义的精准界定既需要语感的自省，更需要基于语料库调查的分布定位与正反验证。

　　第二，在句法分布上，前人已经比较全面地描述了副词"确实"的句法位置、句类选择、同现词语。一是句法位置，主流观点是"可用作状语，也可用在句首"（吕叔湘，1980/1999：460），"充当全句的修饰语"（张斌，2001：447；杨培松，2006：25-26），而罗耀华、朱新军（2007：122）还认为"'确实'位于句末的情况，有追补的意味"，并运用焦点或主观性来解释差异（余琼，2013：54），但没有形式验证三个句位的语义或功能差异。二是句类选择，一般认为可分布于陈述句、疑问句的"是非问句"、感叹句，不能分布于祈使句（金基梅，2006：30；王叶萍，2008：23-24），但陆雨（2018：11）认为可分布于祈使句。三是同现词语，前人都认为副词"确实"可修饰动词和形容词（侯学超，1998：478），也注意到了同现的时态助词"着、了、过"（周密，2016：86-88）、叹词"呃、哎、呀、哟"和语气词"啊、的、了、呢、嘛、哇、罢了"等（金基梅，2006：22），还关注同现副词及其排序问题（黄河，1990：494-523；张谊生，1996：89；袁毓林，2002：333；崔诚恩，2002：78-79；史金生，2003b：22；吴志云，2010：12；陈益娟，2018：22），但并没有细致研究能否同现以及如何同现，更没有把各类同现词语关联起来作为方法来提取并验证"确实"语义。总体说来，前人对"确实"句法分布的描写全面细致，但没有把句法分布与语义提取结合起来。

第三，在功能解释上，前人主要针对"确实"作为"再肯定连接成分"（廖秋忠，1986：419）而分布于转折、并列、因果、递进复句关系中的衔接或情态功能（刘金枝，2017：41-42），提出了三种认知解释：焦点说（金基梅，2006：29；余琼，2013：54）、预设说（王叶萍，2008：13；潘田，2010：81）和标记说（潘海峰，2017：295-298）。焦点是基于背景而语义后指的，预设是基于结论而语义前指的，而标记是针对前后命题关系而言的。那么，"确实"是否具有"预设在前而焦点后置"的标记功能呢？这需要基于话语关联来做形式验证。

第四，在历时演变上，主要有三种观点：形副虚化说、副词固化说和副化标记说。其一是指副词"确实"是从"确"与"实"的单用到短语再到形容词虚化而来的（魏红，2010：48-49；刘金枝，2017：50）；其二是说语气副词"确实"是由状位的副词"确"与"实"复用固化而成的（陈益娟，2018：30）；其三是话语标记"确实"是由副词"确实"的认识情态弱化、丧失而失去对命题真值的影响，到移至句首前位、辖域扩大而演化来的（潘海峰，2017：297）。究竟"确实"源自形容词虚化还是副词固化，需要"确实"的共时层面的精确定位和语义提取来为回溯并鉴定词性奠定句法和语义基础。

本文试图在前人研究基础上，以语义语法理论为指导，根据 CCL 语料库的调查，按照话语关联、复句关系到单句分布从大到小的逻辑顺序，逐层精确定位"确实"句和"确实"的分布规律，并据此提取验证副词"确实"的语义。

2. 副词"确实"句的典型话语关联

话语关联不仅从形式层面定位句子之间的句法关系，而且从意义层面揭示句子之间语义关系，从而宏观定位某个句子的话语分布规律。根据 CCL 语料库的调查，可以发现，"确实"句所选择的典型话语关联是由信息待证、心理未定、查证行为、知信结论四个概念组成的"经证而知、因知而信"的"经证知信"（侯学超，1998：478），这一话语关联不仅制约着"确实"句的话语分布规律，而且也是提取验证"确实"语法意义的话语底蕴。

话语关联"经证知信"从逻辑关系来看就是"信息待证，经证而知"；而从认知关系来看就是"信息未定，因知而信"。如图 6-1 所示：

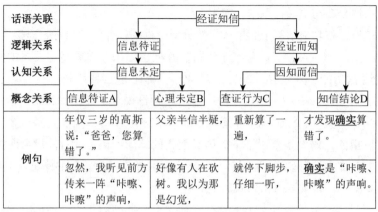

图 6-1　副词"确实"的话语关联

那么,"确实"句所处的"经证知信"话语关联具有哪些特征呢?

第一,"心理未定"的可隐含性。在"经证知信"的话语关联中,"待证信息"是引发查证者不定心理而去证实真伪的外在动因,但在语言层面,查证者的"心理未定"(B)可以隐而不显,如例(1):

（1）a. 我市公安局接到监狱侦查员报告,认为古城监狱一服刑人员有重大余罪嫌疑（A）,经查（C）,该服刑人员**确实**与数起特大杀人抢劫案有关（D）。

　　b. 英格兰银行多次接到公众的电话,称新版纸币上的序号数字可以用手擦掉（A）。英格兰银行随即进行检测（C）,发现**确实**存在这种可能（D）。

　　c. 你报刊登题为《涟水县邮局摊派储蓄奖券》的读者来信后（A）,江苏淮阴市邮局立即派人调查处理,经了解（C）,我局营业窗口**确实**存在强行搭售储蓄奖券的问题（D）。

　　d. "江大姐这一身打扮,至少显得年轻十岁,越发漂亮哪!"徐义德给赵治国这么一说（A）,认真地朝江菊霞浑身上下打量一番（C）,觉得**确实**比过去美丽,妩媚动人（D）。

第二,"查证行为"的主体亲验性。在"经证知信"中,"查证行为"通常包含主体亲自采取的验证义动词"看、听、想、摸、问、查、查看、调查、研究、走访、观察、了解、思考"并经常受到细致义形容词修饰（认真想想、细细想来）,是连接"前情"与"后果"的纽带,也是得出"确实"结论句的必要前提。一旦删除"查证行为 C",就会导致"待证信息"与

"知信结论"之间缺乏话语的关联性，从而导致话语衔接不合法，如（2）：

（2）a. 德强呆呆地看了一会儿，心想，她那只露在外面的胳膊一定冷了（A），用手一摸（C），确实是凉的（D）。

——*德强呆呆地看了一会儿，心想，她那只露在外面的胳膊一定冷了（A），[？]确实是凉的（D）。

b. "局长信箱"相继收到多名群众的反映，称城区某派出所一名老户籍民警对待群众态度冷、硬、横（A），经调查走访后证实（C），这名民警确实存在服务质量差的问题（D）。

——*"局长信箱"相继收到多名群众的反映，称城区某派出所一名老户籍民警对待群众态度冷、硬、横（A），[？]这名民警确实存在服务质量差的问题（D）。

第三，"知信结论"的明示知信性。在"经证知信"的话语关联中，"确实"结论句通常包含两类：客体明示性与主体知信性。廖秋忠（1986：419）曾称"确实"为"再肯定连接成分"，本质上就是主体获知并确信，"再肯定"主要指"待证信息经证实而明示为可知可信的信息"。前者的标记词有：证实、证明、说明、表明、查明等（3a/b）；后者的标记词有：觉得、发现、相信、承认、确认、认为、可见、可以说、看到、看来、说来等（3c/d）。

（3）a. 读了报刊上有关四川德阳市国有工业企业的一系列报道，我们不久前到德阳做了调查。调查证实，德阳国有工业企业确实搞得不错，经济效益不断提高。

b. 近几年，许多机关选派干部下基层挂职锻炼。实践证明，这确实是一种培养干部的好办法。

c. 目前看起来手机芯片的毛利率是40%，远远高于玩具。表面上进行对比，发现手机芯片的毛利率确实高。

d. 他猛抬头，前边一幢楼房挡住了去路，竟是"原子弹爆炸纪念馆"。他弄不清自己是否有意往这儿走来的，可现在他相信自己确实正要来这个地方。

第四，"经证知信"的前后关联性。"前后关联"可以通过两点得到验证：时间先后和代词回指。前者是指查证行为中经常包含"后来、X后、才"等时序词，如（4a/b）；后者是指知信结论中通常在主语、宾语、定语、谓语等位置包含：如此、这样、这么、那样、那么、那些、那个、那里、那样等回指代词，如（4c/d）。

（4）a. 生孩子的时候，前几天奶没法出来，几乎每一个认识的人都说
吃酒酿特有效。没想她吃了几天之后，<u>确实</u>奶就出来了。

　　b. 妻子说："你别急，是你多找给我钱了！"小伙子数了数袋里的
钱，<u>才发现确实</u>少了5元钱。

　　c. "反季购物，最有吸引力的，还是价钱便宜得多。"一名中年男
子这样述说自己的经验。看一看店内悬挂的服装，涨跌行情<u>确
实</u>如此。

　　d. 佐哈尔开始怀疑未婚夫是不是爱上了别的女人。今年春天，麦
克努特的一个亲戚证实了佐哈尔的担心，他<u>确实</u>和<u>那个女护士</u>
来往得非常密切。

　　总的说来，"经证知信"的话语关联决定了"确实"句主要分布于知信
结论的话语位置。"经证知信"就是"信息经证、结论知信"，这不仅从预
设前提角度隐含着"待证信息"（王叶萍，2008：13），而且从话语焦点角
度突出"知信特征"（金基梅，2006：29）。总的说来，"确实"句的"知
信结论"显示出说话者因结论证实而激活自己确信并取信于人的信任情态，
因此，"确实"句具有客观证实的结论性和主观情态的知信性。前者可以通
过"总之、总的说来、总体来说、这就是说、如此说来、X的是、从X来
说/来看"等结论性话语标记来证实，如（5a/b）；后者可以通过"事实上、
客观上、实际上、客观地说、实事求是地说、毫不隐讳地说、坦率地说、
肯定地说"等知信性话语标记来证实，如（5c/d）。

（5）a. <u>总之</u>，当前国内外形势都比较有利，我们<u>确实</u>面临着改革和发
展的大好时机。

　　b. <u>值得注意的是</u>，在我们的生活中<u>确实</u>存在着一些不讲正气的
现象。

　　c. <u>事实上</u>，他们<u>确实</u>有过阴谋。

　　d. <u>实事求是地说</u>，这些年中国的经济<u>确实</u>发展了。

　　可以说，"经证知信"话语关联从宏观角度廓清了"确实"句的话语分
布，制约着"确实"句结论性和知信性语义特点，为解释"确实"句的复
句类型选择和复句位置分布奠定了基础。

3. 副词"确实"对复句类型的选择与分布

杨培松（2006：30）、余琼（2013：60）、刘金枝（2017：41-42）等

学者先后分别谈到了"确实"句对转折、并列、因果、递进等复句类型的选择，但没有从正反角度说明复句类型的选择与复句位置的分布，更没有从话语关联角度解释复句分布的规律性。

首先，从复句类型的选择来看，根据副词"确实"所分布的复句类型及其数量，"确实"句倾向于选择假设、因果、条件三类推断类复句，如（6），和补充、递进、转折三类偏正类复句，如（7），但倾向于排斥连贯、选择、并列三类平行类复句，如（8）。其中，"确实"可以插入到带有一定偏重的连贯复句（8a1）和并列复句（8c2）中，而典型的选择复句一般不能插入"确实"（8b）。

（6）a. 如果病毒<u>确实</u>来自野生动物，可能给消灭非典带来新的难度。

　　　b. 因为他<u>确实</u>了解亚尔斯兰话中的含意，所以他更难以启齿。

　　　c. 只有事态<u>确实</u>到了最严重的地步，才能考虑动用武力。

（7）a. 墨子竟然连传记都没有，这<u>确实</u>让人很吃惊。

　　　b. 他们不仅能够坚持抗战，而且<u>确实</u>能够向侵略者发动攻势。

　　　c. 他们的产品虽然价格昂贵，但是<u>确实</u>是物有所值。

（8）a1. 对使用外地工开始<u>确实</u>有顾虑，后来，我渐渐转变了看法。

　　　a2. ? 患者开始【确实】感到手脚麻木，接着听觉视觉逐步衰退。

　　　b1. * 你的选择不多，要么【确实】战斗，要么投降或逃避。

　　　b2. * 我们或者赞成改革，或者【确实】赞成稳定。

　　　c1. ? 你们又【确实】想赚钱，又不想付出。

　　　c2. 这种意见也是很好的，也<u>确实</u>值得研究。

其次，从复句位置的分布来看，根据副词"确实"在复句关系中出现的位置及其数量，"确实"句主要做推断类复句的前提句和偏正类复句的结论句。具体地说，副词"确实"主要分布于推断类假设句、原因句和条件句的前提句，如（9）；也可以分布于三者的结论句，但数量少，如（10）。同样，副词"确实"主要分布于偏正类补充句、递进句、转折句的结论句。如（11）；也可以分布于三者的前提句，但数量少，如（12）。

（9）a. 要是法院审判<u>确实</u>有错误，那就得上诉。

　　　b. 钙之所以成为"膳食补充剂"，是因为它<u>确实</u>有重要的生理功能。

　　　c. 只要<u>确实</u>是他干的，我定会对他依法处理。

（10）a. 如果不搞好经济建设，就<u>确实</u>有危险。

　　　b. 因为我笨，所以我做事<u>确实</u>比别人费时间。

　　　　c. 要是我多吃胡萝卜，我的视力确实能好一些吗？

（11）a. 我们大概在一起三年多，那个时候确实想到过婚姻。

　　　　b. 他们不仅是这么说的，也确实是这么做的。

　　　　c. 这一形象的比喻尽管有欠全面，但确实道出了一个事实。

（12）a. 我们汽车工业确实取得了很大成绩，这是有目共睹的。

　　　　b. 他们不但确实"死"了，而且是提前两轮"死"了。

　　　　c. 尽管巴西队确实实力非凡，但并非不可战胜。

　　根据"确实"句对复句类型的选择与排斥并结合其在复句位置中前提句和结论句的分布数量，可以建立一个连续统：以推断类复句和偏正类复句为两极，"确实"句做推断类复句的前提命题多于结论命题，而做偏正类复句的结论命题多于前提命题，但中间就是"确实"句一般都不选择的连贯、选择、并列平行类复句。可以通过图6-2看出"确实"句的复句类型选择与位置分布规律：

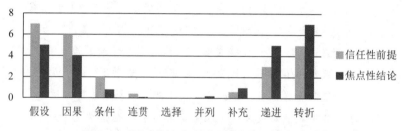

图6-2　"确实"句复句类型选择与位置分布图

　　那么，为什么"确实"句会呈现出这样的复句选择和分布规律呢？这是由"确实"句话语分布的结论性和知信性两大语义特点决定的。

　　其一，"确实"句既有结论性又有知信性，结论性突出了话语的焦点性，而知信性突出了话语的前提性。因此，当推断类复句突出前提的真实可信性时，"确实"句知信性就会显著于结论性，它就会主要选择以论述为话语基调的推断类复句的前提命题，其次选择结论命题。而当偏正类复句突出结论的焦点核心性时，"确实"句的结论性就会显著于知信性，它就会主要选择以叙述为话语基调的偏正类复句的结论命题，其次才选择前提命题。

　　其二，"确实"句的结论性和知信性决定了其排斥缺乏偏正关系或推断关系的平行类复句。之所以"确实"句可以进入到少量连贯复句和并列复句中，那是因为连贯和并列复句可以包容前偏后正的语义关系。而之所以其排斥典型的选择复句，就是因为选择复句没有结论性及其知信性。这一点，"确实"句只能分布于"无论、不论、不管、任凭"等引导的"无条件"的结论句而非前提句就可以证明，因为"无条件"句的前提命题是没有定论的选择关系，所以只能选择其焦点性结论（金基梅，2006：29），如（13）：

（13）a. 无论是写作还是经营报纸，他确实都表现出了过人之处。

　　　　——＊无论【确实】是写作还是经营报纸，他都表现出了过人之处。

　　　b. 不管你信不信，卡尔松确实住在那里。

　　　　——＊不管你【确实】信不信，卡尔松住在那里。

总的说来，"确实"句在"经证知信"话语关联中所具有的结论性和知信性语义特征，不仅对其复句类型的选择和句法位置的分布具有决定性，而且对副词"确实"的句法分布及其语义提取也具有解释力。

4. 副词"确实"对单句类型的选择与分布

除了"确实"句在话语关联和复句选择上具有规律性之外，副词"确实"在单句句法位置的分布、句子类型的选择、句法地位的关系也都呈现出规律性，而这一句法分布特征则是由副词"确实"的语法意义所决定的。

第一，副词"确实"的句法位置选择。

根据 CCL 语料库的调查并结合（吕叔湘，1980/1999：460；张斌，2001：447）观点，可以把副词"确实"的句法位置限定在主谓之间的状语位置和主语前的状语位置，二者存在着辖域区别。前者的辖域是单句命题（14），而后者既可以修饰单句命题（15a/b），也可以修饰复句命题（15c/d）。罗耀华、朱新军（2007：122）提出"存在着'确实'位于句末的情况"，根据调查，光杆副词"确实"极难用于句末，一般都需要与回指代词组合，比如：确实如此、确实这样。

（14）a. 我们确实付出了重大的代价。

　　　b. 这确实让人吃惊。

　　　c. 你确实看见他往西边来了？

　　　d. 我确实冤枉啊！

（15）a. 确实，他的情绪也影响了我。

　　　b. 确实，从这种特殊意义上说，他本人就是一个地地道道的哲学家。

　　c. **确实**，如果天培仍然爱她，那么，他就不会和另一个女人结婚。

　　d. **确实**，尽管偏差难免，但是历年文学奖获得者毕竟都是令人瞩目的文坛健将。

　　那么，无论是主谓间状位还是主语前状语，是不是任何一个句子类型的状位都可以不受限制地插入副词"确实"呢？并非如此，"确实"只能选择一部分句子类型或次类的状位。

　　第二，副词"确实"的句子功能选择。

　　根据CCL语料库的调查，结合前人的研究成果（金基梅，2006：30；王叶萍，2008：23-24；刘金枝，2017：16），可以知道：副词"确实"主要分布于陈述句（16）；只能分布于疑问句中的是非问句（17a），但不能用于特指问（17b）、选择问（17c）和正反问（17d）[①]；也只能分布于带"太……了、透了、极了、至极、透顶"等极性标记的有界感叹句（18a/b），不能用于带"多、多么、真、可、好"等程度标记的无界感叹句（18c/d）。此外，与陆雨（2018：11）的观点不同，"确实"不可以分布于任何一个祈使句（19）。

（16）a. 我们**确实**感到很荣幸。

　　　b. 看来你们每天的工作**确实**没有什么意思。

　　　c. 事实**确实**如此。

　　　d. **确实**，国际合作是制止偷渡的一个重要条件。

（17）a. 你**确实**没什么可说的吗？

　　　b. *你【确实】想说点什么？

　　　c. *管理【确实】是一门科学还是艺术？

　　　d. *他们【确实】去不去投票？

（18）a. 泸沽湖的景色**确实**太美了！

　　　b. **确实**危险极了！

　　　c. *老人【确实】多么孤单啊！

　　　d. *【确实】我的妈呀！

[①] 有意思的是，正反问的标记形式只有"是否、是不是"可以与"确实"同现，并且必须在"确实"前面，如：你是不是确实允许了我这一请求？这一章是否确实是必需的？这类包含"确实"的是非性正反问在功能上与是非问是一样的。

（19）a. *【确实】请进！

　　　b. *【确实】滚开！

　　　c. *【确实】不要挤！

　　　d. *【确实】严禁吸烟！

　　但是，值得注意的是：并非任何一个陈述句都可以不受限制地在"状位"插入副词"确实"。根据调查，当句子带有"竟、竟然、居然、偏偏、难怪、怪不得"等意外类副词（20）、"索性、干脆、只好、只得、愣是、硬是"等意动类副词（21）、"总算、终于、务必、宁可、宁愿、千万、万万"等意愿类副词（22）时，就不能插入"确实"。无论是"不知"的意外、"意择"的意动，还是"期盼"的意愿，这三类副词都与"确实"句的据实知信不兼容，可以统称为非知信副词。从语义矛盾角度看，一旦句子带有这些非知信副词，"确实"就不可以进入到该句子的状位，反过来说，"确实"可以插入的陈述句都必须具有知信特征。

（20）a. 学校竟然买不起篮球。

　　　——*学校竟然【确实】买不起篮球。①

　　　b. 岛上居然有人居住。

　　　——*岛上居然【确实】有人居住。

　　　c. 领导偏偏看中了他。

　　　——*领导偏偏【确实】看中了他。

----

① 可能个人对个别反例存在着语感接受度的差异，这个问题可以从调查方法、逻辑方法和比较方法角度来解释。首先，从调查方法看，由于每个人都是基于母方言、世界知识来感知母语，因此总是存在着程度不同的差异，鉴于此，本文对 CCL 语料库的大数据进行了封闭式调查法，这样可以提取出不同语感者之间的最大公约数。其次，从逻辑方法看，当某一类语义相近的副词与某一个副词在大型语料库中没有出现同现的语例，且如果同现就会引发觉得别扭时，这一句法的非同现性就可以证明某副词与某个副词之间在语义上的对立性，从而为切分该副词语义提供标准。最后，从比较方法看，近义词的句法会产生语感干扰现象，比如意外类副词不能与"确实"同现，却能与语义相近的"真的"同现，如：

　　*他竟然【确实】出现了。

　　——他竟然真的出现了。

"真的"的句法语义特征会干扰人们对"确实"句法语义的判断。其实，"确实"与"真的"差别很大，比如："确实"不能被否定，而"真的"就可以，如：

　　他确实想买。　　　——*他【不是】确实想买。

　　他真的想买。　　　——他【不是】真的想买。

因此，要提取精细的副词语义需要大数据的支撑，更需要科学方法的论证。

　　　　　d. 难怪他的态度今非昔比。

　　　　　　　——*难怪【确实】他的态度今非昔比。

（21）a. 他索性不回家过夜。

　　　　　　——*他索性【确实】不回家过夜。

　　　　　b. 我干脆装起了糊涂。

　　　　　　　——*我干脆【确实】装起了糊涂。

　　　　　c. 父亲只好答应了。

　　　　　　　——*父亲只好【确实】答应了。

　　　　　d. 卖家愣是不买账。

　　　　　　　——*卖家愣是【确实】不买账。

（22）a. 俺这次总算没有白来。

　　　　　　——*俺这次总算【确实】没有白来。

　　　　　b. 我终于弄明白了。

　　　　　　　——*我终于【确实】弄明白了。

　　　　　c. 我们务必保持清醒头脑。

　　　　　　　——*我们务必【确实】保持清醒头脑。

　　　　　d. 我万万没料到你会去当兵。

　　　　　　　——*我万万【确实】没料到你会去当兵。

　　那么，为什么"确实"可以分布到知信陈述句、是非疑问句和有界感叹句的状位呢？从反面看就比较清楚：非知信陈述句表达的"意外、意动、意愿"信息都是无法证知的信息；祈使句表达一种尚未实现而无法证实的行为信息；非是非问句（特指问、选择问、正反问）索取一种无法证明虚实的信息；无界感叹句则抒发一种无法查验的情感[①]。既然无法证知、证

---

① 在感叹句中，无界感叹句是无法查验证实的，如：

　　多么热啊！

　　——*【确实】多么热啊！

　　——*【实在】多么热啊！

　　——*【真的】多么热啊！

而有界感叹句是可以查验的，如：

　　太热了！

　　——【确实】太热了！

　　——【实在】太热了！

　　——【真的】太热了！

实、证明和查验，也就无法因证而知，因知而信，也就无法插入"确实"。
"确实"的句子功能分布如表 6-1 所示：

表 6-1 副词"确实"的句子功能类型选择与排斥

句子类型 分布规律	陈述句		疑问句		感叹句		祈使句
	知信	非知信	是非	特指/选择/正反	有界	无界	
"确实"	●	○	●	○	●	○	○

总的说来，副词"确实"可以分布于知信陈述句、是非疑问句和有界
感叹句的状位，但是，当这些句子类型的状语位置存在着多个句法成分时，
副词"确实"的句法地位如何呢？或者是，它与其他成分的相对位置是
什么？

第三，副词"确实"的句法地位的性质。

从本质上说，副词"确实"的句法地位就是它能与哪些语义类型的词
语同现以及同现顺序，这样就能提取其语法意义。根据 CCL 语料库的调
查，可以发现，"确实"前后各有四大同现成分。

副词"确实"后面按照先后排序有四大主要成分：一是"一直、仍、
仍然、仍旧、依然、向来、常、常常、经常、往往、继续"持续类（23），
二是"并不、并非、并无、并没、并未、从未、从来、未、尚未、不可能、
并没有、无、难以"否定类（24）；三是"应、应该、该、能够、能、可
以、需要、会、非得、不得不"等能愿类（25）；四是"已经、已、曾、
曾经、将、快、快要、早就、早已、早有、刚刚、立刻、随即、在、正、
正在"时体类（26）。大致的排序是：持续类>否定类>能愿类>时体类。
从语义上看，这四类副词主要描述动作行为本身的，其实，与动作性质更
加密切的范围、程度等副词更贴近谓语动词或形容词，如（27）。

（23）a. 他确实一直不肯给她私下独处的机会。

b. 中国传统思想确实仍然深深地影响着我们的社会生活。

c. 恶确实常常是历史发展的动力。

d. 当然，从历史上看，霸权国确实往往会担心新兴强国挑战自己
的地位。

（24）a. 这幢小楼确实并不宽敞。

b. 这个故事确实并非完全杜撰。

c. 这两个人确实未曾伸过手。

d. 债务人确实无清偿能力。

（25）a. 中国足球确实应该改革了。

b. 你的态度确实能够表明忠心。

c. 也许这个地区确实需要建立一所学校。

d. 他确实不得不出面。

（26）a. 他们确实已经很疲惫了。

b. 他确实曾经想放弃自己喜爱的体操事业。

c. 那起凶杀案我确实早已遗忘。

d. 照相机确实正在成为我们最好的监视员。

（27）a. 抢险官兵确实都有功劳。

b. 他们确实只剩下一把骨头了。

c. 我们面临的形势确实非常严峻。

d. 这一招数确实很高明。

副词"确实"前面的四大主要成分：一是"显然、明显、果然、当然、倒是"等显知类副词（28）；二是"好在、幸亏、幸好、凑巧"等庆知类副词（29）；三是"看来、看上去、看起来、似乎、好像、恐怕、仿佛、大概、可能、或许、也许、说不定、势必、不见得"等估知类话语标记或副词（30）；四是"原来、本来、原先、事先、以前、从前、刚才、那时、当时、早先、早年、现在、当前、目前、这时、平时、同时、后来、有时、有时候"等时间类（31）。从句法位置来看，这四类词语比较自由，大多数位于主语前的句首位置，少量估测类和时间类可处于主谓之间的状位，与"确实"毗邻；从排序规则来看，其先后排序是：显知类＞庆知类＞估知类＞时间类；从情态类型来看，除了时间类副词以外，"显知、庆知、估知"都是以"认知"为前提的知信类情态副词。

（28）a. 显然，这确实引起警官的深思。

b. 很明显，我们确实是盲目地行动着。

c. 果然，我们确实白费了一些弹药。

d. 我倒是确实请两位到这里来看样东西。

（29）a. 好在他年纪也确实老了。

b. 幸亏那女孩化学确实不怎么样。

c. 倒是幸好，乡派出所确实热情，满口答应要办此案。

　　　　d. 凑巧，眼睛确实能窥探，舌头确实能多言。
（30）a. 看来生意确实很冷清。

　　　　b. 好像你确实病得很厉害。

　　　　c. 说不定他们确实没有什么事情。

　　　　d. 或许当时确实有一个长波经济周期。

（31）a. 原来在美国确实存在一个买不起美国车的阶层。

　　　　b. 也许葛大爷以前确实干过不好的事。

　　　　c. 当前全国确实涌现出了一批京剧新秀。

　　　　d. 他有时候确实会把事情记错。

　　根据"确实"前后同现成分的调查，其句法地位排序规则及其相对比例如图6-3所示：

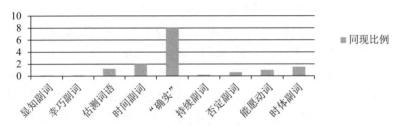

图6-3　副词"确实"与同现成分的前后排序与同现比例图

5. 副词"确实"的语义提取

　　从"经证知信"话语关联到"推断和偏正"的复句分布，再到知信陈述句、是非疑问句和有界感叹句的单句句法分布，可以说，"确实"句及其副词"确实"的整体分布特征从正反两个方面得到的定位，副词"确实"的"经证获知且因知传信"的语法意义逐渐清晰起来。其实，重复话语、互动标记和话语标记可以从正反角度验证"确实"的"证知传信"语法意义。

　　第一，重复话语。所谓的重复话语是指同一话语的连续重复，而"确实"一般位于最后话语的状位，具有强烈的"我知你信"的功能，如果把"确实"句放在前面话语位置，则不合法，如（32）：

（32）a. 我老了，我确实老了，抱不动你了。

　　　　——*我【确实】老了，我老了，抱不动你了。

　　　　b. 奇迹，奇迹，确实是个奇迹。

　　　　——*【确实】是个奇迹，奇迹，奇迹。

　　第二，互动标记。副词"确实"在对话中一般不用于引发句而是应答句，其应答句前的承接语通常是表示认可的知信类话语，如：说的也是啊、你没有看错、你说得不错、话是不错、不错、没错、对、当然、是、是的、是呀、是啊、很好、嗯、啊、哦等，而表示反对的互动话语无法把引发语与应答语连接起来，如：不对、错了、哪儿呀等，如（33）：

　　（33）a. ——不，我不相信，雪瑛不会答应的！

　　　　　　——你说得不错，雪瑛确实没有答应。

　　　　　　——*【不对】，雪瑛确实没有答应。

　　　　　b. ——金太太！你好？今天的风可不小啊，是不是？

　　　　　　——是的，史老先生，今天的风确实很大。

　　　　　　——*【哪儿呀】，史老先生，今天的风确实很大。

　　第三，话语标记。能够引导副词"确实"所在句子的话语标记可以是"就我所知、我知道、明白、相信、确信、坚信、深信"等知信类话语标记，如（34a1/b1）；但不能是非知信类话语标记"没料到、没想到、不知道、不相信"等，如（34a2/b2），也不能是"没想到的是、不可思议的是、令人费解的是、意外的是"等未料类话语标记，如（34a3/b3）。

　　（34）a1. 我们知道，这确实是他的真情流露，让人听了只想哭。

　　　　　a2. *【我们不知道】，这确实是他的真情流露，让人听了只想哭。

　　　　　a3. *【没想到的是】，这确实是他的真情流露，让人听了只想哭。

　　　　　b1. 我相信，他讲的确实是肺腑之言。

　　　　　b2. *【我不相信】，他讲的确实是肺腑之言。

　　　　　b3. *【令人费解的是】，他讲的确实是肺腑之言。

有意思的是，如果把不合法（35a2/a3/b2/b3）的"确实"换成"真的"，就可以成立了，如（35）；与之相关，不能与"确实"同现的"竟、竟然、居然"等意外副词也可以跟"真的"同现，如（36）。

　　（35）a. 我们不知道，这真的是他的真情流露，让人听了只想哭。

　　　　　b. 没想到的是，这真的是他的真情流露，让人听了只想哭。

　　　　　c. 我不相信，他讲的真的是肺腑之言。

　　　　　d. 令人费解的是，他讲的真的是肺腑之言。

　　（36）a. 爸爸竟真的戒赌了。

b. 他竟然真的相信我是米斯拉。

c. 他居然真的转身走了。

d. 周纯一<u>偏偏</u>还<u>真的</u>去看那本小说。

可以说，副词的语义提取必须基于分布规律的精确定位，而如何精确定位一个副词的分布规律，不仅要从研究单位角度考察副词所在句子的整体话语关联、复句类型的选择和位置的分布，也要考察该副词的单句句法分布及其同现词语。更为重要的是，还要从方法论角度正反验证句法分布与语义分布之间的制约与决定关系，即"句法分布则反映、制约并验证其语义分布的规律性，是提取语义分布的有效手段，而语义分布则依赖、决定并解释句法分布的合法性"（赵春利，2019：18）。

第二节　诚认副词"实在"的句法验证与话语关联

本章试图以语义语法为理论基础，先从形式的句类选择、句法位置、句法地位三个层面逐层定位并验证副词"实在"的句法分布规律，再从话语的逻辑、语义、情态三个层面解析其的话语关联"诚认顺变"，最后根据句法和话语提取出其"无奈诚认"的语法意义。第一，从语义界定、语义格局、句法组配、历史演变四个方面综述前人的研究成果，并指出两点不足：一是句法分布的描写顺序、正反验证与逻辑论证不足；二是话语关联的内部层次、形式验证与概括精度不足。第二，从形式角度精准定位并正反验证副词"实在"的句法分布规律：在陈述句或感叹句的状位来修饰包含程度义的已然完成体谓词结构。第三，从话语角度根据调查提取并验证"实在"句的逻辑关联"折因抒果"、语义关联"力竭顺变"和情态关联"无奈诚认"，并合成为话语关联性"诚认顺变"。第四，根据句法分布和话语关联，以情感"无奈"、态度"诚恳"和意向"承认"为底蕴，综合起来界定副词"实在"的核心语法意义：无奈诚认。可以说，情态副词的语义研究应该以制约性的"句法"和选择性的"语用"为两翼，提取并验证其语义。

语言是人类陈述客观世界、表达主观世界以进行人际交流的思维媒介，正如邓晓芒（1986：75）所言："人通过语言将自己的概念和表象自由地与自然界区别开来，并将客观世界作为'意义'与自己的主体性不可分割地、均匀地'混合'起来。"因此，语言必然蕴含着指称客观世界的概念、表达主观世界的情态以及将二者关联在一起的逻辑，从而具有表情达意的话语功能。可以说，单就一个情态副词而言，如何从分布广泛、组合多样的话语功能中提炼出在逻辑、概念、情态三个方面具有统一性的话语关联，特别是揭示出其情态所蕴含的认知、情感、意志、态度、意向及其因果关系，对精准提取和正反验证副词语义具有重要的方法论意义（Halliday，2008：29-30）[①]。

本章就试图以情态副词"实在"为研究对象，以 CCL 语料库的语言事实为调查对象，以语义语法为理论基础，按照现象学的还原方法（胡塞尔，1976/1992：150-158；邓晓芒，1996：67-69），先悬置各类已有成见，直面语言事实本身，按照逻辑顺序把各类杂乱的分布现象与句子关联梳理清楚，着眼于统一性呈现并验证"实在"的句法分布规律与话语关联，从而解析其语法意义。

1. 前人关于副词"实在"的研究

自 1924 年黎锦熙（1924/1992：132）最早把"实在"归入表示说话者主观认定事物"真确"的性态副词以来，"实在"，特别是副词"实在"就逐渐成为诸多学者关注研究的热点之一。从时间来看，以 2005 年为界，前期是以辞书为主的词性语义界定期，近期则是以专论为主的句法语义比较期。从内容来看，学者们主要围绕词性义项、语义结构、句法分布和历时演变进行了比较细致全面的探讨，并取得了比较丰硕的成果。

第一，词性义项的界定主要包括词性分类、副词义项和形副释义三个方面。其一，关于词性分类问题，黎锦熙（1924/1992：132）将"实在"界定为性态副词，后来中国科学院语言研究所词典编辑室编的《现代汉语词典》（试用本）（1965/1973：931）尽管到了第 5 版（2005：1238）才标注词性，但已经把"实在"根据"在"是不是轻声，分成了表示"扎实、地道、不马虎"的形容词"shízai"、表示"真实、不虚假"的形容词"shízài"和表示"的确、其实"的副词"shízài"，从此在学术界奠定了"实在"词性分类的基本格局（侯学超，1998：514-515；吕叔湘，1999：492；朱景松，2007：382），此后没有学者再质疑词性分类的科学性。但

---

① "逻辑、概念、情态"与韩礼德（Halliday，2008：29-30）所言的概念（ideational）、人际（interpersonal）、语篇（textual）三大功能是一致的，不过韩礼德把逻辑（logical）功能归入概念功能的下位类别是不妥的，应该归入语篇功能。

事实上，"实在"是否存在声调差异而导致语义差异，是值得怀疑的，因为在"这个人（工作／心眼儿）很实在"中，"实在"的"在"不会因为前面是"工作"就读轻声，而前面是"心眼儿"则读四声。鉴于此，我们认为只有一个形容词"实在"。其二，关于副词义项问题，副词"实在"要不要分成"的确"与"其实"两个义项，也值得怀疑，因为根据语料库的调查，在现代汉语中，"实在"通常不能置于句首，而"其实"可以置于句首，如：

　　*实在他很烦。

　　——其实他很烦。

　　即使"实在"曾经可以位于句首，也不应该因为二者可替换而分解"实在"的语义，况且现在"实在"的句法位置排斥句首而稳于主谓之间（齐沪扬，2011：380）。其三，关于形副释义问题。《现代汉语词典》（试用本）（1965/1973：931）用形容词"真实"而第3版（1996：1146）开始用"诚实"来释义形容词"实在"，但一直用副词"的确"释义副词"实在"。这一释义并没有揭示"实在"的语义问题，因为虽然形容词和副词的句法分布不同，但并不等于语义有差异。就像"明天"在主语、定语、状语三个句法位置上没有发生语义变化一样，语义决定语义关系，从而决定句法分布。可以说，前人并没有质疑"实在"的词性分类、副词义项、形副释义的科学性，而是顺着思路继续讨论副词"实在"的语义结构、句法分布及其历史演变。

　　第二，语义结构主要包括副词范畴归属、语法意义界定、语义结构划分三部分。其一，副词范畴归属，自黎锦熙（1924/1992：132）归入主观"性态副词"以来，学者们给副词"实在"以不同的范畴归属，有"必然副词"（赵元任，1968/1979：348）、情态副词（太田辰夫，1958/2003：265；李泉，2004：173-174；张则顺，2011：553）、评注性副词（张谊生，2000a：21；谢蓓，2008：45）、语气副词（陈熹，2005：24；李劲荣，2007：40；肖奚强，2007：74；齐春红，2008：43；齐沪扬，2011：379；张振亚，2013：22；张伊鑫、曾传禄，2016：151）等，总的说来，副词次范畴归属不同，反映的是语义界定不同。其二，学术界关于副词"实在"的语义界定可分为四种观点。（1）主流的"强调真实说"，起于黎锦熙（1924/1992：132）"重在事物"的"真确"而成于《现代汉语虚词例释》（1982：389）"强调某种情况的真实性"（侯学超，1998：478；吕叔湘，1980/1999：492；张斌，2001：493；肖奚强，2007：40；谢蓓，2008：45；张则顺，2011：553）。后来，王叶萍（2008：7）将"强调的内容"分为"客观的真实性和主观感受的真实性"。（2）"经试达极说"，源自陈熹（2005：28）提出的"含有人的主观感情色彩，强调经人们反复尝试而最终确认的一种过程"，而成于杨雪梅（2012：124）的"几经努力，达到极点而不能实现"（张伊鑫、曾传禄，2016：151）。（3）"确认极度说"，即李劲荣（2018：14）根据2007年的结论提出的"对事物的超常规性状的极性程度进行确认"（张振亚，2013：22）。（4）"无奈无能说"，以谢蓓（2008：45）的"不得已而为之"为基础，鲁珍（2019：117）提出了"说话者无可奈何的语气，暗含着说话人心里不满却又无能为力的感觉"。可以说，从凸显客观真实性逐渐过渡到强调主观情感性的四种观点，都能揭示出副词"实在"的部分语义内涵，但都不够全面，既缺乏验证，也没有根据句法分布和话语关联精确概括副词"实在"的语法意义。其三，关于语义结构，李劲荣（2007：42-43）最早根据因果把副词"实在"句的语义格局分成了意外的"凸显原因型"和情理的"凸显结果型"，而张则顺（2011：558）根据肯否分成肯定和否定；杨雪梅（2012：126-127）参考肯定否定提出了否定的努力达极而不能、肯定的达极隐含不能、主观的几经思考获认识三类；张振亚（2013：22）则把命题内容分成了行为和程度；而张伊鑫、曾传禄（2016：153）分成了主观评价、评价做事、目标相反三大类。可以说，五位学者分别从逻辑关系、肯否形式、努力达极、行为程度或因果转折角度深入揭示了副词"实在"的语义结构，极具启发性和开拓性，为还原并构建副词"实在"的话语关联打下了扎实的基础。但也应该看到，他们采取的"据不同关系、分而提取"的方法，难以从"实在"纷繁杂多的话语分布中提取出具有统一性的逻辑关联、语义关联和情态关联，因此，难以上升到话语关联，更难将话语关联与"实在"的语法意义联系在一起并得到句法分布的验证。

第三，句法分布的描写主要包括句类选择、句法位置和句法搭配。其一，关于句类选择，主流的观点是副词"实在"可分布于陈述句、感叹句而不能分布于疑问句、祈使句（王叶萍，2008：23-24；隋源，2015：10；张伊鑫、曾传禄，2016：152），但齐沪扬（2011：379）认为可分布于疑问句，争论的焦点是能否分布于疑问句。其二，关于句法位置，副词"实在"主要位于主谓之间的状语、补语位置（齐沪扬，2011：379-380），肖奚强（2007：75）、王叶萍（2008：26）认为不能位于句首或单独成句，而隋源（2015：8）和张伊鑫、曾传禄（2016：152）则认为可位于句首和句中，但是不可以居于句尾，争论的焦点是能否位于句首。其三，关于句法搭配。从只正面关注副词"实在"搭配的谓语"形容词短语、动词短语"及其次类"能愿动词，是、有、否定形式，可能/程度/状态等动补结构"（侯学超，1998：514；陈熹，2005：25-26），到正反两方面精细刻画"实在"搭配的"心理动词、能愿动词、肯定与否定、着/了/过等动态助词、太/极了等程度标记、性质形容词"（李劲荣，2007：47-51；肖奚强，2007：75；王叶萍，2008：21-22；张则顺，2011：555-559；隋源，2015：8），可以说，无论是搭配对象的精细度，还是描述方法的客观性，都取得了长足的进步。从总体来看，由于受理论限制，句法分布的刻画细致有余而精度概括不足，没有把描写排序、正反验证与逻辑论证系统化，没有把句法分布与话语关联及其语义提取结合起来，从而系统地揭示出语义情态。

第四，关于历时演变，张艳（2004：45-49）认为跨层结构"实在"在中古时期经过重新分析虚化为副词，而孔辉（2018：15）则认为元代出现"实在"的副词用法，究竟"实在"何时虚化为副词？现代副词"实在"的句法分布与话语关联研究可以为历时追溯其虚化时间和演变路径提供鉴定标准。

可以说，前人对副词"实在"语法意义、语义结构的多角度挖掘和句法分布的多层次描写为验证其句法规律和还原其话语关联奠定了扎实的基础，但也存在两点不足：一是句法分布的描写顺序、正反验证与逻辑论证缺乏关联性；二是话语关联的内部层次、形式验证与概括精度缺乏系统性。本项研究试图以 CCL 语料库为调查对象，直面副词"实在"在自然语言中的真实存在状态，从其纷繁复杂的句法分布中锚定内在关联性，从其多层交织的话语分布中还原出具有统一性的逻辑关联、语义关联和情态逻辑，从而建立整体的话语关联。

2. 副词"实在"的句法分布

从单句层面精确定位副词"实在"的句法分布，不仅是提取验证其语法意义的首要任务，而且是构建"实在"句与前后句子之间话语关系的基础。精确定位一个副词的句法分布需要遵循逻辑关系，可以按照副词"实在"选择什么句子功能类型、分布于什么句法位置、组配什么句法成分从大到小的逻辑顺序逐层验证其分布规律。

第一，句子功能选择。关于副词"实在"选择什么功能类型的句子，主流的观点是选择陈述句（1a）、感叹句（1b）而排斥祈使句（1c/d）、疑问句（王叶萍，2008：23-24；隋源，2015：10；张伊鑫、曾传禄，2016：152），但齐沪扬（2011：379）认为可分布于疑问句。根据 CCL 语料库的调查，可以发现，副词"实在"排斥典型的是非问（2a）、选择问（2b）、特指问（2c）、正反问（2d）四类疑问句。

（1）a. 我今天<u>实在</u>抽不出空来。

　　b. 这个地方好极了！<u>实在</u>好极了！

　　c. 进来吧。

　　　——*【<u>实在</u>】进来吧。

　　d. 不要吵！

　　　——*【<u>实在</u>】不要吵！

（2）a. 你看不出来吗？

　　　——*你【<u>实在</u>】看不出来吗？

　　b. 他是办不了还是不想办？

　　　——*他【<u>实在</u>】是办不了还是不想办？

　　c. 你想买什么？

　　　——*你【<u>实在</u>】想买什么？

　　d. 这篇文章你写得出来写不出来？

　　　——*这篇文章你【<u>实在</u>】写得出来写不出来？

可以说，在句子功能上，"实在"的分布比较明确，即选择陈述句、感叹句而排斥祈使句、疑问句。那么，副词"实在"可以分布于陈述句和感叹句的什么句法位置呢？

第二，句法位置分布。关于"实在"的句法位置，前人有两种观点：基于句法功能的状语补语说（齐沪扬，2011：379-380）、基于句内前后的句首句中说（隋源，2015：8；张伊鑫、曾传禄，2016：152），而肖奚强（2007：75）与王叶萍（2008：26）则认为不能位于句首。那么，副词"实在"究竟位于陈述句和感叹句的什么句法位置呢？能否位于句首呢？根据调查，可以准确地说，副词"实在"只能位于主谓间的状语位置，既可以是主句的状位（3a/b），也可以是"得"字补语位置的状位（3c/d）。然而，无论是主句状位还是补语状位，副词"实在"都不能前移到主语前句首的状位，否则不合法，如（3）。

　　那么，为什么会有学者认为副词"实在"可以位于句首呢？根据 CCL 调查可以发现，尽管语感上还存在是否合法的质疑，极少量句首位置确实存在光杆"实在"的现象。然而，根据副词"实在"对句类的选择，可以发现，句首位置的"实在"应该是话语标记"说实在的"的省略形式，因为"实在"位于句首时，主句可以是陈述句、感叹句，也可以是疑问句，补充为完整的话语标记后，句子是成立的，如（4）。这预示着话语标记的某些成分省略会造成一定的句法分布假象。

（3）a. 秘书<u>实在</u>没有办法。

　　——*【<u>实在</u>】，秘书没有办法。

　　b. 他在庭上的表现<u>实在</u>太出色了。

　　——*【<u>实在</u>】，他在庭上的表现太出色了。

　　c. 胃病痛得他<u>实在</u>挺不住了。

　　——*【<u>实在</u>】，胃病痛得他挺不住了。

　　d. 她唱得<u>实在</u>太好了！

　　——*【<u>实在</u>】，她唱得太好了！

（4）a. <u>实在</u>，我是非常关心你的。

　　——【说<u>实在</u>的】，我是非常关心你的。

　　b. <u>实在</u>，这还得感谢那位委员长呢！

　　——【说<u>实在</u>的】，这还得感谢那位委员长呢！

　　c. <u>实在</u>，打算又有什么用呢？

　　——【说<u>实在</u>的】，打算又有什么用呢？

　　d. <u>实在</u>，我还能说什么呢？

　　——【说<u>实在</u>的】，我还能说什么呢？

可以说，在句法位置上，副词"实在"只能分布于主谓间的状位，那么，是不是任何一个陈述句或感叹句的主谓间状位都可以不受限制地插入副词"实在"呢？绝非如此。

　　第三，同现成分搭配。在句子功能类型选择和句法位置分布都确定的情况下，要更精确地定位副词"实在"的句法分布，就必须对其选择同现成分的语义特征进行正反验证，以揭示副词"实在"同现成分选择与排斥所反映的语义选择与排斥，从而提取其语法意义。根据前人的研究成果，结合语料库的调查，可以从副词"实在"所修饰的谓词结构、时体类型和同现副词三个角度精确定位其句法地位。

先看谓词结构，诸多学者（侯学超，1998：514；陈熹，2005：25-26）对状位副词"实在"所修饰的谓词结构从肯定或否定的动词短语、形容词短语及其"能愿动词、心理动词、动补结构、是、有"等次类进行了比较全面细致的考察，甚至试图借助助词、程度标记等进行验证（李劲荣，2007：47-51；肖奚强，2007：75；王叶萍，2008：21-22；张则顺，2011：555-559；隋源，2015：8），但缺乏逻辑的论证性和语义的概括性。根据调查，并非所有的肯定性（5a/b）或否定性谓语结构（5c/d）都可以受到"实在"修饰：

（5）a. 他走了。　　　　　　——*他【实在】走了。

　　　b. 他脸色黝黑。　　　　——*他脸色【实在】黝黑。

　　　c. 我不去学校。　　　　——*我【实在】不去学校。

　　　d. 他没来。　　　　　　——*他【实在】没来。

那么，副词"实在"能否修饰某个谓词结构，并非受制于谓词结构在句法上是肯定形式还是否定形式，而是受制于谓词结构在语义上是否存在"程度义"。例（5）的谓语都不含有程度义，因此，一定不能受到"实在"修饰。换句话说，副词"实在"只修饰具有"程度义"的谓词结构。那么，哪些谓词结构常常表达程度义呢？根据调查，主要有性质形容词（6a）、程度补语（6b）、可能补语否定式（6c）、情态补语（6d）以及心理动词（7a）、能愿动词（7b）、使令结构（7c）、"是、有"等动宾结构（7d）。

（6）a. 这处境实在危险。

　　　　——实在不重要了！

　　　b. 他实在泄气得很。

　　　　——实在糟糕透了！

　　　c. 丈夫实在坚持不下去。

　　　　——今天她实在抑制不住自己的情感。

　　　d. 他实在疼得受不了了。

　　　　——你实在输得太惨了！

（7）a. 客人实在喜欢这个岛。

　　　　——他实在害怕丈夫会突然离开自己。

　　　b. 我实在应该感激你。

　　　　　　——你实在需要改变一下生活。

　　c. 这实在叫人难以接受。

　　　　　　——你实在令我失望。

　　d. 这实在是一件相当苦难的事情。

　　　　　　——她实在没有办法面对你。

部分结构一旦没有"实在"语义指向的程度义成分，就无法插入副词"实在"，比如情态补语（8a/b）①和"是、有"动宾结构（8c/d）：

（8）a. 他疼得流下了眼泪。

　　　　　　——*他【实在】疼得流下了眼泪。

　　b. 他跑得脚底起了泡。

　　　　　　——*他【实在】跑得脚底起了泡。

　　c. 她是个女人。

　　　　　　——*她【实在】是个女人。

　　　　　　——她【实在】是个聪明的女人。

　　d. 长江上有一艘船。

　　　　　　——*长江上【实在】有一艘船。

　　　　　　——长江上【实在】只有一艘船。

相反，由于动量补语（9a）、时量补语（9b）、趋向补语（9c）、结果补语（9d）等动补结构所表达的语义通常缺乏程度义，所以一般不能受"实在"的修饰，如：

（9）a. 他去了一趟北京。

　　　　　　——*他【实在】去了一趟北京。

　　b. 我们等了两个小时。

　　　　　　——*我们【实在】等了两个小时。

　　c. 他跑到上海去了。

　　　　　　——*他【实在】跑到上海去了。

　　d. 我买到了夜场的票。

　　　　　　——*我【实在】买到了夜场的票。

---

① （8a）尽管谓语"疼"可以受"很、非常"等程度副词修饰，具有程度义，但情态补语"流下了眼泪"不能受"很、非常"修饰，不具有程度义。而副词"实在"在修饰情态补语时其语义指向的是"补语"，而不是"谓语"，一旦补语没有程度义，则不合法。

但是，一旦句子中存在"实在"可以修饰的程度义成分，就可以插入"实在"，尽管频次很低，如（10）：

（10）a. 瑞宣实在不愿再走一趟。

　　　b. 他实在已经待了很久了。

　　　c. 我实在无力维持下去。

　　　d. 爸爸实在打累了。

可以说，无论是哪种谓词结构，其必须含有副词"实在"语义所指的程度义，才能在其状位插入"实在"，程度义是谓词结构能否接受副词"实在"修饰的必要条件。而由于"实在"主要分布于陈述句和感叹句，而只有陈述句或感叹句的谓词结构表达了程度义才能受到副词"实在"的修饰，因此，程度义谓词结构就成为两类句子类型的基本语义内涵。

再看时体类型。副词"实在"对谓词结构的时体类型也存在着选择性。根据调查，在体的选择上，"实在"倾向于选择完成体的助词"了"和副词"已经、已"（11a），而排斥经历体"过"和副词"曾经"（11b）、持续体"着"和副词"一直"（11c）；而在时的选择上，"实在"主要选择过去时、现在时而排斥将来时，这一点可以通过同现的时间词语来验证，如选择"那时、那时候、刚才、过去、当时、当初、今天、今晚、这时、这时候、有时、有时候、有天"等已然义词语（12a/b），而排斥"明天、后天、下个月"等绝对未然义词语（12c），但可以用于虚拟条件句中，所以可以出现"将来、以后"等相对未然义词语（12d）。

（11）a. 她实在经历了太多的艰辛。

　　　　他在江湖中实在已经待了很久了。

　　　b.＊她实在经历【过】太多的艰辛。

　　　　＊他在江湖中实在【曾经】待了很久了。

　　　c.＊她实在经历【着】太多的艰辛。

　　　　＊他在江湖中实在【一直】待了很久了。

（12）a. 那时家里实在太困难了。

　　　b. 他今天实在不能控制自己。

　　　c.＊【明天】家里实在太困难了。

　　　　＊他【后天】实在不能控制自己。

　　　d. 万一将来实在不行，也不要担心。

最后看同现副词。根据调查，按大致的先后顺序，出现在"实在"前面的副词主要有三类：一是当然、幸而、幸好、反正等释因副词；二是后来、最后、最近、最终、终于、然后等终结副词；三是也许、大概、可能、似乎、好像、大约、或许等揣测副词，如（13）。出现在"实在"后面的副词主要有三类：一是当真、真的、真正、的确等真确副词；二是不、没、没有、并非、未、从未、不愧、不免、不妨、无妨、未必、未免等否定副词；三是太、很、非常、十分、相当、万分、挺、比较、颇、够、最、极其、过于、特别等程度副词，如（14）。

（13）a. 当然，叛徒实在可恨。

　　　b. 后来，我实在忍不住了。

　　　c. 下午的旁听者明显减少，大概实在是听不下去了。

（14）a. 看起来你这个人实在真的是很有一点学问。

　　　b. 她实在没有想到事情会这么糟。

　　　c. 这样的对手实在非常难缠。

前后都可以出现的副词主要有三类：一类是又、也、还等重复副词；二类是都、只等范围副词；三类是已经、业已、已、早已等已然副词。如（15）：

（15）a. 她又实在不甘心。

　　　　她实在又不甘心。

　　　b. 小时候的事他都实在记不清了。

　　　　小时候的事他实在都记不清了。

　　　c. 我已经实在忍无可忍了。

　　　　我实在已经忍无可忍了。

　　同现副词的类型对呈现"实在"的句法地位非常重要。比如否定副词不能位于"实在"的前面而只能位于后面，这就意味着"实在"句是无法被否定的，能否被否定在句法上把"实在"与"真的"区别开，如（16a）；此外，"实在"不能进入"吗"字问，也使"实在"与"确实"区别开，如（16b）；"实在"是基于内在感知而抒发的程度义评价，不能修饰非程度义的谓词结构，这一点使其与"的确"区别开来，如（16c）；而副词排序时"实在"先于"真的、确实、的确"这说明其主观性高于一般的真确副词。

（16）a. 他没有真的发疯。　　——*他没有【实在】发疯。

　　　b. 她确实很有钱吗？　——*他【实在】很有钱吗？

　　　c. 他们的确走了。　　——*他们【实在】走了。

通过表6-2可以准确定位副词"实在"的句法分布：

表 6-2　副词"实在"的句法分布规律

视角　　　　　分布		选择	排斥
句子功能		陈述句、感叹句	疑问句、祈使句
句法位置		主谓之间的状位	句首状位与其他句法位置
同现成分	谓词结构	程度义的谓词结构	非程度义的谓词结构
	时体类型	过去时与现在时、完成体	将来时、经历体和持续体
	同现副词	前有：释因、终结和估测 后有：真确、否定和程度 前后：重复、范围和已然	其他类情态副词

　　将副词"实在"的句法分布综合起来考察，就会发现，副词"实在"所分布的陈述句通常表述一个已经完成的程度义行为，感叹句则是抒发一个已经存在的程度义性质。无论是已经完成的行为还是已经存在的性质，都是说话者对程度的内在感知，副词"实在"就表示对程度性已然行为或性质的"诚恳承认"，具有主观性。因此，从"已然完成或存在"这个意义上说，"强调真实说"是有一定道理的。关键的问题是："实在"不能强调所有的"真实"而只能强调具有程度义的"真实"，就这一点而言，"确认极度说"点出了道理。然而，副词"实在"对程度义的真实不是"强调"也不是"确认"，而是"无奈地坦诚接受、诚恳承认"，"无奈无能说"揭示了说话者的"无奈"情态内涵。为什么要"无奈地诚恳承认程度义的真实"呢？其逻辑前提是：说话者或施事竭尽全力反复尝试克服困难或控制情感，但因难度或强度超过了自己的极界点而无力克难或控情，因此，说话者对真实情况的程度超过自身可承受的界点表现出无奈地诚恳接受或承认，这一点"经试达极说"也是有一定道理的。可以说，虽然副词"实在"位于陈述句或感叹句的状位并修饰已然程度义谓词结构，但是其"无奈诚恳承认"的情态内涵决定了其必然处于一定事件的因果链条中，这一点可通过分析"实在"句与前后句子构成的话语关联得到验证。而话语关联则由逻辑关联、语义关联和情态关联组成，因此，下面分别从逻辑、语义和情态三个层面进行研究。

3. 副词"实在"句的逻辑关联

　　逻辑关联是指构成话语的前后各个句子之间所存在的形式关系，是提取话语关联的基础。从逻辑关系的形式标记来看，连词是逻辑关联的显性形式标志，因此，从连词入手通过全面细致深入地调查 CCL 语料库，摒弃已有观点，直观自然语料，根据调查材料的全面性、还原方法的科学性、解释范围的普遍性三个原则把"实在"句在自然话语中的逻辑关联还原出来。

第一，调查材料的全面性原则。只有对"实在"句与其前后句子的逻辑关系进行全面系统的调查，才能为还原逻辑关联提供科学数据，而调查内容不仅包括"实在"句本身及其前后的各类句子，而且包括句子中逻辑标记"连词"的语义类型、出现频次、分布位置、先后排序，还要包括没有连词标记的"实在"句与其前后句子的逻辑关系。只有根据全面的调查，才能科学地还原逻辑关联。

第二，还原方法的科学性原则。从简单复句到多重复句的合一推演可以保证还原程序的科学性和结论的正确性。

先看"实在"句在简单复句中的分布，根据调查统计，通过连词标记，可以发现，"实在"句与前后句主要构成转折关系和广义因果关系。出现频次从高到低的顺序是：折变类＞原因类＞结果类＞待转类，其中折变类与原因类合在一起占到了 94.6%。具体的前件或后件分布情况及其数量占比，如表 6-3 所示：

表 6-3 "实在"句与前后句的复句关系与比例

	前件	后件	占比
转折关系	待转句（尽管、虽然、即使、就算）	折变句（但是、可是、不过、却）	
	那时他**虽然实在**累得不想动，	但却不能不继续工作。	0.9%
	现在创作可谓一派繁荣，	**但**传世之作**实在**太少。	66.7%
因果关系	原因句（因为、由于、如果、假如）	结果句（所以、因此、那么）	
	因家里**实在**太贫穷，	只好辍学去谋生活。	27.9%
	我极少遇到这么进退维谷的处境，	**因此实在**没办法妥当地应付它。	4.5%

其实，从正面来看，副词"实在"对转折和因果的前件或后件的选择只存在着数量的差异，处于转折或因果中的前后件都具有实然性或假设的实然性；而从反面来看，副词"实在"往往排斥未然性的无条件句（17a）、目的句（17b）、选择句（17c），就会更清楚地发现副词"实在"的复句选择规律，即"择实弃未"，这一点与副词"实在"对已然完成的时体选择

是一致的。

（17）a.红细胞占血液总容量的百分比无论【*实在】太高还是太低，
　　都是一种疾病。

　　b.为了【*实在】使他安宁，医护人员暗示他，妻子会来看
　　他的。

　　c.与其【*实在】反对不了，还不如主动选他。

再看"实在"句在多重复句中的分布。当简单复句叠加构成多重复句时，就会从话语层面还原副词"实在"句的逻辑关联。根据调查，可以发现逻辑关联的总体特征是：转折关系中的折变句通常嵌套于因果关系中的"实在"句，转折关系属于外层逻辑，因果关系属于内层逻辑，而"实在"句通常或表原因或表结果（李劲荣，2007：43），简称"折因抒果"。由于因果关系具有时间的一维性和前后的相对性，因此，"实在"句究竟表达原因还是结果是相对的，而不是绝对的，即相对于后续事件是原因，相对于前发事件则是结果。由此可以还原出副词"实在"在逻辑上的本真关联：转折关系嵌套的是一个由前因后果组成的因果链条，外层转折不仅是约束内层因果的逻辑前提，也是构成内层因果的概念基础，"实在"句所表述的事件总属于前因后果链条上的一环。

第三，解释范围的普遍性。由于逻辑关联的还原数据源自自然语料，因此其概括的范围就可以解释自然语料的所有类型。根据调查，"实在"句在"折因抒果"逻辑关联中既可以表达原因（a），也可以表达前果后因（b），还可以表达结果（c）。下表是前因后果逻辑顺序的典型话语关联"折因抒果"，如图6-4所示：

逻辑关联		折因抒果		
层次 外层		待转句	折变句	
内层		原因句	结果/原因句	结果句
例句	a	公司打算增加办公场地，	但由于租金**实在**太贵，	只好放弃。	
	b	回到家里，本来还有很多工作要做，	但是因为吃得太饱，	**实在**有心无力，	只好躺在床上呼呼大睡。
	c	尽管国家采取了很多措施扶持粮食生产，	但由于种种原因，	种粮的比较效益仍呈下降趋势，	奔小康**实在**困难。

图6-4　副词"实在"的典型话语关联

　　从实际语料来看，"实在"原因句有时可位于结果句的后面，如（18a/b）；有时还可以位于整个转折句的前面，如（18c/d）。

（18）a. 不让我母亲看见，但她仍然看见了，因为实在太多，藏不胜藏。

　　　　b. 你本可杀了她灭口，但你却不忍心下手，因为她实在很迷人。

　　　　c. 我实在是太老了，虽然我想换了工作，但是却不能够胜任。

　　　　d. 实在是太幸运了，尽管在董老身边的时间不长，但我记忆中的印象十分清晰。

总的说来，无论副词"实在"句的话语关联呈现出什么样的语序，副词"实在"句始终扮演着或因或果的角色。但是，并非所有的"折因抒果"逻辑关联都可以在原因句（19a）或结果句（19b）中不受限制地插入副词"实在"，原因就在于"实在"句还要受到语义关联及其深层次的情态逻辑的约束。

（19）a. 虽然商场曾多次催促整改，但因为【＊实在】没着火，一直没有着急收拾。

　　　　b. 中国女队本来也将前来参赛，但由于耽搁了签证，【＊实在】未能来成。

4. 副词"实在"句的语义关联与情态关联

　　按照从形式到意义再到情态层层深入的原则，"实在"句"折因抒果"的逻辑关联内在的语义关联和情态关联如何呢？

　　首先，语义关联。从意义角度考察"实在"句的"折因抒果"逻辑关联，就会发现，待转句通常表达施事需要克服的待转事态。在"实在"句的前面或明或暗地存在着一个施事在"事态折变"后"反复尝试"（陈熹，2005：28）或"几经努力"（杨雪梅，2012：127）的"竭尽全力坚持克难或控制情感发作"的抗争过程，但因难度或强度超过了自己的承受极限而无力克难或控情，只好无奈诚恳地承认接受事态程度之强而抒发"无能为力"之情，并顺折变之势无奈地采取一些应对措施，即力竭顺变。总结起来，"实在"句的语义关联可以概括为是由"待转事态—竭力克难—力竭难控—顺势而变"组成的"力竭顺变"语义关联。

　　其次，情态逻辑。从情态角度看，待转事态本质上就是指施事所处的客观或主观的真实困境，然而，施事在意志层面试图克服困境或克制情感而呈现出"竭力强忍"的"坚强意志"，却因困境难度或情感强度无力抵抗或控制，导致施事或言者无奈地诚恳承认现状，并做出某种顺逆势而为的无奈行为。这一"真实困境—坚强意志—无奈情感／诚恳态度／承认意向—无奈行为"的"无奈诚认"情态逻辑可以通过图 6-5 表现出来：

语义关联		力竭顺变		
层 外层	待转事态		竭力难控	
次 内层		竭力克难 → 力竭难控		顺势而变
情态关联	真实困境 →	意志坚强 →	无奈诚认 →	无奈行为
例句	副经理在工程最吃紧的当口痔疮发作，	照常工作，	后来**实在**坚持不下去，	不得不做了手术。
	剧团就曾自负盈亏到社会上演出，闯荡"江湖"，	但坚持了一年多，	**实在**支撑不下去了，矿上又没有更多的钱来补贴，	只好解散。
	他的腰病又犯了，我劝他请假，	但他考虑到核查已进入关键时期，硬是坚持着。	痛得**实在**忍不下去了，	他便趴在床上写。
	在门口的广场上原想吃几样小吃果腹，	但是看来看去，	卫生**实在**是太差了，	怕我的肠胃消受不起，只好作罢。

图 6-5　副词"实在"的语义关联与情态关联

从本质上说，"从逻辑到语义再到情态"既是一个"从形式到意义再到心理"的逐层加深的过程，也是一个逐层精准定位"实在"句话语分布规律的过程。逻辑关联和语义关联可以反映并验证情态关联中意志、情感、态度的各自性质及其因果关系。

一看真实困境。待转的真实困境源自逻辑层面的待转和语义层面的事态，而转折连词和"原本义"时间副词都可以标记即将发生折变的真实困境。转折连词既有标记转折前句的待转连词"虽然、虽说、虽、尽管"等（20a），也有标记转折后句的折变连词"但、但是、可是、不过、然而、却"等（20b）；而待转困境事态句中大量出现的"本、本来、原、原来、原本、原先、最初、当初"等原本副词也可以预设事态将变（20c）。而从内容来看，真实困境或属客观真实（20a/c）或属主观真实（20b/d）。

（20）a. 靠人情虽然也办了点事，但代价实在太大。

b. 你的心事我也晓得，<u>然而</u>我<u>实在</u>没法帮忙。

c. <u>原先</u>我弄了个盗版《无贼》，看得<u>实在</u>没意思。

d. 我<u>本来</u>不想说的，可是我<u>实在</u>憋不住了。

二看意志坚强。意志坚强可直接通过多次动量或很长时量的"忍耐、坚持、V 来 V 去"等克服困境的"竭力强忍"行为表现出来（21）：

（21）a. 一顿饭不吃固然死不了人，但是感觉肯定比死要强烈——<u>她一边奋力蹬着车子，一边感慨。又坚持蹬了一会儿</u>，<u>实在</u>蹬不动了，只好下车。

b. 真抱歉，我知道是晚上 11 点钟了。但<u>我检讨了一整天</u>，<u>实在</u>想不出自己到底错在哪里，因此冒昧地打个电话向您请教。

c. 我们的家庭陷入了冷战状态，<u>我反复叮嘱自己：忍，要忍，再忍 5 分钟</u>，可<u>实在</u>忍不住。

d. 虽然天鹰教每一次大战均落下风，但<u>你岳父居然在群雄围攻之下苦撑不倒</u>，<u>实在</u>算得是个人杰。

当然，坚强意志也可以间接隐含在"实在"句所表达的"难以抵制"的两种预设里：一是"无力克难"式，即表达难以抵抗的"支撑不下去、坚持不住、忍受不了、推辞不掉、看不下去、想不明白、抽不开身"等可能补语否定式（22a），以及"难以 VP、无法 VP、不可 VP"等否定形式（22b）；二是"无力控情"式，即表达难以控制的"太……了、……极了、透了、极其、很、非常、够"等评价性感叹句（22c/d）。值得注意的是，无论是"无能为力"还是"情感失控"也恰恰说明了"实在"句的无奈情感。

（22）a. 投票的那天夜里我在家看电视等待结果。但是最后实在<u>坚持不住</u>，睡着了。

b. 此书主要借鉴外国小说理论著作，可因没注明出处，<u>实在难以追根溯源</u>。

c. 我对不起你，我本该等你长大后再死的，可是我已不能等，<u>我实在太累了</u>。

d. 别人可以换班回点上休息，他却一直在田间摸爬滚打，<u>实在累极了</u>。

三看无奈情感与诚认态度。"实在"句基于坚强意志的竭力坚忍因力竭而表达了"难以抵制"的无奈情感、诚恳态度和承认意向。无奈的情感除了"无力克难"和"无力控情"之外，还可以通过"遗憾的是、可惜的是、羞愧的是、惭愧的是、无奈、遗憾地说、后悔地说、无可奈何地说、歉疚地说、内疚地说"等遗憾义话语标记（23a/b）和"唉、哎、哎呀、哎哟、啊、天哪"等无奈义叹词来标记（23c/d）；而诚恳的态度和承认的意向可以通过"说真的、说实话、说实在话、真的、老实说来"等真诚义话语（24a/b）和"我觉得、我感觉"等主谓类型，以及"心里、内心、心中、心理"等内心义名词状语来标记（24c/d）。其实，副词"实在"与判断词"是"的高频同现也体现了承认的意向（25a/b），即使没有"是"的"实在"句，也可以插入"是"而不改变命题意义（25c/d），可见，"是"已经隐含为副词"实在"的中心语了。

（23）a. 他一走我立刻狼吞虎咽地吃起来。可我小小的胃过早地得到了满足，随后我就无限惆怅地夹起鸡块、爆鱼，看看又放下，接着又夹起来看看，<u>遗憾的是</u>我<u>实在</u>吃不下去了。

　　　b. 我赴京时带着她们的地址和电话号码，想抽空找找她们。<u>无奈</u><u>实在</u>太忙，未能如愿。

　　　c. 暂时会合的恩爱之情，虽然也缠绵得叫人难以分舍，但是，如一场大梦，不久终要醒来，<u>唉</u>！人生<u>实在</u>靠不住的啊！<u>实在</u>是没有依赖的啊！

　　　d. 他本是端正稳重、情深意长之人，却被人误为轻佻浮薄。<u>哎</u>，<u>实在</u>是冤枉他了。

（24）a. <u>说真的</u>，我<u>实在</u>想不到你真会接下这个任务。

　　　b. 我去找那些主张贴在布告牌上的同学去。可是，<u>说实在的</u>，我<u>实在</u>不赞成你这样的做法。

　　　c. 很多人不赞同我和他一起去广州，但是<u>我觉得</u>他的生活<u>实在</u>需要我，就办了停薪留职。

　　　d. 我本来还想骂你几句的，可是我<u>心里</u><u>实在</u>有点佩服你！

（25）a. 儿子若是再度赴日，她<u>实在</u>是供不起了。

　　　b. 就目前国内的中药企业来说，筹集资金<u>实在</u>是太难了。

　　　c. 他<u>实在</u>【是】支持不住了，重重地摔倒在地，失去了知觉。

　　　d. 她坐了大约五分钟，<u>实在</u>【是】害怕极了，只好打开门站到外面来。

　　四看无奈行为。言者或施事一旦通过"实在"无奈而诚恳地吐露承认意向以后，无奈情感往往促发一种别无选择的无奈行为。行为的无奈性主要通过"只好、只得、不得不、不由得、不禁、忍不住、禁不住、没办法、索性、干脆"等无奈副词（26a/b/c）和"算了"无奈义句末助词（26d）：

（26）a. 她们经常感到头疼、失眠，终日沉浸在愁苦之中。后来实在难以硬撑下去，只好退学回家。

b. 他这样越想越寒心，准备转身回家了；可是他实在爱她爱得太厉害，不由得又想出另外一套话来鼓舞自己。

c. 一家一家收租，跟那些住小家的打交道，我实在嫌麻烦，索性打算卖了它，图个清静。

d. 我非常想上大学，但那时家里实在太困难了，我就想考个中专算了，给家里减轻负担。

总的说来，"实在"句所处的逻辑关联"折因抒果"和语义关联"力竭顺变"不仅反映了"虽意志坚强却因力竭而无能为力后的无奈情感、诚恳态度、承认意向以及引发的无奈行为"这一因果性情态关联"无奈诚认"，这三种关联合在一起就是话语关联"诚认顺变"，它约束着"实在"句与前后句之间的逻辑关系、语义关系和情态关系。

那么，如何根据"实在"的句法分布和话语关联提取其语法意义呢？

5. 副词"实在"的语法意义

从句法分布上看，副词"实在"所选择的陈述句和感叹句句子功能类型、所分布的主谓之间的状语位置、所搭配的程度义谓词结构和已然完成义时体类型以及前后副词，反映了副词"实在"表示的是对程度义已然性状的"承认"。但是，值得注意的是，从话语来看，并非所有的程度义已然性状都可以进入到"实在"句的话语关联中，因为"实在"句的"诚认顺变"话语关联要求"实在"句必须符合"折因抒果"逻辑关联、"力竭顺变"语义关联和"无奈诚认"情态关联，否则不符合话语规则。因此，将句法分布和话语关联结合起来，特别是与蕴含无奈情感、诚恳态度和承认意向的情态关联结合起来，可以把副词"实在"的语法意义界定为"无奈诚认"。无奈情感既是"克难力竭"后"无能为力"的结果，也是"诚恳诚认"后采取无奈行为的原因，而对已然程度义性状的"诚恳"态度和"承认"意向就构成了"实在"的核心内涵。

单句层面的句法分布可以精确提取副词同现成分的语义特征，而语用层面的话语关联可以提取副词所在句子与前后句子的逻辑、语义和情态关联，二者结合起来就可以准确地界定副词，特别是情态副词的语法意义。可以说，情态副词的语义研究不能囿于单句而应扩大到复句，甚至话语，不能囿于句类选择、句法位置而应扩大到同现限制，不能囿于句法、语义、语用分而不合，而应该以制约性的"句法"和选择性的"语用"为两翼，提取并验证其语义。无论句法分布如何纷繁复杂，也无论话语关联如何多样烦琐，只有将副词在句法分布和话语关联中的多样性回溯到语义才能得到统一的解释。

第三节 推定副词"想必"的话语关联与句法语义

本章以语义语法为理论指导，根据副词"想必"句的话语关联及其句法分布来提取"想必"的语义。第一，前人从语法意义、句法分布、语用功能和历时演变四个角度对"想必"进行了细致研究，但不仅语法意义的提取缺乏基于话语关联和句法分布的形式验证，而且语法意义的解释还缺乏系统性和逻辑性。第二，根据逻辑关系、认知关系和语义关系勾勒副词"想必"的整体话语关联"据情推定"，并形式验证前提情况句的"确情义"与后续"想必"结论句的"推定义"。第三，从句法分布上精确定位副词"想必"主要分布于对确定命题的可能性进行推定的陈述句和疑问句的外层。第四，根据"想必"的话语关联和分布规律，提取并验证"想必"在模态认知层面的推断确定义，并在人际意向层面隐含着商榷结果义和委婉释因义。

作为"个性强于共性的词类"（张谊生，2000/2014：1）的现代汉语副词，其中每个成员都有着独特的、区别于其他副词的语法意义。为了对副词"想必"形成更准确的认识，我们以北京大学中国语言学研究中心 CCL 语料库为语料来源，以语义语法理论为指导，准确提取和论证"想必"句的话语关联，通过"想必"与其他语法单位的句法选择关系提取并验证其语法意义，以提取出"想必"真正具有个性的语义内涵，挖掘出颗粒度更为精细的语义信息。

1. 前人关于副词"想必"的研究

根据调查，前人出于不同目的而运用不同的方法围绕"想必"的语法意义、句法分布、语用功能和历时演变四个方面展开了比较细致的研究，并取得了一定的成果。

第一，在语法意义方面，前人的观点主要有三类。一是据实或然义，即表示事实与估计高度关联性的"据实或然类"。持此类观点经历了一个从最早的"估计事实的必然 / 高度的或然"（吕叔湘，1942/1982：253-254）到"估计发生、出现、存在的可能性大"（侯学超，1998：596），再到"跟一定的事实依据有关"（史金生，2003b）、"［＋较强理据性］和［＋较强断言性］"（武梅琳，2015：8）的过程。二是肯定判断义，即表示说话人肯定所述命题的"肯定推断类"，认为"想必"表示"偏于肯定的推断"（中国社会科学院语言研究所，1973：1122；王自强，1998：227；张斌，2001：573；齐沪扬，2011：431）。三是主观高强义，即表示说话人强烈主观性的"主观高强类"，此类观点以"表示说话人强烈的意志和信念"（崔诚恩，2002：59）、"主观量度最高"（齐春红，2006：59）、"［＋高确信度］与［＋强主观性］"（魏雪，2016）为代表。由于研究方法不同，三类观点都依赖于描写和语感而缺乏形式验证。

第二，在句法分布方面，前人已注意到了"想必"在句法位置分布、句子功能分布和同现成分上的某些重要特征。一是句位分布，主流观点认为"想必"可分布于主语前或主谓之间，连用顺序上位于各类语气副词的最前面（史金生，2003b；王露，2009；李涵，2011；武梅琳，2015）。二是句子功能分布，从"想必"一般分布于祈使句以外其他所有句类（王露，2009；李涵，2011；武梅琳，2015）到只分布于"揣测性问句"当中（武梅琳，2015）。三是同现成分，已经注意到了"想必"与能愿动词、"是"及各类副词的同现情况（李涵，2011）以及与连词、句末语气词的同现关系，并寻求语义和语用方面的解释（武梅琳，2015）。可以说，前人对"想必"句法分布进行了较为细致的考察，但受语法理论影响，尚未能正反验证句法分布规律。

第三，在语用功能方面，前人对"想必"的交际功能和篇章衔接功能均做了一定的探索。在交际功能上，既有齐沪扬（2002：213）基于语感提出的"表述性功能、评价性功能和强调性功能"（王露，2009；李涵，2011），也有"语气缓和"（武梅琳，2015：34）和"语气强化"（魏雪，2016）的对立观点。篇章衔接功能方面，已有学者注意到了"想必"句话语逻辑上的因果关系（朱丽，2005：45；武梅琳，2015：35）和认知上的推测关系（武梅琳，2015：35），由此反驳了史金生（2003b）最先提出的"证实"关系。我们认为"想必"的篇章衔接功能从宏观层面约束着"想必"的话语分布并为论证其语法意义和交际功能提供了支撑。

第四，在历时演变方面，主要有三类观点。一是描写词汇化和语法化历程，主要以"跨层非句法结构的词汇化"（董秀芳，2002/2011：35）为纲描写了"想必"大约至宋代才渐趋凝固成词（刘红妮，2009：286；高育花，2014），语义由原本的"思索"和"必定"引申为"推测"和"确信语气减弱"（刘红妮，2009：286；武梅琳，2015：44）。二是词汇化的形式手段，单句看句法位置是否灵活、是否与"是""须"强调义的词同现（高育花，2014；武梅琳，2015：47），话语看"'想'后出现零形回指现象"且"'必'的小主语可以在前文出现"（武梅琳，2015：46）。三是语义主观化的解释，主要认为说话人的"推测"是"想必"主观化的主要原因（刘红妮，2009；高育花，2014）。"想必"的历时研究并没有明确"主观性"是指说话人的认知还是情感，还是二者兼而有之。

语义语法理论认为，语法形式是语法意义的存在形式而语法意义是语法形式的存在依据。前人对"想必"的研究虽然涉及了语法形式和语法意义的某些对应关系，但仍存在以下两点问题：第一，"想必"的语法意义的提取缺乏基于话语关联和句法分布的形式验证；第二，语法意义的解析缺乏严谨的系统性与严密的逻辑性。因此，不同研究者由于语感或研究视角不同而得出不尽一致的结论。鉴于此，我们将在揭示"想必"的语法意义时，不仅要宏观地提取"想必"的话语关联，还要根据句法分布准确提炼"想必"的语法意义，并注重语法意义的系统性和逻辑的严密性。

2. 副词"想必"的话语关联

句子与句子连接所形成的话语关联既是还原并呈现副词在"应用"当中本真状态的一面镜子，也是"准确理解和验证副词语义的一把钥匙"（吴婷燕、赵春利，2018：360）。我们需要在层次复杂的语料中开展广泛调查并进行形式印证、正反验证，才能准确定位副词"想必"的话语关联。

通过语料库的调查，我们可以从逻辑、认知、语义三个层面勾勒并验证"想必"的话语关联。

第一，从逻辑关系的总体来看，"想必"句的排序位置通常是话语的后续句，与"想必"句组成关联的句子往往是位于前面表达"上文或当前情境"（史金生，2003b）的关联句，而前面的关联句与后面的"想必"在逻辑上形成了一种"前提—结论"的推定关系，其中，"想必"句通常做结论句。细致考察"前提句＋'想必'结论句"的话语逻辑，就会发现，隐藏在"前提—结论"这一推定关系深层的逻辑关系既可以是"原因—结果"，也可以是"结果—原因"，即"想必"结论句可能是"推定结果"的结论，也可能是"推定原因"的结论。因此，根据逻辑角色的差异，可细分为两类：由因及果的推定结果类、由果溯因的推定原因类。逻辑关系的发现不仅来源于"想必"的语言事实，同样也可以得到语言事实的验证。

先看推定结果类，"想必"分布于结果结论句表示推定结果时，"想必"句通常与前面的原因句构成说明性因果、推断性因果、条件性因果、假设性因果四类"广义因果"（邢福义，2001）关系。从正面来看，这可根据前后句的同现连词和话语标记得到证明。一是说明性因果标记，如连词"因为""由于"等（1a）；二是推断性因果标记，如"按……、按照……、听说……、据说……、从……看、既然……"和"想必"句首的"……看来、如此说来"等（1b）；三是条件性因果标记，包括"只要……、……之后"等（1c）；四是假设性因果标记，包括"要是……、如果……、……的话、要说……"等（1d），根据这些标记可以确定"想必"句与前面关联句的因果关系。从数量上看，实际语料以无因果标记形式更为典型，但是在前句中插入原因、推断、条件、假设连词，话语关联依然合法（2）。

（1）a. 因为它离繁荣的古港只有短短一华里，想必会有不薄的文明。

　　　b. 按行政隶属关系，想必"中国"级应该领导"省市"级。

　　　c. 只要没人扯她的衣袖，想必不会露馅儿。

　　　d. 如果没有我，你想必会约会其他的姑娘。

（2）a.【由于／鉴于】儿童节将临，想必该有什么新鲜、好玩的东西呈送给小朋友。

　　　b.【既然／据说】匪徒们称他"总司令"，想必是个头目。

　　　c.【只要】找他谋个教书职位，想必不成问题。

　　　d.【如果／要是】再站两分钟，想必会丧命。

而从反面来看，"想必"在话语中只选择结论句而排斥前提句，否则不合法，如"想必"插入到前因后果关系的原因句（3a）、前提句（3b）、条件句（3c）和假设句（3d）中都是不合法的。

（3）a. 因为空闲的时间【*想必】太多，所以感到自己没用了。

　　b. 既然你【*想必】要来偷袭，就非得给你点教训不可。

　　c. 这并不难，只要你【*想必】掌握了恩格尔定律。

　　d. 如果绿色饮品【*想必】换成软包装，销路更好。

再看推定原因类。"想必"分布于溯因结论句位置而表示推定原因时，溯因句均作为一个整体结构位于副词"想必"的后面。根据溯因标记结构类型以及话语位置的不同可以将溯因推测的同现标记分为以下四类：一是"想必"小句内层原因连词"因为、由于"（4a）；二是"想必"小句内层原因介词"鉴于、出于"等（4b）；三是前句有由果溯因连词标记"之所以"，后句溯因义句子结构"是……的缘故/之故、是……的原因、是……所致、……的原因是……、究其原因……是……"（4c）；四是"想必"句后句的结果连词"因而、所以、因此"等（4d）。反之，当"想必"句表示溯因结论时，原因连词"因为""由于"等或原因介词"鉴于""出于"等只能位于"想必"之后而不能在"想必"的前面，这从例（5a）和（5b）的正反对比中可以看出。

（4）a. 有些人衣襟上还带着血，想必是因为出手时太用力，刺得太猛。

　　b. 你们想必鉴于以往的美术作品"语言"太贫乏，因而要闯出一条新的道路。

　　c. 洞孔四周的颜色之所以有些不同，想必是实际使用过好几次的缘故吧。

　　d. 想必那个人从未孤独过，所以才把孤独想得如此诗意。

（5）a. 有些人衣襟上还带着血，想必是因为【*因为想必是】出手时太用力，刺得太猛。

　　b. 你们想必鉴于【*鉴于想必】以往的美术作品"语言"太贫乏，因而要闯出一条新的道路。

可以说，"想必"句无论是推定的结果性结论，还是推定的原因性结论，都表达了说话者根据前提而推断出的确定性结论。

第二，从认知上看，"想必"句的结论并不是无根无据的猜想，而是有凭有据的推断，因为"想必"结论句的"前提句"就是依据。在以往学者们对"想必"语法意义的诸多解释里，无论是"推想"（李行健，2014：1435）、"推测"（王露，2009；李涵，2011）还是"推断"（中国社会科学院语言研究所，1973；张斌，2001；齐沪扬，2011），实际上均隐含了"想必"在话语中根据说话人受话人双方已知的信息而推知新信息的心理认知过程。也就是说，如果说"想必"句表示说话人的推定，那么，结论的推知就相应地需要言语交际双方的共知信息（Venneman，1975）作为认知预设（presupposition）。因此，从认知上说，"前提—结论"的逻辑关系是以"共知信息—推知信息"为心理基础的。

第三，从语义层面上来看，无论是由果溯因的推定关系还是由因推果的推定关系，都是基于共知信息的前提句而推定出结论来的。前提共知信息句作为说话人进行推断判定的已知情况，其语义类型主要有两类：一类是以"由于、因为、既然"为典型标记的实际情况，一类是以"如果、倘若、假如、要是"为典型标记的虚拟情况。无论是情况的实际确定还是虚拟确定，二者共同的语义就是情况确定的"确情义"。这可从正反两方面得到验证。一方面，无论前提共知情况句是表示实际情况还是虚拟情况，均可以插入表示说话人对所述情况确定信实的确情义副词"的确、确实、实在、真的、果然"等（6a/b）；另一方面，当在前提共知情况句中插入语义相对的"非事实性"的（non-factuality）语义成分，如非事实助动词"应该、可能、能够"和或然义副词"似乎、没准、说不定、或许、多半、大概"等时，句子都不合法（6）。

（6）a. 这实在【*或许/*似乎】是太不寻常了，想必是有大事。

b. 要是真的【*或许/*似乎】做起来，想必会非常可怕。

c. 倘若虞姬姑娘【*可能/*应该】在天有灵的话，想必也该含笑九泉了。

d. 他【*可能/*应该】弹着吉他给客人们演奏，想必是为赚些外快。

总的说来，我们可以从逻辑关系、认知基础、语义类型三个角度，运用同现的连词、话语标记、小句副词等形式印证、正反验证"前提句"与"想必"句所构成的话语关联：据情推定。其中"据情"是确定的前提共知信息，而"推定"则是"想必"句通过推定而知道的结论信息。据此可以从逻辑、认知到语义逐层递进地勾勒出"想必"句的话语关联，如图6-6所示：

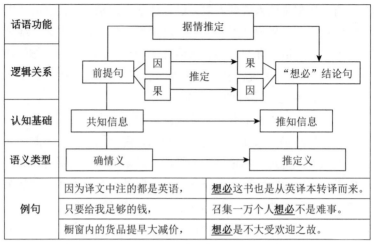

图 6-6　副词"想必"句的整体话语关联

可以说，关联句与"想必"句在话语中构成了逻辑上的"前提—结论"关系，在认知上构成了"共知—推知"关系，而在语义上形成了"确情—推定"关系，从而构成了"据情估论"的话语关联。但是，"想必"并非可以不受限制地分布到任何一类句子的任何一个位置，从而占据表达推定而知的结论句位置。那么，"想必"具有什么分布规律呢?

3. 副词"想必"的分布规律

精确定位推定副词"想必"的分布规律是我们提取并验证"想必"语义情态的必要手段，不仅需要通过话语关联定位"想必"句的话语分布，而且需要从句子功能、句法位置和同现成分制约三个层面定位其句法分布。

3.1 副词"想必"的句子功能分布

从句子功能类型来看，"想必"并不能自由地进入所有句子功能类型中。调查显示，"想必"一般分布于述说事情、表达命题，"在客观上表现为非真即假"（王维贤，1989：73）的陈述句当中，充当命题之外的模态性成分（Modal or Modality）（袁毓林，2002：315），如（7a/b），但排斥大部分类型的疑问句（7c）和所有的祈使句（7d），这可通过插入"想必"而句子不合法得到验证。因为疑问句和祈使句"一般没有真假"（王维贤，1989：73），且表示"请求和命令"的祈使句跟"想必"表示"命题真实性的主观态度不相符合"（武梅琳，2015）。

（7）a. 居民<u>想必</u>能够享受到这种福气。

　　b. <u>想必</u>她并没有做好准备。

　　c. 你见过他没有？

　　　　——【＊<u>想必</u>】你见过他没有？

　　d. 请给我们多提意见！

　　　　——【＊<u>想必</u>】请给我们多提意见！

　　既然如此，那么"想必"与部分类型疑问句的同现倾向应当如何解释呢？根据句子"能否表达命题"的真假，可以发现，"想必"只能进入到能够表达命题的揣度性问句（8a），但既不能进入以问询义句末助词"吗""么"等为标记的非揣度性是非问句（8b），也不能进入选择问句、特指问句和正反问句（8c/d/e）。疑问句"因疑而问，没有真假，不是命题"（王维贤，1989：321），但"想必"所进入的揣度问句恰恰与命题相关，均表示说话人对所述命题的"半识而未明"（赵春利、孙丽，2015），并从人际互动角度对命题是否契合实际进行求证与商榷，"要求答话者判断是非"（张伯江，1997）。因此，推定副词"想必"可以进入到具有真假性但需判定的"揣度问句"。

（8）a. 这两天，她<u>想必</u>都跟你在一起？

　　b.【＊<u>想必</u>】你知道自己错了吗？

　　c.【＊<u>想必</u>】是他来，还是你来？

　　d.【＊<u>想必</u>】今天是谁值日？

　　e.【＊<u>想必</u>】明天是不是星期天？

　　调查发现，在 CCL 语料库里的 1839 条"想必"语料中，带有感叹号的句子仅有 69 条。逐一辨析可以发现，这些句子实质上都表达真假命题，因此，不是感叹句而是陈述句。而对表示说话人的主观评价和强烈情感的典型感叹句"想必"却不能进入（9），因为感叹句不表达真假命题，其评价或情感都是真实的，无法证伪的，因此，"想必"在本质上是排斥感叹句的。"想必"对句子功能的选择倾向说明：一类句子功能类型是否表达真假命题是推定副词"想必"能否进入的必要条件。

（9）a. 真漂亮啊！　　　　——【＊<u>想必</u>】真漂亮啊！

　　b. 我的天哪！　　　　——【＊<u>想必</u>】我的天哪！

　　总的说来，"想必"的句子功能分布以命题是否表达真假模态值为内在规律性，即"想必"句在功能上必须可以表述真假命题的陈述或求证行为，不能用于表示请求、命令等祈使行为，也不能用于只表达主观真实情感而没有命题真假的感叹行为，更不能向受话人索取命题内容的疑问行为。那么，这是否意味着"想必"可以不受限制地出现于所有的陈述句和揣度问句之中呢？其实不然。"想必"的句法分布不仅受句子功能的约束，还受到句法位置和同现成分的制约。

3.2 副词"想必"的句法位置分布

"想必"在句法位置分布上的规律性是怎样的呢？主流认为"想必"在句法位置上"位于句首或句中，但不位于句末"（王露，2009；李涵，2011）。我们通过副词替换比较的方法进行验证发现："想必"确实主要位于主语前或主谓之间（10a），而不能位于补语和句末的位置（10b/c）。除此之外，"想必"在小句主谓之间时的具体位置也存在规律性。"想必"在线性排列顺序上总体上先于其他非语气类的副词（黄河，1990），与谓语动词"关系相对疏远"（袁毓林，2002），且"想必"在与其他语气副词连用时"总是在前面"（史金生，2003b）。根据调查，"想必"在小句主谓之间时，不仅在线性顺序上先于其他副词，而且同样也先于其他状语性成分。这可以通过替换法和移位法进行对比验证（11）。

（10）a.【想必】他们遇到了麻烦。

——他们【想必】遇到了麻烦。

b.【想必】雷斯林昏迷了一天。

——雷斯林昏迷了【*想必】一天。

c. 他【想必】得罪了许多人。

——他得罪了许多人【*想必】。

（11）a. 他想必已经【*已经想必】快来了。

b. 您老人家想必一定【*一定想必】打听出来了。

c. 许多人想必还依然【*还想必依然/*还依然想必】记得。

d. 想必他能从中【*他能想必从中/*他能从中想必】得到启示。

既然"想必"可以出现的"句首"位置指的是线性位置上的主谓小句之前，这说明和小句里其他句法成分"不属于同一句法层面"（张谊生，2000a），具有"高位表述功能"（齐沪扬，2003）。那么，"想必"的语法位置变化就不会对其语法功能产生影响。因为在同句中将"想必"从主谓之间移位至主语前，"想必"的辖域依然"包括主体和动作/行为"（林华勇，2005），句义和句子功能不变（12）。

（12）a. 马晓春想必会努力下出精彩的棋。

　　　——想必马晓春会努力下出精彩的棋。

　　b. 想必对方也是乱了方寸。

　　　——对方想必也是乱了方寸。

综上所述，"想必"可以分布于小句的句首位置或主谓之间，而不能分布于小句的补语或句末位置。但是"想必"的句法位置分布并不能证明"想必"具有某种句法功能。这是因为，传统语法的范畴观是根据句法位置来确定所属句法成分的，语法位置变化而语法功能不变的"想必"能否修饰或限制小句实际上难以从句法上得到论证（石定栩，2021），因而把"想必"的句法功能视作"高层次谓语，修饰全句"（黄国营，1992）严谨性不足，但可以确定的是，"想必"是一个在句法上相对独立的副词性成分。

3.3 副词"想必"的同现成分制约

调查发现，副词"想必"对表示特定语法意义的句法成分存在选择与排斥的倾向。也就是说，"想必"除了排斥不能表示真假模态命题的句子功能类型以外，还不能无限制地进入所有表述真假模态命题的陈述句之中。当小句出现具有某种语法意义的成分时，"想必"可以进入句内；而当小句出现具有另外某种语法意义的成分时，副词"想必"却不可以进入。根据调查，与"想必"真正存在同现制约关系的主要是副词和句末助词两类。

第一，"想必"作为副词，在小句层面与哪些副词存在同现关系是重要的句法表征。根据"想必"与不同副词的语义相容性和语义矛盾性的调查，可以发现"想必"与副词的同现规律有以下两条。

一是选择推理类副词。"想必"与表示说话人顺着事理而推知结论的认知推理性副词"的确、确实、当然、自然"等同现（13），这与"想必"的据情推断相容；反之排斥意义相对的认知违理性副词如"居然、竟然、反而"，以及事实明显而无须推理的事实显明性副词"显然、明明、分明"等（13），"意想不到"的意外性或"一目了然"的显明性都不需要"想必"来推断确定。

（13）a. 想必这对于葡萄牙来说的确【*竟然】是致命的。

　　b. 想必这些传闻确实【*反而】是伤害了他。

　　c. 想必他当然【*显然】不愿意做白工。

       d. 大凡女性到了一定的年龄便是渴望做母亲，<u>想必她自然</u>【＊<u>分明</u>】也不会例外。

　　二是选择常定类副词。"想必"与表示行为频率的惯常性和认识情态的认定性的副词同现，而排斥与之意义相反的副词。一方面，"想必"选择表示行为惯常性的频率副词如"经常、一直、不断、从未"，而排斥表示行为偶然性的频率副词"偶尔、有时、不时"等，如例（14a/b）；另一方面，选择表示说话人认知断言性的认定性情态副词如"一定、肯定、万万、绝对"，而排斥说话人揣度待定认知取向的不定性情态副词"大概、或许、多半、恐怕、莫非"等，如例（14c/d）。惯常性和认定性副词与"想必"的判定性是相容的。

　　（14）a. 你这几年<u>想必</u>【<u>一直</u>/＊<u>偶尔</u>】在上海。

       b. 这个小女孩<u>想必</u>【<u>从未</u>/＊<u>时不时</u>】受过有关"尊重"方面的教育。

       c. <u>想必</u>睡眠【<u>一定</u>/＊<u>多半</u>】有某种很大的益处。

       d. <u>想必</u>大门的触感【<u>肯定</u>/＊<u>恐怕</u>】是冰冷无比。

　　第二，句末助词方面，"想必"倾向于与表述命题的陈述义助词"的、了"共现，排斥问询真假而不做判断的问询义助词"吗、呢、么"等（15a/b）。不过，这不意味着"想必"与任何能表达陈述的句末助词同现。经调查，"想必"排斥说话人断言情态的确信义助词"嘛、喽"，而与表示说话人待定情态的揣度义助词"吧"同现（15c/d）。从句末助词可以看出"想必"对陈述句和揣度问句的选择与对句末助词类型的选择是一致的。

　　（15）a. <u>想必</u>她短时间内是不会回去【<u>的</u>/<u>了</u>】。

       b. ＊<u>想必</u>是他不愿实行【<u>吗</u>/<u>呢</u>】？

       c. ＊<u>想必</u>懒人以懒为天职【<u>嘛</u>/<u>喽</u>】！

       d. 您<u>想必</u>有您的医生<u>吧</u>。

　　语义语法理论认为，语言在组合分布中所呈现的特征是由语法意义所决定的，这就是"语义对句法的决定作用"（邵敬敏，2004）。这些语义类型各异、纷繁复杂的句法成分与"想必"的同现与排斥规律正是"想必"的语法意义在句法层面的表现，"想必"在小句层面的句子功能分布、句法位置分布和同现成分制约综合体现了"想必"的语法意义。这样，我们可以确定"想必"的总体分布规律为分布于确定性命题句的外层，如表6-4所示：

表 6-4　推定副词"想必"的分布规律

视角＼分布	选择		排斥
句子功能	陈述句		所有感叹句、祈使句
	揣度疑问句		特指问句、选择问句
句法位置	相对独立地出现于句首，或出现于小句主谓之间		位于句末，或小句补语位置
同现成分	副词	认知推理性	认知违理性、事实显明性
		行为惯常性	行为偶然性
		情态认定性	情态不定性
	句末助词	陈述义	问询义
		揣度义	确信义

那么，"想必"的语法意义是什么呢？通过描写、验证与解释相结合的手段，以"想必"的话语关联和分布规律为依托，我们可以将"想必"的语法意义进行细致而系统地提取。

4. 副词"想必"的语义提取

作为表示说话人对所述命题态度的"盖然性认识情态"副词（张云秋，2017），"想必"的语法意义不仅表现在说话人的认知取向上，也隐含在说话人的人际意态中。

首先，从认知模态上看，"想必"表达的是：说话人根据已知的确定情况推断、揣度、估量确定结论的推断确定义，这可以从正反两方面得到语言事实的验证。

先从正面来看，揣度义句末助词"吧"以及揣度疑问句都可以作为验证"想必"句揣度义的形式标记。如果说这些标记并非表明副词"想必"所独有，那么，以下同现规律都说明"想必"句体现说话人很大程度上相信自己的推断是真的，但没有十足的把握，因而处于"半识而未明"（赵春利、孙丽，2015）的情状揣测状态。一是同现主观推断义高谓语"我想、认为、推测、看来"等（16）；二是"想必"句的前后关联句大量出现信源待证义话语标记"听说、据说"等（17）；三是"想必"句出现表示主观性认定义副词"一定"而排斥一系列基于理据而断定的证实义副词"必定、势必"等（18）。

（16）a.【我想／我认为】，如果杜甫再生，想必会再写一首石壕新篇！

　　　b.【据常理推测／看来】，"茴"字的四种写法想必是孔乙己的先生教给他的。

（17）a. 听说他屡遭女人白眼，想必其中有缘故。

　　　b. 据说她父亲当年在战场上勇猛无比，想必他女儿也是敢做敢当的。

（18）a. 身在国外，欣逢佳节，想必诸位【一定】很想念故乡亲朋。

　　　b. 经过激烈斗争和大败亏输之后，想必结果【＊必定／＊势必】是够惨的。

再从反面来看，"想必"句不能出现在凸显所述为真而无法反驳的真值显明义副词"显然、其实"的语义管辖范围当中；但是表达说话人必然性断定的副词"一定、必定、势必、肯定"等则可以进入真值显明义副词"显然、其实"的辖域中（19）。这反面验证了"想必"句所表达的说话人认知取向不是"断言"，亦有别于必然义情态副词的"主观确信"，而是对情状半识未明的揣测状态，是据情推定。

（19）a. 很显然，张静江此举【肯定／＊想必】是蒋介石所授意的。

　　　b. 其实，宏观研究【势必／＊想必】要求脱离就事论事的窠臼。

其次，"想必"在人际意向上隐含着推定结果时的商榷结果意向与推定原因时的委婉释因意向，表示说话人向受话人商榷自己据情推定的结果是否属实，或向受话人委婉解释剧情推定的原因。这可以从以下两种语言现象得到证明：其一，常与"想必"所在命题句同现的揣度义句末助词"吧"以及"想必"句可以分布的揣度疑问句，本身即具有或商榷或委婉表述内容的人际意义，希望受话人对"想必"命题句是否契合实际情况做出应答（20a/b）；其二，对于确定性命题句而言，命题句加上"想必"较于原命题句更凸显说话人认识视角的主观性，表示所述命题具有真假模态的非叙实性，其信度有待受话人的认证或客观事实的验证。这是因为，后续句对应的信度验证标记除了受话人肯定或否定的应答之外，还有说话人所述的符合预期叙实副词"果然"（20c）以及不合说话人预期的叙实句，以转折连词"却"和否定义叙实副词"并非"等为标记（20d）。

（20）a. ——我这四位朋友的来历，阁下想必已看出来了吧。

——我早就看出来了。

b. ——想必你也是有的了?

　　——怎么能没有? 人家还抢着要呢!

c. 想必他的胃口不会太大, 是廉价劳动力。果然, 他没开口要价, 愿意白干。

d. 想必观众们该心满意足了吧。事实却并非如此, 不少观众的反应是"太吵了"。

综上, 副词"想必"的认知模态并不是表示说话人的某种单纯"推断"(中国社会科学院语言研究所, 1978; 张斌, 2001; 齐沪扬, 2011), 而是表示说话人根据真实或虚拟的确定情况来推断判定某一结果或某一原因的推定义, 并在人际意向上隐含着这一推定的结果或原因尚有待受话人认证或客观事实验证的商榷性和委婉性。

每一个副词都具有自己独特的语法意义。语义语法在研究一个副词的性质时, 既要从话语层面研究其所在的小句与前后句子之间自然形成的话语关联, 也要从句法层面研究其分布规律, 还要从语义层面深入分析、提取语法意义, 并"运用句法、词汇、对比"等手段形式印证和正反验证语义提取的科学性与合理性(杨才英、赵春利, 2014), 揭示"想必"的形式特征背后的深层规律性与"想必"的语法意义的相互关系。根据"想必"在话语层面和句法层面的形式特征, 可以从正反两个方面验证"想必"的语义规律, 从而提取并验证得出"想必"的"剧情推定"话语关联及其语法意义, 即认知模态的推定义与人际意向的商榷结果义或委婉释因义。

第七章　结　语

1. 本项研究得出的主要观点

《现代汉语情态副词研究》是在批判继承传统语法、描写语法、认知功能语法和生成语法对情态副词研究成果的基础上，以语义语法为理论基础，不仅从理论方法上根据语义语法理论对情态副词的语法性质和特点的认知提出了四个原则为指导的方法论，而且从研究实践上对"意志类（总得 / 总算 / 毅然）、数量类（几乎 / 简直 / 险些）、因果类（毕竟 / 怪不得 / 索性）、模态类（确实 / 实在 / 想必）"四类典型的情态副词进行了精细深入系统的个案式研究，在研究方法、话语关联、情态解析、语义概念方面得出了比较有创新价值的观点。

第一，在研究方法上，提出了由话语关联论、句法制约论、语义决定论和情态因果论组成的"情态副词研究方法四原则"。前人对情态副词的研究主要有基于语感的传统语法意义分类法、基于句法的描写语法分布辨析法、基于认知的认知功能情态解释法和基于层次的生成语法制图排序法。本项研究认为，情态副词的性质和特点决定其研究方法的选择。因此，根据语义语法理论对情态副词"指称情态而关联话语"的语法性质，及其"话语关联的制约性、句法分布的复杂性、语义提取的难验性、情态内涵的难解性"四个特点的认识，从方法论角度提出了语义语法情态副词研究的四条原则：基于话语关联论由表及里多层锚定话语功能的原则、基于句法制约论由大到小精确定位句法分布的原则、基于语义决定论形意兼顾多元证明语法意义的原则、基于情态因果论瞻前顾后系统解释情态内涵的原则。

第二，在话语功能上，建立了由"形式"到"概念"再到"心理"逐层分析的"逻辑关联、语义关联、情态关联"三层递进话语关联分析模式，为精准定位情态副词的话语分布奠定了学术基础。以情态副词"索性"为例，图 7-1 所列的是顺为副词"索性"的完整话语关联图，可以清晰地展示出"索性"句在话语分布上的逻辑关联、语义关联和情态关联，不仅有利于情态副词语法意义的提取、验证和界定，而且有利于对外汉语副词教学和词典编纂中的副词释义。

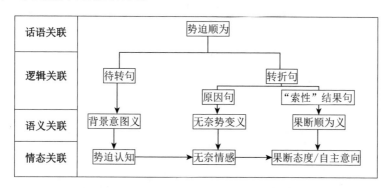

图 7-1 顺为副词"索性"的完整话语关联

第三，在情态解析上，根据前因后果的因果链条，提出了情态要素"认知、情感、意志、态度"前后关联的情态结构分析模式。这一研究成果，不仅使情态分析具有了逻辑关系的约束和语义关联的支撑，而且也使情态副词的关联功能在情态因果上得到了体现。以遂愿副词"总算"为例，其逻辑关联是待转/转折（原因//结果），其语义关联是困难情势/全力克难//勉强遂愿，与逻辑关联和语义关联对应的是其情态关联，即困境认知—坚忍意志—欣慰情感/庆幸态度。如图 7-2 所示：

话语关联		克难遂愿			
逻辑关联	待转句		转折句		
		行为原因句		"总算"结果句	
语义关联	困难情势	全力克难		"总算"终能勉强遂愿	
情态	关联	困境认知→激发→坚忍意志→引发→欣喜情感→激活→庆幸态度				
	主体	认知主体/施事→意志主体/施事 → 情感主体/言者→态度主体/言者				
	分布	选择	排斥	选择	排斥	选择	排斥
		艰难义	容易义	欣喜义	不满义	庆幸义	懊悔义
		力大义	力小义	结果义	持续义	勉强义	充满义
		时长义	时短义	已然义	未然义	艰难义	晦气义
		次多义	次少义				

图 7-2 遂愿副词"总算"的完整话语关联

可以说，无论是逻辑关联、语义关联还是情态关联，都成为定位、验证和解释情态副词语法意义及其情态内涵的手段。

第四，在语义概念上，本项研究不仅精准刻画了每个情态副词的话语和句法分布，而且还据此精炼提取和科学验证了每个情态副词独具特色的语法意义及其蕴含的情态内涵。比如："总得"的势转必行及其被迫无奈的情感和低量祈求的意志，"毅然"的遂志革新及其为实现志向而意决慎重、态度果断、意志坚定的定果行为，"几乎"的客观估测接近有界极值的极量，"简直"的主观夸张性地评判事物直至有界极度的"虽非极是义"，"险些"的危未暗庆义及其危而未发的认知与庆幸情态，"毕竟"的据实溯因释转义，"怪不得"的基于醒因而悟果义及其惊叹情感，"确实"的证知传信义，"实在"的诚认顺变义及其"困境认知—坚强意志—无奈情感 / 诚恳态度—无奈行为"的情态结构，还有"想必"的据情推定及其人际层面的商榷结果义和委婉释因义。

2. 本项研究的创新点

本项基于语义语法理论对 12 个现代汉语典型情态副词的精细研究，总的说来，主要有方法、理念、模式、概念四个创新点。

第一，方法创新。首次从方法论角度基于语义语法理论对情态副词虚实兼备的语法性质和特点的认知，明确提出了行之有效的四个原则：一是话语关联论锚定原则；二是句法制约论定位原则；三是语义决定论证明原则；四是情态因果论解释原则。

第二，理念创新。首次从话语分布角度提出了情态副词研究的话语关联原则，特别是将话语关联分解为具有形式、语义和心理递进关系的三种关联：逻辑关联、语义关联、情态关联，为系统精准地提取并验证每个情态副词的语义情态以及从语言类型学角度进行对比分析奠定了基础。

第三，模式创新。首次以"认知、情感、态度、意志"之间的因果关系角度解析副词的情态结构，不仅使之符合情态副词的逻辑关联和语义关联，而且使之贴近说话者的认知心理，从而为界定情态副词的语法意义奠定基础。

第四，概念创新。首次创新性地基于话语功能概念来界定情态副词的语法意义，比如"总得"的"势转必行"、"总算"的"克难遂愿"、"毅然"的"遂志革新"、"几乎"的"客估极量"、"简直"的"虽非极是"、"险些"

的"危未暗庆"、"毕竟"的"据实释转"、"怪不得"的"奇疑醒悟"、"索性"的"势迫顺为"、"确实"的"证知传信"、"实在"的"诚认顺变"和"想必"的"据情推定"等，有利于凸显情态副词的逻辑、语义、情态上的关联网络，并通过图式展示其关联关系及其关联功能。

3. 本项研究存在的不足

第一，没有对所有的情态副词进行封闭式归纳、系统性分类。限于时间和精力，无法把所有的现代汉语情态副词收集起来进行分类，只能对学者们普遍认可的典型情态副词进行简单的分类研究，希望以后情态副词的个案研究达到一定的数量之后，再根据每个情态副词的话语关联进行分类和归纳。

第二，没有对情态副词之间的总体排序进行研究。本项研究的目的是深入细致地定位情态副词的分布规律并据此提取和验证其语法意义及其情态结构，而不同情态副词之间的排序问题已经有黄河（1990：494-523）、张谊生（1996：89）、袁毓林（2002：333）、史金生（2003b：22）等学者进行了比较全面细致的研究。尽管还存在着不足之处，但需要个案研究积累到一定数量以后再进行全面的排序研究。

第三，没有对近义情态副词进行辨析。近义情态副词的辨析问题是一个非常有学术价值和应用意义的课题，尽管本项研究中涉及了少量辨析，比如"几乎"与"简直"、"确实"与"真的"，但并没有全面系统地展开。我们认为：近义辨析应该以深入细致的个案研究为前提和基础，比如"索性"与"干脆"、"确实"与"的确"等，希望以后补上近义情态副词比较研究这个缺失的一环。

参考文献

［001］薄冰:《英语语法手册》,北京:商务印书馆,1964 年。

［002］北京大学中文系 1955/1957 级语言班编:《现代汉语虚词例释》,北京:商务印书馆,1982 年。

［003］蔡维天:《重温"为什么问怎么样,怎么样问为什么"——谈汉语疑问句和反身句中的内、外状语》,《中国语文》2007 年第 3 期,第 195—207 页。

［004］蔡维天:《谈汉语模态词的分布与诠释之对应关系》,《中国语文》2010 年第 3 期,第 208—221 页。

［005］晁代金:《"巧合"类语气副词研究》,广西师范大学硕士学位论文,2005 年。

［006］车录彬:《"差一点"及相关构式在近代汉语中的形成与发展》,《湖北师范大学学报》2017 年第 3 期,第 40—44 页。

［007］陈宝珠:《"怪不得"的语法化》,《文学界》2010 年第 5 期,第 85—86 页。

［008］陈承泽:《国文法草创》,北京:商务印书馆,1982 年。

［009］［清］陈澹然:《寤言》卷二《迁都建藩议》。

［010］陈群:《〈型世言〉中的"毕竟"》,《语文学刊》2007 年第 5 期,第 89—91 页。

［011］陈荣华:《"险些"有误》,《现代语文》2004 年第 7 期,第 45 页。

［012］陈熹:《面向对外汉语的几组语气副词的研究》,华中科技大学硕士学位论文,2005 年。

［013］陈霞:《"险些"一类句式溯源》,《文学教育》2009 年第 7 期,第 146—147 页。

［014］陈霞:《"险些"类句式探源》,中南民族大学硕士学位论文,2010 年。

[015] 陈祥明:《中古汉文佛典中的副词"毕竟"》,《泰山学院学报》2009 年第 31 卷第 1 期, 第 75—78 页。

[016] 陈秀清:《试论羡余否定的形成机制和原因——以"差点儿"类羡余否定为例》,《新疆大学学报(哲学·人文社会科学版)》2017 年第 45 卷第 3 期, 第 127—133 页。

[017] 陈秀清:《论"险些"的词汇化》,《新疆大学学报》2018 年第 2 期, 第 139—144 页。

[018] 陈益娟:《语气副词"确实"和"着实"的比较研究》, 华中师范大学硕士学位论文, 2018 年。

[019] 储泽祥:《辩证性:"毕竟"的使用基础》,《当代修辞学》2019 年第 2 期, 第 28—37 页。

[020] 崔诚恩:《现代汉语情态副词研究》, 中国社会科学院研究生院博士学位论文, 2002 年。

[021] 戴曼纯:《寄生语缺的推导式生成》,《外国语》2003 年第 6 期, 第 13—22 页。

[022] 邓葵、吴宝安:《试说"索性"及"干脆"》,《邵阳学院学报(社会科学版)》2004 年第 1 期, 第 108—109 页。

[023] 邓思颖:《形式汉语句法学》, 上海:上海教育出版社, 2010 年。

[024] 邓晓芒:《关于美和艺术的本质的现象学思考》,《哲学研究》1986 年第 8 期, 第 75—80 页。

[025] 邓晓芒:《胡塞尔现象学导引》,《中州学刊》1996 年第 6 期, 第 65—70 页。

[026] 董付兰:《"毕竟"的语义语用分析》,《首都师范大学学报》2022 年第 3 期, 第 67—71 页。

[027] 董玲玲:《"V 不得"的词汇化及其例证》, 上海师范大学硕士学位论文, 2009 年。

[028] 董为光:《汉语副词的数量主观评价》,《语言研究》2000 年第 1 期, 第 75—80 页。

[029] 董秀芳:《词汇化:汉语双音词的衍生和发展》(修订本), 北京:商务印书馆, 2011 年。

[030] 董正存:《情态副词"反正"的用法及相关问题研究》,《语文研究》2008 年第 2 期, 第 12—16 页。

［031］丁险峰：《试论"简直+……"结构的句法、语义、语用》，《语言文字应用》2002 年第 4 期，第 84—89 页。

［032］段业辉：《语气副词的分布及语用功能》，《汉语学习》1995 年第 4 期，第 18—21 页。

［033］〔德〕恩格斯：《自然辩证法》，于光远等译编，北京：人民出版社，1984 年。

［034］方光焘《谈方法论、方法问题》（1963），载于《方光焘语言学论文集》，北京：商务印书馆，1997 年，第 518—526 页。

［035］方红：《"侥幸"类语气副词研究》，上海师范大学硕士学位论文，2003 年。

［036］方甲珂：《现代汉语意志副词研究》，暨南大学博士学位论文，2019 年。

［037］方梅：《北京话句中语气词的功能研究》，《中国语文》1994 年第 2 期，第 129—138 页。

［038］方梅：《饰句副词及相关篇章问题》，《汉语学习》2017 年第 6 期，第 3—11 页。

［039］房玉清：《实用汉语语法》，北京：北京语言学院出版社，1992 年。

［040］冯传强、方颐：《现代汉语副词"几乎"和"简直"的语义、语用差异》，《胜利油田师范专科学校学报》2002 年第 3 期，第 6—9 页。

［041］〔西〕弗朗西斯科·瓦罗：《华语官话语法》，姚小平、马又清译，北京：外语教学与研究出版社，2003 年。

［042］〔德〕G. 弗雷格：《算术基础》，王路译，北京：商务印书馆，2002 年。

［043］高名凯：《汉语语法论》，上海：开明书店，1948 年。

［044］高书贵：《"毕竟"类语气副词与预设》，《天津大学学报（社会科学版）》2000 年第 2 期，第 106—109 页。

［045］高文利：《浅议"N 毕竟是 N"》，《本溪冶金高等专科学校学报》2004 年第 4 期，第 46—47 页。

［046］高育花：《揣测类语气副词"X 必"的词汇化与主观化》，《北方论丛》2014 年第 1 期，第 78—83 页。

［047］顾海芳：《〈镜花缘〉中的语气副词"毕竟"、"再"》，《沙洋师

范高等专科学校学报》2002年第3期，第43—45页。

［048］谷峰:《先秦汉语情态副词研究》，南开大学博士学位论文，2010年。

［049］郭锐:《复数事件和虚词语义》，《世界汉语教学》2017年第4期，第435—447页。

［050］韩陈其:《浅谈"几乎"类语词的形式联系和语义强度》，《汉语学习》2005年第5期，第31—34页。

［051］韩娟:《语气副词"简直"的句法、语义和语用分析》，山东师范大学硕士学位论文，2007年。

［052］〔德〕汉斯·格奥尔格·加（伽）达默尔:《真理与方法　哲学诠释学的基本特征》，洪汉鼎译，上海：上海译文出版社，1999年。

［053］何云:《"X然"类词的多角度研究》，青海师范大学硕士学位论文，2011年。

［054］贺阳:《试论汉语书面语的语气系统》，《中国人民大学学报》1992年第5期，第59—66页。

［055］侯学超编:《现代汉语虚词词典》，北京：北京大学出版社，1998年。

［056］侯远航:《"毕竟"语义及元语用法探究》，《现代语文》2019年第1期，第83—87页。

［057］〔德〕胡塞尔:《纯粹现象学通论》，李幼蒸译，北京：商务印书馆，1992年。

［058］黄国营:《语气副词在"陈述－疑问"转换中的限制作用及其句法性质》，《语言研究》1992年第1期，第9—11页。

［059］黄国营:《句末语气词的层次地位》，《语言研究》1994年第1期，第1—9页。

［060］黄河:《常用副词共现时的顺序》，载于严家炎、袁行霈主编《缀玉集——北京大学中文系研究生论文选编》，北京：北京大学出版社，1990年，第494—524页。

［061］黄云峰:《现代汉语归结义语气副词研究——以"终于"、"总算"、"总归"为例》，华中师范大学硕士学位论文，2010年。

［062］姜庆玲:《汉韩表"揣度性推测"类副词对比研究》，延边大学硕士学位论文，2016年。

［063］蒋静忠、魏红华:《"一直"与"总是"辨析》,《中国语文》2017 年第 4 期,第 412—420 页。

［064］蒋静忠:《现代汉语表主观量副词研究》,北京:科学出版社,2018 年。

［065］蒋丽:《副词"总算""终于"与"到底"的对比分析》,《现代语文》2019 年第 3 期,第 60—64 页。

［066］焦一和:《浅析副词"简直"的演变及语义》,《安阳师范学院学报》2012 年第 3 期,第 108—113 页。

［067］金基梅:《断定类语气副词的多角度分析》,延边大学硕士学位论文,2006 年。

［068］金岳霖主编:《形式逻辑》,北京:人民出版社,1979 年。

［069］〔德〕康德:《道德形而上学原理》,苗力田译,上海:上海人民出版社,1986 年。

［070］〔德〕康德:《逻辑学讲义》,北京:商务印书馆,2010 年。

［071］孔辉:《〈明清民歌时调集〉语气副词研究》,湖南师范大学硕士学位论文,2018 年。

［072］匡鹏飞:《语气副词"明明"的主观性和主观化》,《世界汉语教学》2011 年第 2 期,第 227—236 页。

［073］黎锦熙:《新著国语文法》,北京:商务印书馆,1992 年。

［074］李涵:《现代汉语确定性推测语气副词研究》,大连理工大学硕士学位论文,2011 年。

［075］李劲荣:《"实在"句的语义格局与句法制约》,《世界汉语教学》2007 年第 2 期,第 40—53 页。

［076］李劲荣:《再论"实在"的语法意义》,《通化师范学院学报》2018 年第 11 期,第 14—20 页。

［077］李泉:《副词和副词的再分类》,载于胡明扬主编《词类问题考察》,北京:北京语言学院出版社,1996 年,第 364—390 页。

［078］李泉:《从分布上看副词的再分类》,载于胡明扬主编《词类问题考察续集》,北京:北京语言大学出版社,2004 年,第 154—177 页。

［079］李泉:《从分布上看副词的再分类》,《语言研究》2002 年第 2 期,第 85—91 页。

［080］李泉:《主观限量强调标记"简直"》,《国际汉语教学研究》

2014 年第 4 期，第 50—59 页。

［081］李行健编：《现代汉语规范词典》（第 3 版），北京：外语教学与研究出版社，2014 年。

［082］李雁婷：《基于对外汉语教学的"怪不得"多角度考察》，河北大学硕士学位论文，2013 年。

［083］李宗江：《近代汉语"醒悟"类语用标记及其演变》，《江西科技师范大学学报》2016 年第 3 期，第 1—8 页。

［084］廖秋忠：《〈语气与情态〉评介》，《国外语言学》1989 年第 4 期，第 157—163 页。

［085］廖秋忠：《现代汉语篇章中的连接成分》，《中国语文》1986 年第 6 期，第 413—427 页。

［086］廖秋忠：《篇章中的管界问题》，《中国语文》1987 年第 4 期，第 250—261 页。

［087］林华勇：《现代汉语副词语义辖域的类型》，《南开语言学刊》2005 年第 1 期，第 139—149 页。

［088］刘畅：《表因果关系的关联词语研究》，东北师范大学硕士学位论文，2011 年。

［089］刘丹青：《汉语特色的量化词库：多 / 少二分与全 / 有 / 无三分》，载于《木村英树教授还历记念中国语文法论丛》，日本：白帝社，2013 年。

［090］刘冬：《料定类语气副词研究》，上海师范大学硕士学位论文，2005 年。

［091］刘简：《引述类话语标记语考察》，华中科技大学硕士学位论文，2011 年。

［092］刘金枝：《语气副词"确实"的语义及篇章功能分析》，上海师范大学硕士学位论文，2017 年。

［093］刘月华：《可能补语用法的研究》，《中国语文》1980 年第 4 期，第 246—257 页。

［094］卢福波：《对外汉语常用词语对比例释》，北京：北京语言文化大学出版社，2000 年。

［095］陆雨：《确认类语气副词"真的、的确、确实"的比较研究》，南京师范大学硕士学位论文，2018 年。

［096］陆俭明：《现代汉语副词独用刍议》，《语言教学与研究》1982

年第 2 期，第 27—41 页。

　　［097］陆俭明：《周遍性主语句及其他》，《中国语文》1986 年第 3 期，第 161—167 页。

　　［098］陆俭明、马真：《现代汉语虚词散论》，北京：语文出版社，1999 年。

　　［099］吕海燕：《语气副词"毕竟"的语法意义》，《乐山师范学院学报》2011 年第 6 期，第 62—67 页。

　　［100］吕叔湘：《中国文法要略》，北京：商务印书馆，1982 年。

　　［101］吕叔湘：《语法学习》，北京：中国青年出版社，1953 年。

　　［102］吕叔湘、孙德宣：《助词说略》，《中国语文》1956 年第 6 期，第 33—39 页。

　　［103］吕叔湘：《语文常谈》，北京：生活·读书·新知三联书店，1980 年。

　　［104］吕叔湘：《疑问·否定·肯定》，《中国语文》1985 年第 4 期，第 241—250 页。

　　［105］吕叔湘主编：《现代汉语八百词》，北京：商务印书馆，1980 年。

　　［106］吕叔湘主编：《现代汉语八百词》（增订本），北京：商务印书馆，1999 年。

　　［107］〔苏联〕罗日捷斯文斯卡娅：《关于汉语副词转变为其他词类的问题》，《中国语文》1959 年第 3 期，第 119—124 页。

　　［108］罗耀华、朱新军：《副词性非主谓句的成句规约》，《云南师范大学学报》2007 年第 3 期，第 121—124 页。

　　［109］麻爱民：《副词"几乎"的历时发展》，《古汉语研究》2010 年第 3 期，第 63—67 页。

　　［110］马建忠：《马氏文通》，北京：商务印书馆，1983 年。

　　［111］马黎明：《试论现代汉语中的"悖义"结构》，《齐齐哈尔大学学报》2000 年第 2 期，第 31—33 页。

　　［112］马庆株：《汉语动词和动词性结构》，北京：北京大学出版社，2005 年。

　　［113］马首杰：《现代汉语"规劝类"语气副词研究》，河南大学硕士学位论文，2008 年。

　　［114］马真：《说"反而"》，《中国语文》1983 年第 3 期，第 172—

175 页。

［115］马真:《表加强否定语气的副词"并"和"又"》,《世界汉语教学》2001 年第 3 期, 第 12—18 页。

［116］马真:《包含副词"也"的并列复句据实及其他》,《世界汉语教学》2014 年第 1 期, 第 37—43 页。

［117］孟燕燕:《汉英"结果"类副词性关联词语比较研究》, 上海师范大学硕士学位论文, 2019 年。

［118］潘海峰:《"确实"的语篇功能与标记功能》, 载于张谊生主编《汉语副词研究论集》(第三辑), 上海:上海三联书店, 2017 年, 第286—302 页。

［119］潘田:《现代汉语语气副词情态类型研究》, 武汉大学博士学位论文, 2010 年。

［120］裴美淑:《汉韩料定类语气副词对比研究》, 延边大学硕士学位论文, 2010 年。

［121］彭小川:《论副词"倒"的语篇功能——兼论对外汉语语篇教学》,《北京大学学报(哲学社会科学版)》1999 年第 5 期, 第 132—137 页。

［122］屈承熹:《汉语副词的篇章功能》,《语言教学与研究》1991 年第 2 期, 第 64—78 页。

［123］齐春红:《现代汉语语气副词研究》, 华中师范大学博士学位论文, 2006 年。

［124］齐春红:《语气副词与句末语气助词的共现规律研究》,《云南师范大学学报(哲学社会科学版)》2007 年第 3 期, 第 125—130 页。

［125］齐春红:《现代汉语语气副词研究》, 昆明:云南人民出版社, 2008 年。

［126］齐沪扬:《论现代汉语语气系统的建立》,《汉语学习》2002 年第 2 期, 第 1—12 页。

［127］齐沪扬:《语气副词的语用功能分析》,《语言教学与研究》2003 年第 1 期, 第 62—71 页。

［128］齐沪扬主编:《现代汉语》, 北京:商务印书馆, 2007 年。

［129］齐沪扬主编:《现代汉语语气成分用法词典》, 北京:商务印书馆, 2011 年。

［130］齐沪扬、丁婵婵:《反诘类语气词的否定功能分析》,《汉语学

习》2006 年第 5 期，第 3—13 页。

　　［131］邵敬敏:《"语义语法"说略》，《暨南学报》2004 年第 1 期，第100—106 页。

　　［132］邵敬敏:《由"是"构成的三种附加问比较研究》，《甘肃社会科学》2008 年第 4 期，第 53—57 页。

　　［133］邵敬敏:《副词释义的精准度及其方法论探讨》，《暨南学报》2016 年第 1 期，第 9—18 页。

　　［134］邵敬敏、赵春利:《关于语义范畴的理论思考》，《世界汉语教学》2006 年第 1 期，第 29—40 页。

　　［135］邵则遂、陈霞:《元明清"险些"类句式初探》，《汉语史研究集刊》2011 年第十四辑，第 98—110 页。

　　［136］沈家煊:《"差不多"和"差点儿"》，《中国语文》1987 年第 6 期，第 442—456 页。

　　［137］沈家煊:《"有界"与"无界"》，《中国语文》1995 年第 5 期，第 367—380 页。

　　［138］沈家煊:《语言的"主观性"和"主观化"》，《外语教学与研究》2001 年第 4 期，第 268—275 页。

　　［139］石安石:《汉语副词是实词还是虚词》，《文史哲》1958 年第 10 期，第 44—46 页。

　　［140］石定栩:《主观评价词语的句法地位》，《外语教学与研究》2021 年第 6 期，第 803—815 页。

　　［141］石定栩、孙嘉铭:《频率副词与概率副词——从"常常"与"往往"说起》，《世界汉语教学》2016 年第 3 期，第 291—302 页。

　　［142］石定栩、周蜜、姚瑶:《评价副词与背景命题——"偏偏"的语义与句法特性》，《外语教学与研究》2017 年第 6 期，第 914—926 页。

　　［143］石定栩、周蜜:《"偏偏"、"偏"和近义副词辨析》，《华文教学与研究》2019 年第 3 期，第 1—7 页。

　　［144］石毓智:《对"差点儿"类羡余否定句式的分化》，《汉语学习》1993 年第 4 期，第 12—16 页。

　　［145］石毓智:《汉语语法长编》，南昌:江西教育出版社，2021 年。

　　［146］史金生:《现代汉语副词的语义功能研究》，南开大学博士学位论文，2002 年。

［147］史金生:《"毕竟"类副词的功能差异及语法功能》,载于吴福祥、洪波主编《语法化与语法研究(一)》,北京:商务印书馆,2003年,第60—78页。

［148］史金生:《语气副词的范围、类别和共现顺序》,《中国语文》2003年第1期,第17—31页。

［149］史金生:《"索性"的语篇功能分析》,《南开语言学刊》2003年第1辑,第77—87页。

［150］史金生:《现代汉语副词连用顺序和同现研究》,北京:商务印书馆,2011年。

［151］宋玉柱:《现代汉语语法论集》,天津:天津人民出版社,1981年。

［152］孙菊芬:《"毕竟"在近代汉语中的发展演变研究》,《海南大学学报》2002年第3期,第78—83页。

［153］孙胜男:《以"怪不得"为代表的现代汉语悟因句研究及对外汉语教学策略》,吉林大学硕士学位论文,2013年。

［154］〔日〕太田辰夫:《中国语历史文法》(修订译本),蒋绍愚、徐昌华译,北京:北京大学出版社,2003年。

［155］唐启运、周日健主编:《汉语虚词词典》,广州:广东人民出版社,1989年。

［156］唐贤清:《从清代"索性"类副词的使用看汉语副词演变的规律》,《湖南师范大学社会科学学报》2003年第5期,第123—126页。

［157］唐贤清:《从〈朱子语类〉的"索性"看汉语副词的发展》,《邵阳学院学报》2004年第1期,第110—112页。

［158］王纯:《现代汉语口气副词语用研究》,浙江大学硕士学位论文,2006年。

［159］王凤兰:《谈副词"几乎"》,《佛山科学技术学院学报》2006年第6期,第19—22页。

［160］王力:《中国现代语法》,北京:商务印书馆,1985年。

［161］王力:《王力文集》(第一卷:中国语法理论),济南:山东教育出版社,1944/1984年。

［162］王力:《中国语法理论》,重庆:商务印书馆,1945/1982年。

［163］王了一:《汉语语法纲要》,上海:上海教育出版社,1982年。

［164］王露:《现代汉语确定性推测语气副词研究》,上海外国语大学硕士学位论文,2009 年。

［165］王瑞峰:《"毕竟"语篇的语义结构类型》,《宁夏大学学报(人文社会科学版)》2011 年第 5 期,第 68—72 页。

［166］王维贤、李光焜、陈宗明:《语言逻辑引论》,武汉:湖北教育出版社,1989 年。

［167］王晓燕:《现代汉语"算"的多角度考察》,北京语言大学硕士学位论文,2011 年。

［168］王叶萍:《副词"确实"和"实在"的多角度辨析》,暨南大学硕士学位论文,2008 年。

［169］王尹:《肯定类语气副词研究》,兰州大学硕士学位论文,2021 年。

［170］王自强:《现代汉语虚词词典》,上海:上海辞书出版社,1998 年。

［171］魏红:《"的确／确实"的主观化与语法化——兼议"的确"与"确实"的差异》,《云南师范大学学报(对外汉语与研究版)》2010 年第 8 卷第 3 期,第 46—51 页。

［172］魏宏森:《系统科学方法论导论》,北京:人民出版社,1983 年。

［173］魏雪、曾传禄:《现代汉语"想必"的语义、语用分析》,《长春理工大学学报》2016 年第 5 期,第 109—113 页。

［174］魏兆惠、宋春芳:《清末民初北京官话的"简直""剪直"和"箭直"》,《宁夏大学学报(人文社会科学版)》2012 年第 4 期,第 31—34 页。

［175］温锁林:《语气副词"并"的语法意义》,《语文研究》2009 年第 3 期,第 13—17 页。

［176］吴德新:《现代汉语副词"简直"的语义考察》,《延边大学学报(社会科学版)》2011 年第 1 期,第 108—114 页。

［177］吴德新:《"简直"的语法化》,《延边大学学报(社会科学版)》2016 年第 3 期,第 122—130 页。

［178］吴林方:《"毕竟"与"究竟"》,《语文月刊》1998 年第 9 期,第 17 页。

［179］吴婷燕、赵春利:《情态副词"怪不得"的话语关联与语义情

态》,《世界汉语教学》2018 年第 3 期,第 358—371 页。

［180］吴元樑:《科学方法论基础》,北京:中国社会科学出版社,1984 年。

［181］吴志云:《语气副词“确实”的多角度研究》,广西师范大学硕士学位论文,2010 年。

［182］武梅琳:《推测类语气副词“想必”“想来”比较研究》,华中师范大学硕士学位论文,2015 年。

［183］相亚华:《现代汉语副词“几乎”“简直”对比研究》,南京师范大学硕士学位论文,2015 年。

［184］肖奚强:《非典型模态副词句法语义分析》,《语言研究》2003 年第 4 期,第 10—17 页。

［185］肖奚强:《略论“的确”“实在”句法语用差异》,《语言研究》2007 年第 2 期,第 74—78 页。

［186］谢蓓:《评注性副词“的确”与“实在”的对比分析》,《科教文汇》2008 年第 10 期,第 45—47 页。

［187］谢晓明、左双菊:《“难怪”的语法化》,《古汉语研究》2009 年第 2 期,第 30—35 页。

［188］辛慧:《现代汉语语气成分标记性研究》,上海师范大学博士学位论文,2016 年。

［189］邢福义:《现代汉语的特指性是非问》,《语言教学与研究》1987 年第 4 期,第 73—90 页。

［190］邢福义:《现代汉语》,北京:高等教育出版社,1991 年。

［191］邢福义:《汉语复句研究》,北京:商务印书馆,2001 年。

［192］邢向东:《陕北神木话的语气副词“敢”及其来源》,《方言》2013 年第 3 期,第 224—235 页。

［193］徐晶凝:《现代汉语话语情态研究》,北京:昆仑出版社,2008 年。

［194］杨才英、赵春利:《焦点性话语标记的话语关联及其语义类型》,《世界汉语教学》2014 年第 2 期,第 170—180 页。

［195］杨德峰:《副词修饰动词性成分形成的结构和功能》,《汉语学习》1999 年第 1 期,第 17—20 页。

［196］杨德峰:《面向对外汉语教学的副词定量研究》,北京:北京大

学出版社，2008 年。

　　［197］杨德峰:《语气副词作状语的位置》,《汉语学习》2009 年第 5 期,第 28—34 页。

　　［198］杨德峰:《说"差不多"和"几乎"》,《天中学刊》2015 年第 3 期,第 99—104 页。

　　［199］杨德峰:《也说饰句副词和饰谓副词》,《汉语学习》2016 年第 2 期,第 11—17 页。

　　［200］杨红梅:《副词"几乎、险些、差点儿"的多角度考察》,湖南大学硕士学位论文,2010 年。

　　［201］杨培松:《"强调类"语气副词语篇分析的个案研究》,广西师范大学硕士学位论文,2006 年。

　　［202］杨树达:《高等国文法》,北京:商务印书馆,1930 年。

　　［203］杨荣祥:《近代汉语副词研究》,北京大学博士学位论文,1999 年。

　　［204］杨荣祥:《试论几个常见副词词尾的来源及其发展演变》,载于吴福祥、洪波主编《语法化与语法研究（一）》,北京:商务印书馆,2003 年,第 400—418 页。

　　［205］杨荣祥:《近代汉语副词研究》,北京:商务印书馆,2005 年。

　　［206］杨晓丹:《现代汉语短语词"怪/怨/恨+不得"研究》,华中师范大学硕士学位论文,2014 年。

　　［207］杨雪梅:《副词"实在"的语义分析及教学应用》,《世界汉语教学》2012 年第 1 期,第 124—132 页。

　　［208］杨雨晴:《"X 然"类描摹性副词研究》,《现代语言学》2021 年第 1 期,第 102—109 页。

　　［209］姚双云:《由"语义镜像法"看"而且"的并列用法》,《汉语学报》2017 年第 3 期,第 2—8 页。

　　［210］姚双云、姚小鹏:《确认性评注副词的衔接功能》,《语言研究》2011 年第 3 期,第 55—60 页。

　　［211］易晓露:《汉语料定类语气副词及其对韩汉语教学分析》,湖南师范大学硕士学位论文,2013 年。

　　［212］尹海良:《一组以"怪"为核心语素表"醒悟"义词语的形式及语法化问题》,《语言教学与研究》2015 年第 2 期,第 92—101 页。

［213］尹洪波:《饰句副词和饰谓副词》,《语言教学与研究》2013 年第 6 期, 第 73—80 页。

［214］于立昌:《"简直"的词汇化和语法化》,《内蒙古大学学报(哲学社会科学版)》2016 年第 2 期, 第 109—112 页。

［215］余琼:《现代汉语语气情态副词的构句、联句能力研究》, 华中师范大学硕士学位论文, 2013 年。

［216］袁莉容:《现代汉语关系类情态副词》,《宜宾学院学报》2013 年第 2 期, 第 55—58 页。

［217］袁毓林:《多项副词共现的语序原则及其认知解释》,《语言学论丛》2002 年第 26 辑, 第 313—339 页。

［218］袁毓林:《论"都"的隐性否定和极项允准功能》,《中国语文》2007 年第 4 期, 第 306—383 页。

［219］袁毓林:《动词内隐性否定的语义层次和溢出条件》,《中国语文》2012 年第 2 期, 第 99—113 页。

［220］袁毓林:《隐性否定动词的叙实性和极项允准功能》,《语言科学》2014 年第 6 期, 第 575—586 页。

［221］袁毓林、马辉、周韧、曹宏:《汉语词类划分手册》, 北京:北京语言大学出版社, 2009 年, 第 183—184 页。

［222］岳中奇:《"几乎"的句法范畴意义及功能》,《语言研究》2007 年第 4 期, 第 27—32 页。

［223］张斌主编:《现代汉语虚词词典》, 北京:商务印书馆, 2001 年。

［224］张伯江:《疑问句功能琐议》,《中国语文》1997 年第 2 期, 第 104—110 页。

［225］张伯江:《功能语法与汉语研究》,《语言科学》2005 年第 6 期, 第 42—53 页。

［226］张道真:《实用英语语法》, 北京:外语教学与研究出版社, 2003 年。

［227］张富翠:《"怪不得"的现状及其历史属性初探》,《西南民族大学学报》2009 年第 11 期, 第 286—289 页。

［228］张华:《符号入场问题及其哲学意义》,《哲学动态》2010 年第 1 期, 第 52—57 页。

［229］张慧颖:《"几乎"跨层结构的语法化及其变化动因》,《三峡论

坛》2014 年第 2 期，第 110—113 页。

　　［230］张薇、李秉震：《"怪不得"之"醒悟义"的产生》，《南开语言学刊》2011 年第 1 期，第 103—109 页。

　　［231］张静：《论汉语副词的范围》，《中国语文》1961 年第 8 期，第 1—14 页。

　　［232］张黎：《汉语意合语法研究——基于认知类型和语言逻辑的建构》，东京：白帝社，2012 年。

　　［233］张明莹：《说"简直"》，《汉语学习》2000 年第 1 期，第 22—26 页。

　　［234］张明颖：《"索性"在近代汉语中的特殊用法以及发展脉络》，《中文自学指导》2007 年第 6 期，第 37—39 页。

　　［235］张秋芳：《关于现代日语陈述副词与汉语语气副词的对比研究》，湖南大学硕士学位论文，2006 年。

　　［236］张秋杭：《语气副词"毕竟"的语义分析》，《汉语学习》2006 年第 4 期，第 70—75 页。

　　［237］张淑敏：《"怪不得"与"难怪"》，《嘉应学院学报》2013 年第 9 期，第 81—84 页。

　　［238］张舒雨：《现代汉语领悟类语气副词研究》，南京师范大学硕士学位论文，2016 年。

　　［239］张旺熹：《再论补语的可能式》，载于《第五届国际汉语教学讨论会论文选》，北京：北京大学出版社，1997 年，第 250—260 页。

　　［240］张秀松：《"毕竟"的词汇化和语法化》，《语言教学与研究》2015 年第 1 期，第 105—112 页。

　　［241］张亚军：《语气副词的功能及其词类归属》，《扬州大学学报》2005 年第 5 期，第 69—76 页。

　　［242］张艳：《〈梁书〉副词研究》，南京师范大学硕士学位论文，2004 年。

　　［243］张伊鑫、曾传禄：《语气副词"的确""实在"比较分析》，《鸡西大学学报》2016 年第 8 期，第 151—154 页。

　　［244］张谊生：《副词的篇章连接功能》，《语言研究》1996 年第 1 期，第 128—138 页。

　　［245］张谊生：《副词的连用类别和共现顺序》，《烟台大学学报（哲学

社会科学版）》1996 年第 2 期，第 86—95 页。

［246］张谊生：《现代汉语副词研究》，上海：学林出版社，2000 年。

［247］张谊生：《现代汉语副词的性质、范围与分类》，《语言研究》2000 年第 2 期，第 51—63 页。

［248］张谊生：《"副 + 是"的历时演化和共时变异》，《语言科学》2003 年第 3 期，第 34—49 页。

［249］张谊生：《羡余否定的类别、成因与功用》，《语言学论丛》2005 年第三十一辑，第 323—348 页。

［250］张谊生：《现代汉语副词分析》，上海：上海三联书店，2010 年。

［251］张谊生：《现代汉语副词研究》（修订本），北京：商务印书馆，2014 年。

［252］张云秋、林秀琴：《情态副词的功能地位》，《首都师范大学学报》2017 年第 3 期，第 120—129 页。

［253］张则顺：《"实在"句的语义格局和对外教学探讨》，《世界汉语教学》2011 年第 4 期，第 553—565 页。

［254］张则顺：《现代汉语确信情态副词的语用研究》，《语言科学》2012 年第 11 期，第 26—36 页。

［255］张振亚：《"实在"的语义结构及其句法限制》，《淮北师范大学学报》2013 年第 3 期，第 22—26 页。

［256］章士钊：《中等国文典》，北京：商务印书馆，1907/1911 年。

［257］赵春利：《关于语义语法的逻辑界定》，《外国语》2014 年第 2 期，第 2—13 页。

［258］赵春利：《"吗"的分布验证、焦点排序及其疑问性质》，《中国语学》（日本）2018 年第 265 期，第 19—42 页。

［259］赵春利：《汉语句末助词研究的方法论思考》，《汉语学报》2020 年第 2 期，第 44—55 页。

［260］赵春利：《溯因副词"毕竟"的话语关联与语义提取》，《中国语文》2022 年第 3 期，第 306—313 页。

［261］赵春利、陈玲：《句末助词"算了"的分布验证及其心理取向》，《中国语文法研究》（日本）2016 年第 5 期，第 60—81 页。

［262］赵春利、陈莹：《诚认副词"实在"的句法验证与话语关联》，《语言教学与研究》2023 年第 5 期，第 1—11 页。

［263］赵春利、陈泽群:《证信副词"确实"的句法分布与语义提取》,《语言教学与研究》2022 年第 3 期, 第 90—100 页。

［264］赵春利、范洪彬:《估论副词"想必"的话语关联和句法语义》,《中国语文法研究》(日本) 2022 年第 11 期。

［265］赵春利、方甲珂:《语义语法对句末助词研究的理论价值》,《华文教学与研究》2019 年第 1 期, 第 13—23 页。

［266］赵春利、何凡:《副词"索性"的话语关联与情态验证》,《世界汉语教学》2020 年第 3 期, 第 367—378 页。

［267］赵春利、李婷婷:《副词"简直"的分布验证与语义提取》,《汉语学报》2023 年第 2 期, 第 32—43 页。

［268］赵春利、钱坤:《副词"几乎"的分布验证与语义提取》,《语言教学与研究》2018 年第 3 期, 第 82—92 页。

［269］赵春利、孙丽:《句末助词"吧"的分布验证与语义提取》,《中国语文》2015 年第 2 期, 第 121—132 页。

［270］赵春利、王凯《必行副词"总得"的话语关联与语义组配》,《汉语学习》2024 年第 3 期, 第 3—13 页。

［271］赵春利、杨才英《汉语情态副词研究的方法论思考》, Journal of Chinese Linguistics, 2025 年刊发。

［272］赵春利、杨才英:《句末助词"嘛"的认知与情感的关联性研究》,《外国语》2016 年第 5 期, 第 32—45 页。

［273］赵春利、杨娟:《遂愿副词"总算"的话语关联与情态结构》,《当代修辞学》2021 年第 5 期, 第 13—25 页。

［274］赵春利、阮秀娟:《估危副词"险些"的话语关联与语义情态》,《汉语学习》2020 年第 6 期, 第 3—16 页。

［275］赵春利、张博《遂志副词"毅然"的话语关联与情态结构》,《当代语言学》2024 年第 4 期, 第 542—557 页。

［276］赵春利、朱妙芬:《"通过"与"经过"的句法语义》,《学术交流》2016 年第 4 期, 第 157—165 页。

［277］赵芳:《评注性副词"居然"与"竟然"语用预设的差异》,《唐山学院学报》2013 年第 4 期, 第 73—77 页。

［278］赵万勋:《"索性"与"干脆"语义结构分析及教学应用》,《宁夏大学学报》2015 年第 6 期, 第 42—47 页。

［279］赵元任:《汉语口语语法》,吕叔湘译,北京:商务印书馆,1979 年。

［280］赵灼:《纳氏英文法讲义》,上海:群益书社,1930 年。

［281］郑剑平:《试论副词"索性"》,《川东学刊》1997 年第 1 期,第 63—64 页。

［282］郑剑平:《〈儿女英雄传〉的副词"索性"用法研究》,《西昌师专学报》1998 年第 3 期,第 6—9 页。

［283］郑雷:《语气副词"毕竟"在语篇中的考察》,《绍兴文理学院学报》2007 年第 6 期,第 79—81 页。

［284］郑晓雷:《领悟类语气副词研究》,上海师范大学硕士学位论文,2005 年。

［285］中国科学院语言研究所词典编辑室编:《现代汉语词典》(试用本),北京:商务印书馆,1973 年。

［286］中国社会科学院语言研究所词典编辑室编:《现代汉语词典》(第 3 版),北京:商务印书馆,1996 年。

［287］中国社会科学院语言研究所词典编辑室编:《现代汉语词典》(第 5 版),北京:商务印书馆,2005 年。

［288］中国社会科学院语言研究所词典编辑室编:《现代汉语词典》(第 7 版),北京:商务印书馆,2016 年。

［289］周红:《副词"倒"的语气推断与语法意义》,《云南师范大学学报(对外汉语教学与研究版)》2006 年第 3 期,第 1—7 页。

［290］周娟:《动量词"番""通""气"的语义差异及其历时解释》,《宁夏大学学报(人文社会科学版)》2010 年第 4 期,第 35—40 页。

［291］周密:《"实在"与"确实"——基于语料库的比较研究》,《长治学院学报》2016 年第 4 期,第 86—88 页。

［292］周泽龙:《必然类语气副词研究》,上海师范大学硕士学位论文,2007 年。

［293］朱丽:《揣测语气和揣测语气副词》,上海师范大学硕士学位论文,2005 年。

［294］朱德熙:《说"差一点"》,《中国语文》1959 年第 9 期,第 435 页。

［295］朱德熙:《汉语句法里的歧义现象》,《中国语文》1980 年第 2 期,第 81—92 页。

［296］朱德熙:《语法讲义》，北京：商务印书馆，1982 年。

［297］朱景松主编:《现代汉语虚词词典》，北京：语文出版社，2007 年。

［298］祖人植、任雪梅:《"毕竟" 的语篇分析》,《中国语文》1997 年第 1 期，第 39—43 页。

［299］Morrison, R. *A Grammar of the Chinese Language*. Serampore: The Mission-Press, 1815.

［300］Alexiadou, A. *Adverb Placement: A Case Study in Antisymmetry Syntax*. Amsterdam: John Benjamins, 1997.

［301］Douglas, B., Johannson, S., Leech, G., Conrad, S., & Finegan, B. *Longman Grammar of Spoken and Written English*. New York: Longman Publications Group,1999.

［302］Biskup, P. *Adverbials and the Phase Model*. Amsterdam: John Benjamins Publishing Company, 2010.

［303］Bowers, J. "The Syntax of Predication." *Linguistics Inquiry,* 1993, 24(4):591–656.

［304］Chao, YR. *A Grammar of Spoken Chinese*. Berkeley & Los Angeles: University of California Press, 1968.

［305］Chomsky, N. "Minimalist Inquiries: the Framework." In *Step by Step: Essays on Minimalist Syntax in Honor of Howard Lasnik*, edited by Martin, R., Michaels, D., & Uriagereka, J., Cambridge: MIT Press, 2000.

［306］Cinque, G. *Adverbs and Functional Heads: A Cross-Linguistic Perspective*. Oxford: Oxford University Press, 1999.

［307］Halliday, M.A.K. *An Introduction to Functional Grammar*. London & Baltimore: Edward Arnold, 1985.

［308］Halliday, M.A.K. *An Introduction to Functional Grammar*(2nd edition) . London & Baltimore: Edward Arnold, 1994.

［309］Halliday, M.A.K. *An Introduction to Functional Grammar*. Peking: Foreign Language Teaching and Research Press, 2008.

［310］Halliday, M.A.K., & Mathiessen, C. *An Introduction to Functional Grammar* (4th Edition). London & New York: Routledge, 2014.

［311］Hornby, A. S. *A Guide to Patterns and Usage in English*. London:

Oxford University Press, 1954.

［312］Huddleston, R. D., & Pullum, G. K. *The Cambridge Grammar of the English Language*. Cambridge: Cambridge University Press, 2002.

［313］Jackendoff, R.S. *Semantic Interpretation in Generative Grammar*. Cambridge: The MIT Press, 1972.

［314］Kayne, R. *The Anti-symmetry of Syntax*. Cambridge: MIT Press, 1994.

［315］Kiss, E. K. *Adverbs and Adverbial Adjuncts at the Interfaces*. Berlin: Mouton de Gruyter, 2009.

［316］Ladusaw, W. A. *Polarity Sensitivity as Inherent Scope Relations*. Ph.D. thesis, University of Texas, Austin, 1979.

［317］Ladusaw, W. A. "Negation and Polarity Items." In *The Handbook of Contemporary Semantic Theory*, edited by Lappin, S., Oxford: Blackwell Publishers, 1996: 321-342.

［318］Li, C. N., & Thompson, S. A. *Mandarin Chinese: a Functional Reference Grammar*. Berkeley & Los Angeles: University of California Press, 1981.

［319］Lyons, J. *Semantics*. Cambridge: Cambridge University Press, 1977.

［320］Mizuno, E. "A Phase-based Analysis of Adverb Licensing." *Gengo Kenkyu,* 2010(137): 1-16.

［321］Nesfield, J. C. *Modern English Grammar.* London: Macmillan, 1912.

［322］Palmer, F. R. *Mood and Modality.* Cambridge: Cambridge University Press, 1986.

［323］Randolph, R., et al. *A Comprehensive Grammar of the English Language*. London: Longman, 1985.

［324］Randolph, R., Greenbaum, S., Leech, G., & Svartvik, J. *A Grammar of Contemporary English.* London: Longman World Publishing Corp, 1972.

［325］Searle, J. R. *Speech Acts: An Essay in the Philosophy of Language*. London: Cambridge University Press, 1969.

［326］Tang, C. C. J. *Chinese Phrase Structure and the Extended X'-Theory*. NY: Cornell University, 1990.

［327］Traugott, E. C. "On the Rise of Epistemic Meanings in English: An Example of Subjectification in Semantic Change." *Language,* 1989(65): 31-55.

［328］Travis, L. "The Syntax of Adverbs." *McGill Working Papers in Linguistics: Proceedings of the IVth Workshop on Comparative Germanic Syntax*, 1988(4): 1–27.

［329］Vennemann, T. "Topics, sentence accent, ellipsis: A proposal for their formal treatment." In *Formal Semantics of Natural Language*, edited by E. L. Keenan, Cambridge: Cambridge University Press, 1975.

后　记

　　2013年我有幸获批了国家社科基金一般项目"基于语义地图的句末助词多功能研究"，2019年商务印书馆出版了该项目2016年的研究成果《现代汉语句末助词研究》。该项研究在提取并验证不同句末助词所蕴含的"认知、情感、意向、态度"语法意义时，不仅在宏观上发现了句末助词与情态副词以谓语结构为中心存在的镜像关系，而且在微观上揭示了不同类型的句末助词与不同类型的情态副词之间存在的选择与排斥关系，这一组配规律不仅为我们从形式印证、正反验证和逻辑论证三个角度运用情态副词同现法精准锚定某个句末助词的语法意义提供了句法基础，而且也为我们深入追寻情态副词的句法分布、情态表达及其与句末助词的关系指明了学术方向。因此，我2017年申报并幸运地获批了国家社科基金一般项目"汉语情态副词的语义提取与分类验证研究"（17BYY026），《现代汉语情态副词研究》这本书就是该项目2021年的研究成果。可以说，情态副词与句末助词之间在句法分布上的同现关系以及在情态表达上的依存关系，使《现代汉语情态副词研究》理所当然地成为《现代汉语句末助词研究》的姊妹篇。

　　情态概念（Modality）源自哲学和逻辑学，自20世纪70年代开始逐渐成为现代语言学关注的焦点，20世纪90年代开始逐渐成为中国语法学研究的重点。因此，"情态"作为研究对象在历时上经历了一个从古希腊哲学"形态"到逻辑学"模态"再到语言学"情态"的跨学科单向延展过程，成为一条维系哲学、逻辑学、语言学三个学科互相关联的概念纽带，而语言学的情态研究成为验证哲学、逻辑学有关情态内涵界定和外延分类是否科学的试金石。

　　情态副词和句末助词是现代汉语情态表达的两类核心词，但值得注意的是，句末助词纯属虚词，没有基于指称的概念性语法意义，只有基于关联的功能性语法意义；而与句末助词不同，情态副词却属于实虚兼备的词类。作为实词，情态副词具有指称性，指称人类的认知、情感、意向、态度等情态概念，因此，具有概念性语法意义；而作为虚词，情态副词具有关联性，关联人类的认知、情感、意向、态度等情态要素，因此，具有功能性语法意义。从认识论角度界定清楚情态副词实虚兼备的语法特点，就必须从方法论角度着眼于观察充分、描写充分、论证充分、解释充分开辟一条提取情态副词语法意义的创新之路：一是根据话语关联论依次锚定话语功能，二是根据句法制约论精确定位句法分布，三是根据语义决定论多元验证语法意义，四是根据情态因果论系统解释情态结构。

　　每个情态副词的分布都不是简单明了、一清二楚的，而是纷繁多样、错综复杂的，都需要研究者将有关该情态副词的各种成见存而不论地"悬置"起来，需要研究者由表及里地借助形式标记、正反对比、逻辑分类等来去伪存真、去粗取精地把其话语和句法上的客观分布规律精准定位，从而使该情态副词的语义与情态在其客观分布的规律中得以无物遮蔽地"敞开"、自然而然地"呈现"、清晰通透地"澄明"。语义语法理论就是通过精确刻画情态副词在语法形式上的客观分布规律而让其语法意义以及情态结构得以显现。语法意义并非附庸于或附着于语法形式，而是隐而不显地寓于语法形式中以决定语法形式的规律性并借助语法形式的规律性而呈现出来。

　　学者的任务就是通过各种技术手段将"语法"这一硬币的正面"语法形式"客观分布规律揭示出来，并使反面的"语法意义"显示出来。正如康德（1785/1986：50）所言："责任就是由于尊重（Achtung）规律而产生的行为必要性。"而只有出于责任的行为才具有价值，出于责任的研究行为的学术价值不取决于其所要实现的主观意图，而取决于其所发现的客观规律。因此，每一位学者都应该担负起"吾爱吾师，吾更爱真理"的学术责任，唯有如此，我们的学术自主、理论自信才能为民族自立、国家自强铺设精神基础。

　　寒来暑往，斗转星移，从 2003 年跟随恩师邵敬敏教授攻读语法学博士算起，我已经从事语法本体研究整整二十年了。

　　第一本语法专著《现代汉语形名组合研究》是恩师邵敬敏教授指定我做的博士论文选题，始于 2003 年止于 2006 年。由此我从哲学学科借道对外汉语教学而进入了语法学核心领域，逐渐掌握了语义语法的基本理论和研究方法。

　　第二本语法专著《现代汉语句末助词研究》则是恩师石定栩教授让我做一篇关于语气、情态和句子功能的论文而引发出来的选题，始于 2009 年止于 2016 年。借此我从语法学的实词研究进入到虚词研究，开始有意识地从理论和实践上检测并丰富语义语法理论，不仅从宏观层面系统论证了语义语法的本体论、认识论、目的论和方法论，而且还从微观层面提出了句末助词研究的方法论。2011 年我开始在暨南大学带语法学硕士研究生，杨泽铭、孙丽、姚媛、方文娟、陈玲、山佳小玲（日本）、程晓丽、唐娜、朱妙芬等硕士研究生，以及李敏敏、何萍萍、杨海仪、山雨禾等本科生参与了句末助词的合作研究与学术讨论，在此表示感谢。

　　第三本语法专著《现代汉语情态副词研究》则是因句末助词与情态副词在情态表达上的关联性而引申出来的选题，始于 2017 年直至今日，标志着独立寻找语法选题的开始，着手根据语义语法理论实事求是、具体问题具体分析地认识并分析研究对象的性质和特点，并据此提取出适用于研究对象的方法论原则。2015 年我获批博士研究生导师资格，2016 年开始带博士研究生并接受访问学者、博士后。2016 年以来，孙丹、刘兆熙、王忠慧、楚爱英、范秀娟、张寒冰、罗琼等访问学者，仝峰、陈莹、张博等博士后，方甲珂、晴丽（泰国）、曾宝玉（泰国）、吴婷燕、钱坤、川口荣一（日本）、何凡、张家钱（印度尼西亚）、阮秀娟、杨娟、李婷婷、王煜（澳大利亚）、安迪（吉尔吉斯斯坦）、陈泽群、王凯等博士研究生，杜格格、付志新、张洁薇（越南）、柯雅婷、刘茜茜、刘燕美、张又吉、冯啸、蔡洁芳、范洪彬等硕士研究生，以及林巧连、龙秋媚、张静媚、孙绮琪、陈洁、陈星朝、罗嘉婷、翁芝涵、辛腾旋、山雨禾、高楚涵、练思韵、刘思芸、刘洁琪等本科生或多或少地参与了情态副词的合作研究与学术讨论，还有恩师邵敬敏教授的两位博士后丁新峰博士与左乃文博士也经常参与学术讨论，在此一并表示感谢。

　　"教诲如春风，师恩比海深。"感谢博士生导师邵敬敏教授和博士后合作导师石定栩教授二十多年来在学术、工作、生活等各个方面"谆谆如父语，殷殷似友亲"的批评、教导、指点、包容、呵护、激励、鞭策，使我一步一个脚印、义无反顾地遨游在语法研究的海洋里，从形名组合到句末助词再到情态副词，尽情地书写着旁征博引、辨析论证的语法篇章。一路走来，虽有汗水与艰辛，但也有不忘师恩、砥砺前行后的收获和喜悦。让一个农民的孩子在学术研究的殿堂里茁壮成长，须有大师的点化，千言万语，仰之弥高，钻之弥坚，唯有前行，以报师恩！

"随风潜入夜，润物细无声。"感谢陆俭明、邢福义、田小琳、史有为、江蓝生、马庆株、沈家煊、袁毓林、张谊生、张伯江、方梅、郭锐、张黎、张德禄、黄国文、李宇明、李宗江、徐杰、古川裕、李艳惠、黄正德、冯胜利、陆镜光、张先亮、崔希亮、束定芳、蔡维天、施春宏、张博、史金生、沈阳、石毓智、杨德峰、邓思颖、陈昌来、任鹰、吕明臣、吴长安、陈一、储泽祥、金立鑫、王珏、程工、汪国胜、祝克懿、彭利贞、段业辉、屈哨兵、潘海华、胡建华、萧国政、杨亦鸣、杨永龙、周荐、刁晏斌、王伟、张玉金、金铉哲、石村广、鲁晓琨、齐冲、梁万基、朴正九、杨凯荣等诸多学术前辈在春利学术成长中给予的提携、关照和指导。

"长风破浪会有时，直挂云帆济沧海。"感谢同门和同辈好友们的一路陪伴，互学共勉、携手共进。感谢妻子杨才英副教授为了支持我做学术研究，不仅操持日常家务，照顾教育儿子，还要从事教学和科研工作，含辛茹苦，默默奉献。感谢儿子赵言之在学习上越来越刻苦、勤奋、自信，未来可期！爸妈永远是你最坚强的后盾！

"喜归故里拜爹娘，音容笑貌鬓如霜；执手相顾竟凝噎，醒来花城泪沾裳！"谨以此书纪念生我养我并让我时常魂牵梦绕的恩慈父母，"子欲养而亲不待"的悲痛与伤感当化作砥砺前行的动力，不负父母厚望，不负青春韶华！

赵春利

题记于广州石牌

2023 年 8 月 30 日

图书在版编目（CIP）数据

现代汉语情态副词研究 / 赵春利著. — 北京 ： 商
务印书馆，2024
ISBN 978-7-100-23106-0

Ⅰ．①现… Ⅱ．①赵… Ⅲ．①现代汉语－副词－研究
Ⅳ．①H146.2

中国国家版本馆CIP数据核字(2023)第188158号

现代汉语情态副词研究

赵春利 著

商 务 印 书 馆 出 版
（北京王府井大街 36 号　邮政编码 100710）
商 务 印 书 馆 发 行
艺堂印刷（天津）有限公司印刷
ISBN　978-7-100-23106-0

2024 年 10 月第 1 版　　　　开本 710×1000　1/16
2024 年 10 月第 1 次印刷　　　印张 17¼
定价：78.00 元